중국공법학연구

헌법학 및 행정법학 주제중심

국립중앙도서관 출판시도서목록(CIP)

중국공법학연구 : 헌법학 및 행정법학 주제중심 /
지은이: 정이근. -- 서울 : 오름, 2007
  p. ; cm. -- (부산대학교 중국연구소 연구총서 ; 1)

색인수록
ISBN 978-89-7778-277-8 93340 : ₩18000

362.12-KDC4
342.51-DDC21   CIP2007000713

부산대학교 중국연구소 연구총서 ①

중국공법학연구
헌법학 및 행정법학 주제중심

정이근 지음

서문

중국은 중화인민공화국이라는 하나의 나라에 자본주의와 사회주의가 공존하는 나라이며 대륙법계, 영미법계 및 사회주의법계가 공존하는 나라다. 또한 중앙정부의 직할시나 경제특구의 시를 제외하더라도 특별행정구가 설치되어 있고 다민족으로 구성된 나라이기 때문에 민족구역자치제도가 인정되고 있다. 이러한 여러 가지 원인으로 인하여 중국의 법체계역시 복잡한 구조로 이루어져 있다.

각 영역에서 우리나라와 중국의 관계가 날로 밀접해 감에 따라 이제 중국법에 대한 인식도 바뀌어야 할 시점에 왔다. 수많은 우리 국민이 중국에 상주하고 있고 사업이나 여행 기타 사유로 인한 일시적인 방문자역시 날로 증가하고 있다는 점을 상기할 때, 이제 중국의 헌법이나 법률은 중국 국민만의 것이 아니고 현실적으로 우리 국민의 이해관계와 밀접한 관계를 이루고 있다는 것을 인식하여야 하는 것이다.

이러한 상황에서 중국법의 이해를 도와 우리 국민의 자유와 권리가 중국법의 테두리 내에서 충분한 보장을 받도록 노력하는 것이 국가적으로는 정부의 의무요, 중국법을 연구하는 자에게는 맡은 바 소임이기도 하다. 저자는 이러한 소임을 조금이나마 이행한다는 생각으로 본서의 저술을 결심하였다.

중국의 법은 헌법, 법률, 행정법규, 지방성법규, 부문규장 또는 지방성규장 등의 형식으로 존재하고 있고, 이러한 정식의 입법형식 외에 각 행정기관이 제정하는 규범성문건이라는 것도 있다. 특히 법률 외에 국무원이 제정한 행정법규나 지방의 각급 인민대표대회에서 제정한 지방성법규도 재판규범이 된다는 점을 생각할 때 중국의 경우 행정입법은 우리의 경우와 많은 차이가 있다고 하겠다.

중국이 사회주의 계획경제에서 사회주의 시장경제로 발전을 거듭하고 있지만 각 사회 영역에서 정부의 행정규제는 여전히 중요한 역할을 하고 있다는 사정을 고려할 때, 특히 공법 영역의 중요성을 강조하지 않을 수 없다.

또한 그동안 우리의 중국법의 관심이나 연구의 대상이 주로 경제와 관련된 영역에 치중되었던 것도 부정할 수 없다. 이러한 영역에 대한 관심 역시 중요한 것이라 생각되지만 예컨대, 중국의 어떠한 법률관계를 규율하는 입법이 시행(試行)규정에서 잠행(暫行)규정으로, 잠행규정의 단계에서 다시 입법조건이 성숙되면 정식의 입법으로 변화되는 경우가 많고, 이처럼 많은 경우 아래에서 위로의 입법이 진행되는 특징이 있다.

이러한 점을 생각할 때, 행정법학을 포함한 공법학의 현상을 이해하는 것이 필수적이라 아니할 수 없고 다시 한번 그 중요성을 강조하면서 아무쪼록 본서가 중국법을 연구하거나 이해하고자 하는 분에게 많은 도움이 되었으면 하는 마음 간절하다.

중국의 공법학에 대한 이해의 필요성을 강조하면서 본서는 주로 중국 헌법학 및 행정법학에서 중심이 되고 있는 주제를 중심으로 내용을 구성하였다. 일부 내용은 저자가 이미 학술지를 통하여 발표한 내용이라는 점도 미리 밝혀두는 바이다.

본서에서 헌법학에 관한 내용으로는 제1장 공공이익의 개념, 제2장 위헌심사제도, 제3장 촌민자치제도로 3개 장으로 구성하였다. 행정법학에 관한 내용으로는 제4장 행정법의 현재와 과제, 제5장 규범성문건, 제6장 세무심판제도, 제7장 행정심판기관의 종국재결권, 제8장 행정소송제도, 제9장 행정소송상 검찰기관의 재판감독, 제10장 행정배상제도, 제11장 행정허가제도로 8개 장이 해당된다. 좀 더 많은 내용을 상세하게 소개하지 못하는 아쉬움은 있지만 다른 기회를 통하여 보충할 수 있을 것으로 본다.

끝으로 본서의 출간이 부산대학교 중국연구소의 지원으로 이루어진 점을 밝히며, 또한 출판을 흔쾌히 수락해 주신 오름출판사에 감사의 뜻을 표한다. 그리고 본서의 출간에 앞서 언제나 지도와 격려를 아끼지 않고 베풀어 주신 선배 동료 학자 여러분들께, 그리고 부모님과 형제들에게 감사드리며, 특히 아내 유은숙의 노고와 딸 효재의 이해에 많은 고마움을 느낀다.

2007년 2월
岳麓山자락의 연구실에서
저자

차례

공공이익의 개념

I. 서론

2004년 3월 14일 제10기 전국인민대표대회 제2차 회의에서 헌법 개정 안이 통과되었다. 그중 사유재산이 침해를 받지 않는다는 원칙의 확립은 주목할 만하다. 이와 관련된 조항은 중국 헌법 제13조로서, "공민의 합법적인 사유재산은 침해를 받지 않는다. 국가는 법률에 의하여 공민의 사유재산권과 상속권을 보장한다. 국가는 공공이익의 필요에 따라 법률의 규정에 의하여 공민의 사유재산에 대하여 징수 또는 징용을 행할 수 있고, 보상을 한다"고 규정하고 있다. 이 내용은 크게 사유재산권에 대한 침해 금지, 사유재산권의 적극적인 보호, 징수나 징용(수용)의 보상을 구체적으로 나타내는 것이라 할 수 있다.

그러나 우리는 중국 헌법 제13조 제3항 가운데 공공이익과 관련하여 주의할 필요가 있다. 예를 들면, 중국의 모 지방정부가 경제발전이나 재정수입의 증대, 취업기회의 확대, 기업의 유치 등을 위하여 일정한 토지에 대한 수용을 결정한 경우에 당해 지방정부는 관련 법률의 규정에 따

라 수용절차를 개시한다. 이때 지방정부의 수용행위가 적법한가의 여부
는 공공이익에 부합하는가 하는 문제와 결부된다.

　이와 관련하여 다음과 같은 일련의 문제가 제기될 수 있다. 즉 공공이
익이 개념을 어떻게 확정할 것인가? 정부의 재정수입을 위한 것이 공공
이익에 부합하는가? 등 일련의 문제가 발생하는 것이다. 여러 가지 논의
할 문제가 있지만, 본문에서는 우선 서방 학자들에 의하여 주장되고 있는
공공이익의 개념에 대하여 살펴보고, 다음으로 중국의 학계에서 논의되
는 공공이익의 특성과 그 확정에 대한 방법론적 논의를 약술한다.

II. 공공이익의 일반개념

　공공이익은 간단히 공익이라고도 하며 이러한 개념의 정의에 대하여
는 여러 가지 주장이 있다. 과거 아리스토텔레스는 국가의 목적을 최고의
선을 실현하기 위한 것으로 보고, 이러한 최고의 선이 현실로 나타나는
것이 공공이익이라 하고 있다.

　또한 루소는 공의(公意)를 논하는 과정에서 공의는 항상 공정(公正)한
것이고, 이러한 공정은 오직 공공이익에 초점을 맞추고 있지만, 이는 모
든 사람의 이익은 아니라고 하였다. 오직 공의만이 국가창조의 목적에 따
라, 즉 공공의 행복에 따라 국가의 각종 역량을 지도할 수 있다고 한다.
루소의 중요한 공헌은 근대정치에 있어서 적법성의 기초(즉 공의와 공공이
익)를 세웠다는데 있다. 이에 비하여 몽테스키외는, 공공이익은 정치적인
법률 또는 법규로 결코 개인의 재산을 박탈하거나 손해를 가하지 않는
것이라고 하였다.[1]

---

1) 胡建森 外, "公共利益槪念透析,"「憲法學 行政法學」, 中國人民大學復印報刊資料 2005
　　年 第1期, p.37.

이처럼 여러 사상가들이 공익의 정의에 대한 나름대로의 주장을 하였다. 이와 아울러 본 장에서는 근대 이후 서방 학자들의 주장을 중심으로 공공이익에 대한 법 이론을 다음과 같이 살펴본다.

1. 공공(公共)의 개념

1884년 독일 학자 로이트홀드(C. E. Leuthold)가 발표한 논문「공공이익과 행정법의 공익소송」에서 공익의 개념은 공공과 이익을 두 가지로 구분하고 있다. 그는 지역기초이론을 제시하여 공익은 반드시 모든 사람의 이익은 아니라고 하였다. 공익은 일정한 공간 내의 대다수인의 이익이라 하였다. 이러한 지역은 주로 국가의 정치·행정조직을 단위로 하는 것으로 이해하며 지역적인 구분을 강조하였다. 그러나 그의 이론은 지역을 초월하는 이익(예, 교통시설 등)에 대한 해석이 결여되어 있음에 한계가 있다는 지적을 받고 있다.

그 후 노이만(F J. Neumann)이 발표한 논문「공법 및 사법상 세수제도, 공익징수에서의 공익의 구별」에서는 공익을 공공과 이익으로 구분하면서 불특정다수론을 제시하였다. 공공의 개념은 이익효과가 미치는 범위를 가리키고 이익을 받은 대다수 사람에 의하여 결정되며, 대부분의 불특정 다수인의 이익이 존재하면 즉 공익에 속한다고 하여 수적인 특징을 강조하였다. 이 이론은 다수결이론에 부합하여 공공의 개념에 대한 기준이 되고 있다.[2]

---

2) 陳新民,「德國公法學基礎理論」, 山東人民出版社 2001, pp.184-186.

2. 이익(利益)의 개념

중국 고대 문헌에 의하면 이익은 이(利)와 익(益)의 두 개념으로 구분된다. 갑골문에서 이(利)는 농업생산, 자연과실의 채집 또는 성숙한 곡식의 수확 등을 의미하고 있다. 후에는 주술상의 길리(吉利)에서 다시 이로움(好處)의 의미를 갖게 되었다. 익(益)은 부유함을 의미하는 것이었다. 이 이와 익이 다시 의·식·주 등 일상생활에서 모두 이로움 또는 좋다는 의미로 서로 결합되어 사용되었다. 중국의 고대에서 이익은 이처럼 사람들의 필요에 의하여 사회적인 생산 또는 거래를 통하여 얻는 이로움 또는 소유하게 되는 자원을 의미하는 것이었다.[3]

독일 학자들의 중요한 견해를 요약하면 다음과 같다. 옐리넥(W. Jellinek)에 의하면, 이익은 주체와 객체 사이에 존재하는 모종의 관계를 떠나서 생각할 수 없는 가치이며, 주체에 의하여 획득 또는 긍정되는 적극적인 가치이다. 따라서 이익과 가치 사이에는 밀접한 관계가 있다. 19세기 말 독일학자 노이만(F. J. Neumann)은 이익을 주관적인 이익과 객관적인 이익으로 구분하였다. 주관적인 이익은 단체 내부의 각 성원의 직접적인 이익을 말하고, 객관적인 이익은 이와는 달리 구성원 개인의 이익을 초월하는 의미로 이해하였다. 20세기 말에는 울프(H. J. Wolff) 등에 의하여 다시 "주관적·사실적 이익"과 "객관적·확정적 현실이익"으로 구분되고 있다. 주관적·사실적 이익은 특정주체와 특정객체 사이의 실제적 관련성을 의미한다. 객관적·확정적 현실이익의 존재와 가치의 대소는 규정되는 권리, 목적 또는 목표와 이들에 의하여 도출되는 판단에 의하여 결정된다고 한다.[4]

독일 학자들의 견해를 종합하면 이익은 대개 다음과 같은 점에서 이해할 수 있다. 이익은 주체와 객체의 관계에 대한 일종의 가치판단이다. 이

---

3) 胡建森 外, 앞의 논문, p.37.
4) 胡建森 外, 앞의 논문, p.38.

4. 공익과 사익의 대립론과 병행론

레이어(M. Layer)에 의하면 공익과 사익은 서로 대립되는 것으로 보고 있다. 그는 「공용수용의 원칙」이라는 저서에서 공익과 사익은 서로 충돌하는 것이며 사익은 반드시 공익에 복종해야 한다고 이해한다. 공익은 단체의 이익이며, 단체는 다수로 구성된 하나의 단위이며, 이러한 단위는 개인에 우선한다는 것이다. 이러한 견해의 도출은 공익은 사익에 우선한다는 로마시대 키케로(Ciceros)의 명언이나, 공익을 최고의 법으로 인식하는 것과 무관하지 않다. 또한 이러한 공익과 사익의 대립론은 오늘날에도 그 영향력을 무시할 수 없다고 할 것이다.

그러나 라이스너(W. Leisner)에 의하면, 공익과 사익 사이에는 불확정의 관계가 존재한다고 한다. 그 이유는 다수인의 사익은 공익을 형성하기 때문에 공익은 사익으로 구성되고, 따라서 절대적으로 사익을 배제할 수는 없다는 것이다. 그의 견해에 의하면 3가지 사익은 공익으로 승격된다고 한다. 즉 불확정 다수인의 이익, 특별한 성질을 가진 사익(사인의 생명, 건강, 재산), 민주적인 원칙에 따라 소수에 위치하는 어떤 특별한 수의 사익은 공익이라 인식한다.[6]

전통적인 법이론에 따르면 공익을 위하여 사익에 대한 제재를 가할 수 있다. 그러나 현대적 법이념에서는 무조건적으로 국민의 법적인 권리를 희생시켜 공익을 만족시키는 것은 불가능한 일이다. 헌법은 기본권의 존재와 행사를 보장하고, 이러한 권리에 따르는 사인의 이익을 보장하는 반면에, 이러한 사익이 공익을 침해할 것을 예상한다. 따라서 양자 사이에는 일종의 충돌이 생길 수 있다. 이러한 상황에서 어떻게 공익과 사익을 조화시킬 것인가 하는 것이 법학의 과제라 할 것이다.

---

6) 陳新民, 앞의 책, p.200.

익에 대한 이러한 이해는 결국 이익개념의 내용이 불확정적c
다는 것이다. 가치판단의 대상이 다양하고(물질적 정신적 등),
불확정성과 다양성은 다시 가치판단의 기준이 변한다는 점을
즉 이익의 내용은 시기에 따라 동적으로 변한다는 점이다. 또
판단할 경우 판단주체의 주관성을 떠날 수 없다는 점도 있디

3. 공공이익(公共利益)의 개념

공공이익의 개념에 대한 학자들의 견해를 살펴본다. 마르크
이익의 실질에 대한 견해는, 즉 공공이익은 일종의 보편적인 것
념 속에 단순히 존재하는 것이 아니고, 서로 분담하는 개인 사
의존관계로서 현실 가운데 존재하는 것이라고 하였다. 미국 학
에 의하면 공공이익은 개인권리의 행사시에 결코 초월할 수 없
한계라 하였다. 외부적 한계의 의미는, 개인권리에 실질적인 범
하는 것이 곧 공공이익을 증진하는 기본조건이라는 것이다.
또 독일의 학자에 의하면 공공이익은 어떤 개인이 원하는 바으
총화도 아니고, 인류전체의 이익도 아니다. 이는 하나의 사회가
협력을 통하여 생산해내는 사물가치의 총화이다. 개인간의 협력
적인 것이며, 그 목적은 사람들로 하여금 노동과 노력을 통하이
생활을 영위할 수 있도록 하는 데 있으며, 나아가서는 공공이익고
존엄을 일치하도록 하는데 있다고 한다.5)

---

5) 胡建森 外, 앞의 논문, p.39.

5. 공익과 공익의 충돌

공익의 필요는 각기 다른 가치개념에서 형성될 수 있으므로, 동일한 사건에서 서로 다른 가치개념에서 형성된 공익 간에 충돌이 발생할 수 있다. 예를 들면, 국가경제발전의 촉진은 공익의 필요에 의한 것이고, 노동자의 합법적인 권리보장 역시 헌법이 보장하는 공익이며, 생태 환경의 보전 역시 공익과 관련이 있다. 이러한 공익 간에 충돌은 예상되는 것이다. 어떠한 선택을 할 것인가의 문제가 남는다.

독일의 학계에서는 제기된 공익충돌이론에 의하면 공익은 몇 개의 우선순위를 가지는 공익으로 구분된다. 그러나 클라인(W. Klein)은 공익충돌을 가치표준의 충돌로 보는 입장에서 가치표준구별론을 제기하였다. 이미 성립된 몇 가지 공익 중에서 가장 우선적인 공익을 선택하고 기타의 공익은 도태시킨다는 것이다. 여러 가지의 가치표준 또는 결정을 기다리는 가치표준 가운데 가장 우선적으로 고려하여야 할 가치표준을 선택하여 공익을 형성한다는 것이다. 그에 의하면 절대적으로 최우선적인 표준은 없고, 반드시 가치표준이 가지는 질과 양을 판단의 기준으로 삼아야 한다고 한다. 그 가치표준은 가장 광범위하고 가장 높은 수준의 질을 요구한다.

이에 대하여 호프만(H. Hofmann)은 각종 가치는 각기 서로 다른 고저 단계가 있고 어떤 특정 사안에서 우선적으로 고려되어야 할 것인가 하는 것은 순전히 구체적인 상황에 따라 정해야 한다고 하였다. 그러나 이러한 견해들은 여전히 모호함을 면할 수 없다. 라렌쯔(K. Larenze)는 공익충돌의 해결을 위한 세 가지 원칙을 제시하였다. 즉 첫째, 기본법의 가치질서에 의하여, 그에 관계되는 모종의 법익과 기타 법익의 형량에서 명백한 가치 우월성이 있는가에 의하여 결정된다. 예컨대, 재산상의 이익에 비하여 사람의 생명 또는 인간존엄은 더 높은 위치에 있다. 둘째, 비슷한 위계의 경우 또는 관련되는 권리가 너무 상이하여 추상적인 비교가 불가능한 경우에는, 보호법익이 받는 영향의 정도에 따라 결정되거나, 또는 모종의 이익을 양보할 경우에 그 피해정도에 따라 결정된다. 셋째, 비례의 원칙, 가장 경미한 침해수단 또는 가능한 최소침해의 원칙을 적용하는 것이다.[7]

III. 공공이익의 특성

1. 공공이익의 불확정성

공공이익은 전형적인 불확정적 개념이다. 이러한 불확정적 개념은 이익 내용의 불확정성과 수익대상의 불확정성으로 구분할 수 있다.

독일 학자 클라인(Walter Klein)의 견해에 의하면 이익은 하나의 주체가 하나의 객체에 대하여 가지는 관계 또는 주체 및 객체 사이의 관계이며, 주체와 객체의 관계에서 가치판단 또는 가치평가가 존재한다. 이익은 주체가 획득하는 모종의 적극적 가치이다. 이익주체의 다원화로 인하여 이익내용의 확정은 가치판단을 통하여 이루어지고, 이러한 가치판단은 인간이 행하는 정신적 행위로서 사람의 주관적 판단과 관련된다. 따라서 가치판단으로 형성되는 이익내용은 다양성과 불확정성을 가진다.[8]

공공의 개념은 이익의 효과가 미치는 범위이며, 수익자의 다소에 따라 결정된다고 할 수 있다. 다수의 불확정적인 인원수의 수익자가 존재하면 공익에 속한다고 할 수 있다. 이러한 입장의 이론이 강조하는 것은 수적인 특징이고 다수 과반수의 이익을 공익의 기초로 한다. 따라서 불확정적인 다수의 사람이 공공의 개념이 되며, 일반적인 상황에서 이러한 원리는 여전히 인정되는 기준이 된다.

---

7) 陳新民, 앞의 책, pp.202-204.
8) 陳新民, 앞의 책, pp.182-183.

그렇지만 이러한 기준은 공공이익을 수익자의 수로만 본 것이다. 사회의 발전에 따라 공공이익에 대한 인식은 점차 불특정 다수를 중시하는 입장에서 공공이익의 질적인 측면에 관심을 갖게 되었다. 질적인 측면이라 함은 수익자의 생활에 필요한 강약의 정도로써 판단하되 인간의 생존권 및 존엄성을 최고가치로 한다는 것이다. 이러한 결과로서, 비록 소수인의 이익이라 하더라도 공공성을 인정할 수 있게 되는 것이다. 예컨대 개인의 생명 건강에 관한 개인적 이익은 그것이 개인적 이익이라 하더라도 국가가 이러한 이익을 보장하는 것은 곧 공익의 요구라 할 것이다.[9]

이익의 개념이나 공공의 개념에 대하여는 앞에서도 살펴보았지만 여전히 불확정적인 개념으로 남는다. 다만 공공이익은 추상적이고 이상화된 가치와 규범이며 정의 또는 정당성과 같은 것이므로 공공이익의 확정은 반드시 변화되는 사회 속에서 정치, 경제, 사회, 문화 등의 제반 요소를 고려하여야 하고 현실상의 객관적 사실에 따라 결정하여야 한다. 사회의 발전과 국가적 상황의 변화에 따라 공공이익의 내용도 변화될 수 있다고 본다.

2. 공공이익의 상대성

공공이익과 사익의 관계에서 공익의 보호에 특별한 법적 지위를 부여하는 것은 공공이익과 사익 간의 이익의 대소 및 중요성을 고려한 것이다. 또한 공공이익의 구분에 있어서도 국가 범위의 공공이익과 지방적 공공이익, 시간적으로도 장기적인 공공이익과 단기적인 공공이익, 내용적으로도 재산 및 권익에 관한 공공이익, 질서 및 안전에 관한 공공이익, 생존 및 발전에 관한 공공이익 등으로 나눌 수 있다. 따라서 공공이익과

---

9) 楊峰, "財産徵收中公共利益如何確定,"「憲法學 行政法學」, 中國人民大學復印報刊 資料 2006年 第1期, p.54.

사익의 관계뿐만 아니라 공공이익의 구분에서도 이익의 대소, 원근, 중요성에 대한 대비가 존재한다는 것을 알 수 있다.

그러므로 공공이익은 비교에 의하여 도출되는 이익이며, 절대적으로 우월성이 인정되는 이익이 아니라는 것을 알 수 있다. 기계적으로 공공이익이 사익 또는 기타 이익을 능가하는 것으로 적용하는 경우에는 적법한 권리의 침해뿐만 아니라 공공이익의 정당성에도 위반되는 것이다. 즉 공공이익은 상대적 이익이며 절대적인 이익은 아니라고 본다.[10]

3. 공공이익의 직접성

공공이익의 불확정성과 내용의 다양성으로 인하여 공공이익은 흔히 간접적이고 추상적인 이익으로 인식하기 쉽다. 이러한 원인으로 행정행위의 집행과정에서 종종 공공이익의 이름으로 행정상대방에 대하여 권리를 제한하거나 의무를 부여한다. 예컨대 도시정비 또는 도시건설 등을 공공이익으로 내세워 일반 공민의 주택의 철거 등 직접적이고 적법한 이익에 손해를 가한다. 또 공장이나 상업 자본의 유치를 공공이익으로 보고 사회적 주체의 합법권익을 제한하거나 박탈하기도 한다.

공공이익의 내용으로 보면, 공공이익은 수익자인 공민과 밀접한 관계가 있는 것이어야 하고, 실질적인 내용이 있는 구체적인 이익으로 인정하여야 하는 것이다. 공민의 생명이나 건강에 관한 이익, 공민의 안전과 정상적인 생활을 영위하기 위한 이익, 사회보장과 복리의 이익, 공민의 사회·경제·문화적 발전의 이익 등이 그 예라 할 수 있다.

최근 중국 국무원이 하달한 문서[11]에서 에너지, 교통, 수리, 도시의 중

---

10) 張武揚, "公共利益界定的實踐性思考,"「憲法學 行政法學」, 中國人民大學復印報刊資料 2005年1期, p.49.
11) 도시와 진의 가옥 철거 이전 규모의 통제와 엄격한 철거 이전 관리에 관한 통지: ≪關于控制城鎮房屋輟遷規模,嚴格輟遷管理的通知≫

대 공공시설 등 중점 건설공사 및 사회발전에 관련된 중대 공사, 위험한 건축물의 개축, 저소득층을 위한 임대주택 공사 등을 위한 건축물의 철거를 공공이익이 인정되는 철거로 하고 있다는 점은 참고할 만하다.[12]

IV. 공공이익과 기타 관련문제

공공이익의 개념을 이해하기 위하여는 공공이익과 기타 이익과의 관계 및 관련 문제를 고찰할 필요가 있다. 이 글에서는 중국학자의 견해를 중심으로 공공이익과 정부이익, 공공이익과 정부의 책임, 공공이익과 상업이익을 중심으로 구성하였다.

1. 공공이익과 정부이익

정부는 일반적으로 공공이익의 대표자로서 적극적인 역할을 한다. 정부는 공공이익의 주요 대표자 또는 수호자로서 수익자의 수권에 의하여 공공이익의 수호에 필요한 권력을 행사한다. 그러나 공공이익은 단순히 정부의 이익으로 귀결할 수 없다. 공공이익은 오직 보편성을 지닌 본질적으로는 비인격화된 이익이며, 불특정 다수인의 이익이다.[13]

즉, 공공이익은 국가이익과는 다른 개념이다. 이익은 공공이익, 개인이익, 집체이익 및 국가이익으로 구분할 수 있고 이들이 관계는 병렬적인 관계에 있다. 국가는 가상적이라 할 수 있지만 정부는 국가의 실질적인 대표가 된다. 따라서 정부의 이익도 어떤 의미에서는 국가의 이익이다.

---

12) 張武揚, 앞의 논문, p.50.
13) 陳奎元, 「憲法和憲法修正案輔導讀本」, 中國法制出版社 2004, p.204.

전통적인 견해에 의하면 정부는 공공이익을 대표하는 공공부문이지만, 이러한 견해는 공공선택이론의 도전을 받았다. 공공선택이론을 주장하는 학자들은 정부 역시 특정의 물질적 이익주체로서 자신의 이익을 가지며 자신의 이익을 극대화 하고자 노력하는 것으로 인식한다. 일반적으로 정부 자신의 이익은 정부관원의 이익, 정부부문의 이익, 정부조직 전체의 이익으로 구분된다.[14)]

정치적으로도 정부 자신의 이익은 없고, 정부의 이익이 곧 공중의 이익이다. 그러나 현실적으로 정부는 추상적인 존재가 아니고 방대한 인원으로 구성된 이익공동체이다. 정부 구성원의 임금, 복리 후생, 정부시설의 개선, 정부 각 부문의 부문 이익과 각 지방정부의 이익 등이 객관적으로 존재한다. 위법한 행정행위의 원인은 종종 공공이익을 정부의 이익과 동일시하는 데서 비롯된다. 따라서 공공이익은 일반 공중의 이익이며, 정부의 이익과는 구별되어야 한다.[15)]

정부가 공공이익의 이름을 빌어 공익의 범위를 자의적으로 확장하는 경우에 개인의 자유는 최소한의 범위로 위축되고 개인의 재산 역시 공공이익이라는 이유로 무단 박탈되기 쉽다는 점에 유의할 필요가 있다.

2. 공공이익과 정부의 책임

최근 중국에는 공공이익과 관련하여 두 종류의 뚜렷한 위법현상이 나타나고 있다. 하나는 공공이익의 이름을 빌어 공공이익이 아닌 다른 이익을 보호하는 것이다. 공공이익의 필요라는 기치를 내 걸고 행정권력을 이용하여 자신의 이익, 기업의 이익, 단체의 이익을 보호하는 것이다. 다른 한 현상은 행정주체의 하자 또는 보호행위의 부실 등의 현상이다. 불법적

---

14) 楊峰, 앞의 논문, p.55.
15) 張武揚, 앞의 논문, p.48.

인 공공이익에 대한 침해의 방치, 공공이익의 자의적인 처분, 공익실현에 따른 환경과 자원의 파괴, 국유자산의 유실, 공공자원의 낭비 등이 이에 해당한다.

일반적인 상황에서 정부는 공공이익의 보호와 실현에 대한 책임을 지고, 이에 따라 공공이익의 보호를 위한 공권력을 행사한다. 공공이익의 실현은 주로 정부를 대표로 하는 공적인 시스템에 의존하게 되고, 일반적으로 사인을 통하여 실현하기는 어렵다. 이러한 이유로 공공이익의 문제에서 행정기관은 최대한 공공이익을 보호할 책임을 지는 것이며, 공익을 자의적으로 처분하거나 그에 대한 손해의 발생을 방임할 수 없다.[16]

3. 공공이익과 상업이익

공공이익으로 수용한 재산을 상업 또는 영리성 사업에 이용할 수 있는가 하는 문제가 있다. 이점에 대하여는 대개 엄격한 입장의 해석과 완화된 입장의 해석태도로 구분할 수 있다.

예컨대, 미국의 경우에는 현재 대개 완화된 입장을 취하고 있다고 할 수 있다. 건국 초기에는 사유재산의 보호는 절대적이었다. 수정 헌법 제5조의 수용은 하나의 예외에 불과한 것으로서 그 주된 목적은 재산에 대한 수용을 엄격히 제한하자는 것이며 정부의 사유재산에 대한 침해를 방지하자는 것이다. 따라서 정부는 긴급한 필요시에 한하여 비로소 소유자의 재산을 수용하고 보상을 하도록 하였다. 법원 역시 사인의 재산을 수용하여 다른 사인에게 이전하는 것을 용납하지 않았다.[17]

그 후 공업의 신속한 발전은 대형의 공공시설뿐만 아니라 대량의 공장 건설을 필요로 하였다. 사유재산의 절대적 보호는 공업혁명의 진전을 방

---

16) 張武揚, 앞의 논문, p.49.
17) 1798년의 Calder v. bull 사건

해하였고, 다른 한편으로 철도의 건설이나 공장의 건설 등은 정부만이 완성할 수 없는 것이었고, 특히 공장의 건설은 기본적으로 사인에 의해 이루어지는 것이었다. 경제발전의 필요에 따라 법원은 이에 따른 재산의 수용을 지지하였고, 최종적인 효과에 따른 검정방법을 선택하였다. 즉 철도나 공장의 건설은 경제적 효과를 가져오고 시의 세수를 증대시키므로 장래 일반 시민에게도 이익이 있다고 인정하였다.[18] 그러나 이러한 완화된 해석에 대하여 일부 법원은 여전히 엄격한 태도를 취하기도 하였다.

19세기 말에서 20세기 초에는 여전히 엄격한 해석의 입장과 완화된 입장이 병존하였다고 볼 수 있고, 20세기 중반인 1950년대에서 현재에 이르기까지 미국의 법원은 기본적으로는 재산의 수용에 대하여 완화된 입장의 해석태도를 보이고 있다.[19]

중국의 경우를 예로 들면, 일부 지방정부에서는 재정수입의 증대를 위하여 공공이익의 이름을 빌어 토지를 수용한 후 고가(高價)에 개발업체에 이전한다. 이러한 현상은 빈번히 일어나는 것으로서 사회적 모순을 야기

---

18) Rindge Co. v. Los Angeles County, 262 U. S. 700, 707 (1923)

19) 2005년 6월 연방대법원의 판결(Kelo v. City of New London, Conn, 2005WL1469529)을 참고할 만하다. 2000년 뉴런던시에서 경제침체 국면을 만회하고, 취업을 확대하고 세수를 증대시키기 위하여 해당 지구에 대한 개발계획을 진행하려는 과정에서, 재산소유자의 반대로 소송이 제기되었다. 연방대법원은 이 사건의 판결에서, 해당 개발계획의 실시 후 모든 토지가 일반 공중에 개방되거나 모든 사람이 이용할 수 있는 것은 아니지만, 수용 후 장래 일반대중에게 이익이 되면 충분하다고 하였다. 수용이 사인에게 이익을 줄 것인가 하는 의문에 대하여, 법원은 정부의 공공목적의 추구는 일반적으로 사인에게 이익을 가져오는 것으로 인식하였다. 공공소유는 재개발계획이 실현하고자하는 공공목적의 유일한 방법이 아니고, 사인기업 역시 공공의 최종목적에 도달할 수 있을 뿐만 아니라 심지어 사인기업이 더 잘 이루어낼 수 있다는 입장을 취하였다. 동시에 법원이 고려하는 중점사항은 수용되는 재산 자체의 노후나 시의 면모가 아니라, 수용 후 당해 시의 전체 경제발전에 이로운가 하는 것이었다. 전체적으로 법원은 주와 시의 경제발전을 촉진하기 위한 수용조치를 간섭하지 않는 태도를 취한다. 姚佐蓮, "公用徵收中的公共利益標準," 「憲法學 行政法學」, 中國人民大學復印報刊資料 2006年 第4期, pp.86-87.

하고 있다. 따라서 많은 학자들은 공공이익의 해석에 있어서 엄격한 입장을 취하도록 요구한다. 공공이익의 필요에 의하여 수용되는 재산은 상업용도로 전용할 수 없어야 하고, 만약 상업용도로 전용된다면 공익 목적에도 부합하지 않는다고 하고 있다. 상업용도의 토지는 오직 상업적 방법에 따라 취득하여야 한다고 주장하는 것에 주의할 필요가 있다.

V. 공공이익 확정의 방법론

서방 학자들의 공공이익에 대한 여러 가지 이론적 주장과 공공이익과 관련 개념들을 상술한 바와 같이 검토하였다. 그러나 공공이익이라는 이 불확정 개념은 여전히 불확정적인 상태로 남아 있다. 다만 그렇다고 하더라도 구체적 사건에서는 반드시 하나의 답안을 찾아야 할 것이므로, 중국의 학자들도 공공이익의 확정을 위한 방법론에 대하여 많은 이론적 시도를 하고 있다. 아래에서 소개하는 공공이익 확정의 구체적인 방법론 역시 참고할 만하다고 생각한다.

1. 공공이익 확정에 대한 원칙

공공이익 내용의 불확정성과 가변성으로 정확한 정의를 내리기는 여전히 어렵다고 본다. 다만 그렇다고 하더라도 공공이익을 확정할 수 없는 것은 아니라고 보고, 일정한 사회에서 정치, 경제, 문화의 객관적인 기초 위에서 가치판단을 통하여 공공이익을 성문화하고 유형화하는 것은 가능하다고 보며, 공공이익의 확정에 있어서 준수할 몇 가지 원칙을 제시하고 있다.

즉 첫째, 공공성의 원칙으로, 수익주체가 보편성과 불특정성을 갖추어야 한다. 둘째, 합리성의 원칙으로, 공공이익은 다른 공공이익이나 사익의 희생을 대가로 하므로, 공공이익을 확정할 경우 합리적으로 형량을 하여야 하고, 공공이익이 최대한 합리적인 이익이 되도록 하여야 한다. 셋째, 정당성의 원칙으로, 공공이익의 확정은 널리 민의를 수렴한 기초 위에서 이루어져야 하고, 민주적 방식에 따라 공공이익이 확정되어야 한다. 넷째, 공평성의 원칙으로, 만약 소수자의 사익의 희생에 따라 공공이익을 달성하게 된다면 합리적인 보상을 하여 공평성을 확보하도록 하여야 한다.[20]

2. 공공이익 사용주체에 의한 확정

종래 공공이익 사용의 주체에 따라 공공이익을 확정하는 것이 각 국가의 일반적인 경향이었다. 즉 초기에는 고전적인 수용이론의 영향을 받아 예컨대 수용의 필요조건으로서 공공목적, 공공사용 또는 공공필요 등으로 공공이익이 규정되었지만 이러한 공공목적, 공공사용 또는 공공필요가 무엇인가는 주로 공공이익을 대표하는 주체를 중심으로 해석되었다. 일반적으로 공공사용의 주체는 두 가지 종류를 포함한다.

하나는 공중으로서 즉 사회 전체의 구성원 또는 불특정의 사회 구성원이다. 공용도로, 체육시설, 문화시설, 명승고적, 공중위생시설, 공공교육시설, 에너지자원시설 등으로 불특정의 구성원이 사용하는 것이다. 다른 하나는 공공이익을 대표하는 주체로서 주로 국가기관 또는 직능부문을 가리킨다. 정부, 군대, 사법기관 등으로 이들 기관과 관련되는 경우 일반적으로 공공이익에 부합하는 것으로 보는 것이 각 나라의 일반적 경향이다. 이러한 유형의 이익은 일반 대중이 쉽게 이해하고 판별할 수 있으므로 절대적 공공이익이라 할 것이다. 따라서 공공이익을 확정하는 과정에서 사용주체에 대한 판단은 중요한 고려 요소가 된다.[21]

---

20) 楊峰, 앞의 논문, p.55.

3. 공공이익의 효과에 의한 확정

　공공이익은 공용이라는 의미로 표현되는 것만 아니라 공공이익의 효과로 해석할 수 있는 것으로 보고 있다. 공공이익의 효과라 함은 예컨대 수용의 행위가 최종적으로 전체 사회 구성원의 복리증진에 이바지한다는 것으로 환경보호 사회의 질서, 공중위생 등이 해당한다. 즉 공공사업의 효과가 직접 또는 간접으로 사회 전체 성원의 복리를 증진시키는 것과 관련된다. 사회 공공이익은 물질적인 공공이익과 정신적인 공공이익으로 구분할 수 있고, 물질적인 공공이익은 일반 대중으로 하여금 직접적으로 물질적인 재화를 얻도록 하는 것이며, 정신적인 공공이익은 일반대중으로 하여금 정신적인 이익을 주는 것이다.

　공공이익의 증가 또는 효과 여부에 대하여는 엄격한 입장의 해석과 완화된 입장의 해석이 있다. 엄격한 입장의 해석에 의하면 그 효과가 대중에게 직접 이익을 주는 경우에 비로소 공공이익에 속한다고 본다. 완화된 입장의 해석에서는 비록 이익의 효과가 소수의 사인(私人)이 향유하더라도 부수적인 결과를 가져온다면, 즉 행위의 결과가 권리자 이외의 다수 구성원에게 미친다면 공공이익의 요구에 부합하는 것으로 본다. 공공이익의 증가에 대한 각 나라의 해석의 입장은 사법제도, 정치제도, 경제제도 및 역사적 전통과 관련이 있다고 하겠다.

　앞에서 서술한 바와 같이 미국의 경우에는 판례의 변화 과정을 통하여 완화된 입장을 감지할 수 있고, 중국의 경우 많은 학자들이 엄격한 입장에서 해석하자는 입장을 보인다.[22]

---

21) 楊峰, 앞의 논문, p.55.
22) 楊峰, 앞의 논문, p.56.

4. 수용의 목적에 의한 확정

수용의 목적에 따라 공공이익 여부를 확정하자는 의견이 있다. 이는 재산을 수용한 후에 이용하는 목적이 영리성을 가지는가 또는 상업적 특징을 가지는가를 판단하여 공공이익 부합여부를 판단하여야 한다는 것이다. 공민 소유의 건물을 철거한 후 공장을 건설하거나 상업지구로 이용하는 경우에는 공공이익의 목적에 부합하지 않는다는 것이다.

마찬가지로, 공민의 건축물에 대한 수용이 늘 사회 공공의 이익이나 도시의 계획성 있는 건설을 위한 것은 아니다. 때로는 정부 관리가 자신의 정치적 업적을 쌓기 위하여 무분별하게 수용을 하기도 하고, 각종 부패적 의도가 숨어 있는 경우도 있다. 이러한 경우에도 비록 공공이익을 내세우고 있지만 사실상 정부가 행정권력을 남용하여 공민의 권리를 침해하는 것이다.

또한 시장경제 체제아래서 국가 또는 정부의 이익이 곧 공공이익은 아니라는 것은 앞에서 제시한 바와 같다. 정부 역시 자신의 이익이 존재하고, 또한 구체적인 경제관계에서 특정한 물질적 이익의 실체이며, 자신의 이익을 극대화하고자 한다. 간혹 정부가 재산을 수용하는 경우 공공의 이익을 위한 것이 아닐 수도 있다. 정부의 재정적 위기를 타개하기 위하여, 재정수입을 증대시키기 위한 경우도 있다. 정부의 재정수입은 비록 공익적 특징을 가지기는 하지만 정부의 이익 또는 국가의 이익과도 밀접한 관계가 있다. 이처럼 단순한 재정수입 등의 목적을 위한 수용은 공공이익에 부합하지 않는다고 본다.[23]

---

23) 楊峰, 앞의 논문, p.56.

VI. 결어

때로는 공공이익을 확정하는 경우에, 공공성에는 정의, 공정, 복리 등의 개념이 개입된다. 이들 개념도 불확정 개념이기 때문에 공공성의 개념은 더욱 불명확하게 된다. 정의, 공정, 복리의 개념은 공공성 그 자체일 뿐만 아니라 공공성의 실체적 내용이기도 하다.

이러한 개념의 상호관계 또는 그 결합을 통하여 공공의 이념을 입체적으로 도출해 낼 수 있는 것이 필요하다. 즉 공공성은 개방성, 인원의 불특정성 및 변동성을 가지는 것이다. 사회의 발전에 따라 공공이익의 명의로 행하는 정부활동이 증가되었음은 물론이고 사회단체 또는 제3부문의 역할 증대로 국가와 사회의 동화 내지 공공성과 사적인 성질이 혼동되기도 하고 순수한 의미의 공공성에 대한 관념은 그 기초가 흔들리고 있다.

따라서 무엇이 공공성인가를 확정하는 것은 더욱 곤란해진다. 그렇지만 특정한 경우에 있어서 공공이익은 여전히 확정되어야 한다. 따라서 공공이익의 확정은 반드시 변화되는 사회 속에서 정치, 경제, 사회, 문화 등의 제반 요소를 고려하여야 하고, 당시 사회의 객관적 사실에 따라 결정할 수밖에 없다. 사회의 발전과 국가 상황의 변화에 따라 공공이익의 내용도 변하는 것이기 때문이다.

|참고문헌|

1. 陳新民,「德國公法學基礎理論」, 山東人民出版社 2001.
2. 陳奎元,「憲法和憲法修正案輔導讀本」, 中國法制出版社 2004.
3. 胡建森 外, "公共利益槪念透析,"「憲法學 行政法學」, 中國人民大學復印報刊資料 2005年 第1期.
4. 楊峰, "財産徵收中公共利益如何確定,"「憲法學 行政法學」, 中國人民大學復印報刊資料 2006年 第1期.
5. 張武揚, "公共利益界定的實踐性思考,"「憲法學 行政法學」, 中國人民大學復印報刊資料 2005年 第1期.
6. 姚佐蓮, "公用徵收中的公共利益標準,"「憲法學 行政法學」, 中國人民大學復印報刊資料 2006年 第4期.

위헌심사제도

I. 서론

중국은 2001년 세계무역기구의 가입과 함께 법제 개선에도 노력하여 지금까지 많은 성과를 거두고 있으며 앞으로도 많은 발전이 이루어 질 것으로 예측된다. 가까운 예로는 2004년 3월 헌법을 개정하였고, 그중에는 공민의 사유재산권은 침해되지 않으며, 사유재산권의 상속을 보호하고, 공공의 필요에 따라 사유재산에 대하여 징수·징용하는 경우에는 법률에 따라 보상을 한다는 규정이 포함되어 있다.

이처럼 개인의 인권보장과 법치주의의 실현을 위한 노력이 있었고, 이에 따른 후속적인 입법도 각 영역에서 이루어지고 있다. 그렇지만 아직도 많은 문제가 가로 놓여 있는 것도 사실이다. 사법제도의 영역에서 위헌심사제도에 관한 것도 문제의 한 중심에 놓여 있다고 할 수 있다.

사법제도 특히 위헌심사제도는 헌법적 분쟁의 심사를 통하여 국가작용의 합헌성을 보장하는 사법적 성질의 통제 절차라고 이해할 수 있다. 헌법의 규범적 효력을 보호하기 위한 헌법실현의 작용인 것이다. 국민주권이론(인민주권론)에 의하면 국민이 헌법을 제정하고, 헌법에 의해 창설된 통치권력이나 국가권력은 그 남용의 위험성으로 인하여 헌법적 제약이 필요하다는 점에는 다른 의견이 없다. 위헌의 법률이나 위헌의 정책을 통제함으로써 헌법적 가치를 회복하는 것이 곧 국민주권이론에 부합하는 것이다. 위헌심사제도의 수립은 법치주의의 실현을 위한 수단이라고 할 수 있다.

중국은 일부 지역을 제외하고는 사회주의 정치제도를 시행하는 국가이다. 법 제도의 운용상 우리가 기대하는 정도에 이르지는 못하지만, 본장에서 다루는 위헌심사제도는 간과할 수 없는 중요한 제도이다. 비록 이론적인 체계 확립이나 운용상 여러 가지 문제는 있지만, 헌법의 최고규범성과 헌법질서를 수호하는 기제가 된다는 점, 헌법에 규정된 공민의 기본권을 보장하는 최후의 수단이 된다는 점, 무소불위의 국가권력에 대한 통제 또는 다수의 횡포에 대하여 소수자를 보호할 수 있다는 점에서 제도적 의의가 있고, 특히 이념적으로는 인민주권의 원리를 구현하는 제도라는 점에서 의의가 있다.

혹자는 중국에서는 공산당 당장(黨章)의 규정이 헌법에 우선한다느니, 위헌심사를 맡고 있는 재판기구도 없고 위헌심사제도와 같은 것도 존재하지 않는 상황이라고까지 이해한다. 이러한 이해는 그동안 법 제도의 운용 결과를 반영하는 것일 수도 있고, 개인적인 이해나 연구의 부족일 수도 있다.

한국과 중국이 외교관계를 수립한 지도 이제 14년이 지났다. 양국 간의 활발한 경제적 교류는 말할 것도 없고, 중국 전역에는 최소 30만 명에서 최대 40만 명 이상의 우리 교민이 장기 거주하고 있으며 앞으로도 그 수는 더욱 증가할 추세에 있다. 이러한 상황만 미루어 보더라도 중국 법제에 대한 이해는 중국만의 문제가 아니라 우리 국가와 국민의 이익과도 밀접한 관계가 있음을 알 수 있다.

II. 중국법상 위헌심사의 개념

1. 위헌심사의 개념

우선, 중국에서 위헌의 개념은 국가의 법률, 명령, 행정조치와 법규 및 국가기관 또는 공민의 행위가 헌법의 원칙과 내용에 저촉하는 것으로 이해된다.[1] 통상적으로 위헌은 국가기관, 사회단체, 기업 사업단위 및 그 영도자와 공민의 행위가 헌법의 원칙 또는 내용과 저촉하는 경우로 이해된다. 또한 위헌은 당연히 위법하지만 위법한 것이 당연히 위헌이 되는 것은 아니라고 이해되며, 이는 헌법도 법의 한 종류로 이해하는 데서 도출된 논리다.

위헌심사와 혼용되어 쓰이는 용어로서 헌법소송이라는 것이 있다. 혼용의 이유는 헌법에서 명문으로 헌법재판, 위헌심사 또는 헌법소송이라는 규정을 선택하여 명확히 하고 있지 않기 때문에 비롯되는 것으로 짐작되지만, 헌법소송의 개념에 대하여 학계의 주장은 대개 다음과 같은 것이 있다.[2] 즉, 첫째 헌법소송은 공민의 헌법상권리가 불법 또는 부당한 침해를 받는 경우 공민이 관련 기관에 침해의 제거를 주장하고 구제를 구하는 소송이다. 둘째, 헌법소송은 헌법적 분쟁을 해결하는 소송형식으로서 헌법의 최고법적 가치에 의거하여 특정한 기관이 법률의 위헌여부 또는 위헌의 행위를 심사하는 소송이다. 셋째 헌법소송은 소송절차를 통하여 헌법에 관련된 분쟁을 해결하는 제도이다. 넷째, 헌법소송은 특정한 국가기관이 헌법의 실시로 인하여 발생하는 분쟁을 해결하기 위한 재판활동이 헌법소송이라 한다. 기본적으로는 위헌심사세도의 개념과 큰 차이가 없다고 볼 수 있지만, 위헌심사제도가 헌법소송을 포함하는 개념으

---

1) 「法學百科全書」, 憲法學 行政法學卷, 北京大學出版社 1998年.
2) 樊軍·王亞琴, "憲法訴訟制度研究," 「司法改革報告」, 法律出版社 2004, p.323.

로 이해하는 것이 적절하다고 본다.

중국에서 규범적으로는 헌법실시의 감독 또는 헌법실시의 보증[3]이라는 용어가 사용되고 있고, 학계에서도 이를 대개 위헌심사의 뜻으로 이해한다. 위헌심사제도는 위헌심사권을 가진 국가기관이 위헌의 행위에 대하여 합헌성의 심사를 하고 그 위헌 여부를 확정하는 법제도[4]라 한다. 그리고 위헌심사는 사법심사와도 구별되는 개념으로 이해한다. 위헌심사의 주체는 사법기구에 한정되지 아니하며 관련 국가기관이 위헌심사권을 행사할 수 있고, 중국의 경우 전국인민대표대회 및 그 상무위원회가 위헌 여부를 심사한다. 이와는 달리, 사법심사에서는 추상적 행정행위의 적법성 심사뿐만 아니라 구체적 행정행위에 대한 적법성 여부도 심사한다. 이 점에서 양자는 차이가 있다.[5]

2. 위헌심사와 위법성심사의 구별

위헌의 형식은 주로 네 가지 유형으로 구체화되는데, 첫째 국가의 존재 또는 국가의 인정을 부정하는 행위이다. 국가의 전복이나 분열행위 또는 비민주적 불법적 방식으로 헌법규정의 국체나 정체 등을 변경하는 행위이다. 둘째, 국가 공권력기관이 헌법규정의 한계를 일탈하여 권력을 행사하는 경우이다. 입법기관이 위헌의 법률을 제정하여 공민의 기본권을 박탈하거나 행정기관이 공민의 재산권이나 자유권을 침해하는 경우이다. 셋째, 국가 공권력기관의 부작위(不作爲)로 인하여 공민의 헌법상 권리를 침해하는 경우이다. 입법기관의 입법 부작위, 사법기관의 부작위, 행정기관의 부작위 등이다. 넷째, 공권력을 행사하는 기관의 조직법상의 위헌이다. 선거를 통하여 선출되어야 하는 관원이 선거를 통하지 않고 선임되는

---

3) 중국 헌법 제62조, 제67조 및 헌법 서언 마지막 단락.
4) 林廣華, 「違憲審査制度比較研究」, 社會科學文獻出版社 2004, p.1.
5) 王利明, 「司法改革研究」, 法律出版社 2001, p.279.

경우가 해당한다.6)

상술한 위헌행위의 형식을 중심으로 하는 위헌심사는 위법성심사와 대개 다음과 같은 점에서 대비 된다.7) 아래에서 심사근거, 심사대상, 심사개시의 조건 등의 경우를 살펴본다.

첫째, 위헌심사와 위법성심사는 그 심사의 근거에서 차이가 있다. 위헌심사의 근거는 헌법이며, 경우에 따라서는 헌법의 정신이나 원칙도 위헌심사의 근거가 된다. 위법성심사의 근거는 일반 법률이며 통상적으로 행정법규, 지방성법규 및 자치조례를 포함하는 개념이다.

둘째, 심사대상에서 차이가 있다. 위법성심사의 대상은 보편적이고 불특정적이며, 각 영역 또는 각 단계의 법규범이 규정한 주체의 행위는 모두 위법성심사의 대상이 된다. 위헌심사의 대상은 비교적 구체적이고 특정적이다. 즉 소수의 특정한 공권력을 행사하는 특정된 주체가 행한 행위가 위헌심사의 대상이 되는 것이다. 다만 주의할 것은 공권력 행사의 행위는 위법성심사의 가능성을 배제한 후 비로소 실질적인 위헌심사의 단계에 진입할 수 있다는 것이다.

셋째, 심사를 개시하는 기본적인 조건이 서로 다르다. 법률이 규정한 구체적인 심사조건에 부합하면 위법성심사를 개시한다. 그러나 위헌심사는 위법성심사를 기초로 한 법률적 구제를 다한 후 여전히 공민의 기본권리와 자유를 충분히 보장할 수 없는 경우에 비로소 개시된다. 즉 위법성심사를 통하여 공민의 권리와 자유가 보장되는 경우에는 위헌심사의 개시는 불필요하다는 점이다. 이는 곧 위헌심사의 보충성원칙이다. 그러나 위헌심사의 보충성원칙은 개별적인 법률의 규정이 존재하는 경우에 적용되는 원칙이며, 법률이 존재하지 않는 경우나 법률 자체의 합헌성이 의심을 받는 경우에는 해당 행위나 법률에 대하여 위헌심사를 행할 수 있다. 즉 위헌주체가 직접 헌법에 근거하여 공권력을 행사한 경우, 공민

---

6) 王振民, 「中國違憲審查制度」, 中國政法大學出版社 2004, p.42.
7) 胡錦光, "論違憲主體," 「憲法學 行政法學」, 人民大學書報資料 2004年 第5期. p.57.

의 자유와 권리가 침해를 받는 경우로서 구제를 위한 구체적인 법률이 존재하지 않는 경우 또는 위법성을 심사하는 근거가 되는 법률이 위헌의 의심을 받는 경우가 가정된다.

III. 위헌심사제도의 이론적 기초

위헌심사제도의 확립은 모종의 정치적 또는 법적 신념을 기초로 하지 않을 수 없다. 이와 관련하여 자연법사상, 사회계약론, 헌법지상론, 유한 정부론, 권력분립론, 인민주권론 및 법치국가론 등의 이론이 제시될 수 있다. 중국 위헌심사제도의 기초가 되고 있는 헌법지상론, 인민주권론 및 법치국가론에 대하여만 간단히 소개한다.

1. 헌법지상론

자연법사상의 기초 위에서 확립된 헌법지상론은 위헌심사제도의 이론 적 기초가 된다고 한다. 국가의 의지를 실현하고, 인민8)의 이익을 실현하 기 위하여, 또한 법질서의 수호를 위하여 헌법을 국가의 근본법으로 확인 하며, 전국 인민의 근본의지를 헌법 속에서 구체화한다는 것이다. 중국에 서 일반적인 법률 및 각종 규범은 모두 인민의 의지의 표현이며, 인민의

---

8) 중국에서 인민(人民)은 공민(公民)과 구별되는 개념이다. 공민은 중국 국적을 가 진 자 즉, 국민을 말하며, 인민은 정치적으로 적과 아군을 구별하는 개념에서 나 온 것이다. 인민의 범위를 헌법 서언에 따라 정한다면 전체 사회주의 노동자, 사 회주의 사업의 건설자, 사회주의를 옹호하는 애국자와 국가의 통일을 옹호하는 애국자를 포함하는 개념이다. 범죄자와 사회주의를 부정하는 자는 공민은 될 수 있어도 인민의 개념에서는 배제된다.

이익을 수호하는 중요한 법적 도구라고 이해된다. 이들 규범은 모두 헌법에서 파생된 것이며, 헌법 규범의 시행을 위해 제정된 것이다. 헌법이 구현하는 것은 인민의 가장 근본적인 의지와 국가 전체의 이익이며, 법률이하 각 규범이 구현하는 것은 인민의 일반적인 의지와 부분적인 이익이다. 일반 법률을 헌법에 저촉하지 못하도록 요구하는 것은 곧 인민의 근본의지와 국가 전체이익 구현의 필요성이라고 설명된다.9)

즉, 중국 헌법에서 이를 잘 나타내는 바, 헌법과 법률에 위반하는 모든 행위는 반드시 책임을 추궁한다. 어떠한 조직이나 개인도 헌법과 법률을 초월하는 특권을 가질 수 없다. 헌법이 전면적으로 통치계급의 근본의지와 이익을 반영하고 있기 때문에, 헌법에 위반되는 모든 행위는 통치계급의 근본이익을 해치는 것이고 통치계급의 통치에 해악을 가하는 것이다. 따라서 통치계급은 헌법에 대하여 최고의 규범적 효력을 부여하고 있는 것이다. 헌법 서언에서 규정한 바와 같이, 즉, 헌법은 법률의 형식으로 중국 각 민족 인민이 분투한 성과를 확인하고, 국가의 근본제도와 임무를 규정하며, 헌법은 국가의 근본법이며, 최고의 법적 효력을 가진다는 것에서 알 수 있다.

헌법이 국가의 최고법적 지위에 있다는 것을 확인하는 것은 헌법지상론의 표현이며, 사회주의 국가 위헌심사제도의 이론적 기초가 되는 것이다. 위헌심사제도를 통하여 헌법의 최고 권위와 존엄을 수호하며, 나아가 국가와 인민의 이익을 근본적으로 보장한다는 것이다.

2. 인민주권론

국민주권론 또는 인민주권론은 자본주의 국가나 사회주의 국가 헌법에서 모두 확인되고 있지만, 사회주의 국가에서 인민주권론은 다음과 같

---

9) 周福惠, 「憲法至上」, 法律出版社 2000.

은 특징을 가진다는 점에 주의할 필요가 있다. 즉 사회주의 국가의 헌법
이 규정하는 인민주권의 이론적 근거는 마르크스주의의 국가학설이다.
마르크스주의이론에 따르면 국가는 사회의 발전이 일정한 정도에 이르러
서 나타나는 산물이며, 통치계급이 피통치계급을 지배하는 도구이고, 인
민주권은 단지 통치계급의 주권이라고 이해한다. 또한, 자본주의 국가의
헌법이 규정한 인민주권은 자산계급의 주권이며 소수를 위한 주권으로
이해하고, 사회주의 국가의 헌법이 규정한 인민주권은 광범위한 인민의
주권이며 다수를 위한 주권으로 이해한다는 점이다.[10]

중국 헌법은 인민주권론에 입각한 인민주권원칙을 명확히 규정하고
있다. 헌법 제2조에서 중화인민공화국의 모든 권력은 인민에 속한다고
규정한다. 인민은 전국인민대표대회와 지방 각급 인민대표대회를 통하여
권력을 행사한다. 국가주권은 사실상 국가의 최고권력이다. 국가의 일체
권력이 인민에 속한다는 것은 자연히 국가의 최고권력이 인민에 속한다
는 것을 의미한다. 모든 권력이 인민에 속한다고 규정함으로써 인민주권
의 원칙을 확인하는 것이다. 인민주권론이 위헌심사제도의 기초가 된다
는 점에 의문의 여지가 없다.

3. 법치국가론

정치적으로, 사회주의 법치의 이념은 다음의 다섯 가지 내용으로 요약
된다. 첫째 사회주의 법치는 의법치국(依法治國)의 이념이다. 사회주의 민
주정치의 제도화, 규범화 및 절차화를 강조하는 것이다. 둘째, 사회주의
법치는 집법위민(執法爲民)이다. 인민을 위한 서비스와 인민에 대한 책임
은 법집행의 근본목적으로 설명된다. 셋째, 사회주의 법치는 공평과 정의
의 이념이다. 공평과 정의의 확립은 사회 각 영역의 이해관계를 조화시키

---

10) 林廣華, 「違憲審査制度比較硏究」, 社會科學文獻出版社 2004, p.126.

고 인민 내부의 모순과 사회적 모순을 해결하는 것이다. 넷째, 사회주의 법치는 대국적 이념에 이바지 하는 것이다. 사회주의 법치의 중요한 사명은 부강하고 민주적인 문명의 사회주의 국가건설이라는 근본 목적에 이바지 하는 것이다. 다섯째, 사회주의 법치의 이념은 당의 영도를 이념으로 하며, 당의 영도는 곧 사회주의 법치의 근본적인 보장을 의미한다.[11]

  법 이론상으로 법치국가의 원리는 크게 두 가지로 나타나는데, 주로 인민의 입법권과 법에 의거한 엄격한 법집행이다. 중국 헌법의 구체적 관련 규정은 다음과 같다. 헌법은 국가의 근본법이며 최고의 규범적 효력을 가진다.[12] 일체의 법률, 행정법규 및 지방성법규는 헌법에 저촉되어서는 안 된다. 일체의 국가기관과 무장역량, 각 정당과 각 사회단체, 각 기업 사업조직은 모두 헌법과 법률을 준수하여야 하며, 헌법과 법률에 위반하는 모든 행위에 대하여 반드시 책임을 추궁한다. 어떠한 조직이나 개인도 헌법과 법률을 초월하는 특권을 가질 수 없다. 공민은 법률 앞에서 평등하다. 또한 헌법은 또한 의법치국과 사회주의 법치국가의 건설을 치국의 기본방침으로 정하고 있다. 특히 헌법 제5조의 사회주의 법치국가의 원리는 위헌심사제도의 기초가 된다.

IV. 위헌심사의 요건과 당사자 주체

1. 위헌심사의 요건

대한민국의 법 이론에서는 재판의 전제성이 법률의 위헌심판 제청과

---

11) 「社會主義法治理念敎育讀本」, 紅旗出版社 2006年 4月版.
12) 중국 헌법 서언 마지막 단락.

헌법소원심판 청구의 적법요건이다. 위헌법률심판에서 재판의 전제성이 있다고 하기 위해서는 구체적인 사건이 계속되어 있는 재판이 존재하여야 하는 바, 즉 소송사건이 법원에 계속 중일 것, 위헌 여부가 문제가 되는 법률이나 법률조항이 당해 소송사건의 재판에 적용될 것을 요한다. 재판은 원칙적으로 법원이 행하는 모든 재판을 의미하며, 판결, 결정 명령 등 형식 여하를 불문하며, 본안에 관한 재판 또는 소송절차에 관한 재판을 불문하고, 또한 종국재판뿐만 아니라 중간재판도 포함한다. 전제성요소는 구체적 사건성과 사건의 계속성이다. 구체적 사건성은 구체적이고 현실적인 권리의무 관계에 관한 사건에 대한 법적분쟁이어야 한다는 것이고, 사건성이 없는 추상적 규범의 심사는 위헌심사의 대상이 되지 않는다는 것을 내용으로 한다.

한편, 헌법재판소가 탄핵심판을 하기 위해서는 탄핵소추의 적법성을 판단해야 하는데, 소추대상자에 대하여 적법한 국회의 탄핵소추 의결이 있어야 하고, 소추위원이 청구하여야 하고, 소추의결서 정본의 제출이 있어야 한다. 또한 본안 판단을 하기 위하여서는 소추의 의결을 받은 자가 그 직무집행에 있어서 헌법이나 법률을 위반한 사실이 있어야 한다. 이와 관련하여 직무관련성, 위법성, 위법행위의 중대성, 고의 과실의 판단은 중요한 문제가 된다.

중국 헌법이 규정하고 있는 위헌심사의 중요한 형식은, 상술한 우리나라의 제도와는 달리, 위헌 법률 또는 법규의 취소제도와 고위 관원의 파면제도라 할 수 있다. 전국인민대표대회나 그 상무위원회가 법률이나 법규의 위헌심사를 하기 위하여서는 일정한 형식적 요건이 필요하다. 그러나 중국 헌법이나 입법법 등 관련 법률에는 위헌심사에 대한 구체적인 요건을 규정하고 있지는 않다. 다만 헌법이나 법률이 비록 명확한 요건을 정하고 있지는 않지만 대개 다음과 같은 내용을 위헌심사의 요건으로 이해할 수 있다. 즉 위헌의 행위형식에 해당하는 사항인가, 위헌심사의 보충성원칙에 부합하는가, 위헌심사의 당사자 주체로서 자격이 있는가 하는 점이다.

위헌행위의 형식에 대하여는 앞서 서술한 바와 같이 국가의 존재를 부정하는 행위 여부, 입법기관의 위헌적인 법률의 제정 등 국가 공권력기관이 헌법이 규정한 한계를 일탈하는 행위로 재산권이나 자유권을 침해하는 경우다. 보충성원칙은 공민의 기본권 보장을 위한 구체적인 법률이 존재하지 않거나 위법성을 심사하는 근거가 되는 법률이 위헌의 의심을 받는 경우에 비로소 위헌심사를 요구 또는 건의할 수 있다. 주의해야 할 점은 법률이나 법규의 위헌심사 "요구" 또는 "건의"를 할 수 있는 주체가 광범위하기 때문에 법원이 제기하는 경우를 제외하고는 재판의 전제성을 적법요건으로 강조하지 않는다는 점에서 우리 제도와는 거리가 있다. 또한 형식적 요건으로서 위헌심사의 당사자 주체에 대한 요건을 구비하여야 하며, 당사자 주체에 관하여는 후술하기로 한다.

전국인민대표대회의 파면권 행사에 대하여 살펴보면, 이 제도 역시 입법의 미비로 인하여 파면의 발의와 의결절차, 심사의 개시절차, 파면결정절차 및 그 효과에 대한 구체적인 절차규정이 존재하지 않는다. 따라서 그 행사의 요건에 대한 명확한 규정도 없다. 입법적인 개선을 통하여 필요한 절차적 규정을 마련할 필요가 있다고 본다. 다만 파면권을 행사하는 데 필요한 절차적 규정이 마련되어 있지 않다고 하더라도 전국인민대표대회가 파면권을 행사하는 실질심사 과정에서는 직무관련성, 위법성, 위법행위의 중대성, 고의나 과실 여부에 대한 판단이 필요할 것이다. 이에 대한 학자들의 이론적 뒷받침이 필요하지만 학계에서는 아직 이렇다할 이론적 연구 성과가 없는 상태이다.

2. 위헌심사 제기의 주체 — 신청의 주체

중국의 헌법 규정에는 위헌심사를 청구(제기)할 수 있는 주체에 대한 명확한 규정이 없다. 다만 입법법 제90조 제1항에서 위헌심사 제기의 주체를 판단할 수 있다. 국무원, 중앙군사위원회, 최고인민법원, 최고인민검찰원, 각 성 자치구 직할시 인민대표대회상무위원회는 행정법규, 지방성법규, 자치조례 및 단행조례가 헌법 또는 법률과 저촉된다고 판단되는 경우, 전국인민대표대회상무위원회에 서면으로 심사의 요구를 할 수 있다. 입법법 제90조 제2항에서는 상술한 이외의 기타 국가기관, 사회단체, 기업 사업조직 또는 개인은 행정법규, 지방성법규, 자치조례 또는 단행조례가 헌법 또는 법률에 저촉된다고 판단되는 경우 전국인민대표대회상무위원회에 서면으로 심사의 건의를 할 수 있다고 규정한다. 여기서 주의할 점은 심사의 요구와 심사의 건의는 개념상 차이가 있다는 것이다. 심사의 요구에 대하여는 자의적으로 거부할 수 없고, 심사의 건의는 그야말로 건의에 불과하므로 심사기관이 필요하다고 판단하는 경우에 한하여 심사를 할 수 있다는 점이다.

입법법 제90조의 규정에서 심사의 대상이 행정법규, 지방성법규, 자치조례와 단행조례에 한정되어 있고 법률이나 부문규장에 대하여는 아무런 규정이 없다는 것도 주의할 필요가 있다. 또한 최고인민법원 역시 전국인민대표대회상무위원회에 서면으로 심사의 요구를 할 수 있다고 규정한다. 이 규정을 잘 이해하면 이 규정은 사실상 최고인민법원의 위헌심사권을 부정하고 있는 규정이다. 최고인민법원은 재판과정에서 위헌의 의심이 있는 상황에 직면하는 경우에는 재판을 중지하고 심사의 요구를 제기하며, 전국인민대표대회상무위원회의 결정을 기다린 후, 결정의 내용에 따라 비로소 계속하여 재판을 진행하는 것이다.

3. 위헌행위의 주체 — 피신청 주체

중국 헌법의 서언, 제5조 및 제53조의 규정에서 위헌행위의 주체에 대한 근거를 찾을 수 있다. 모든 국가기관, 무장역량, 각 정당, 각 사회단체 및 각 기업사업조직은 모두 헌법을 준수하여야 한다. 또한 헌법 제53조에서는 중화인민공화국 공민은 반드시 헌법과 법률을 준수할 것을 요구하고 있다. 헌법이 규정하고 있는 이들 주체가 헌법의 규정과 원칙을 위반하면 곧 헌법상의 의무를 위반한 것이 되고 또한 위헌이 되는 것이다. 위헌행위의 주체에 대한 문제를 몇 가지 관점으로 나누어 고찰한다.

첫째, 헌법의 기능상 위헌행위의 주체에 대한 문제이다. 성문헌법이나 불문헌법을 막론하고 헌법은 국가권력을 통제하는 기능을 한다. 따라서 국가기관은 통제대상으로서 위헌의 주체가 된다. 국가기관은 국가권력의 중요한 행사자이기 때문에 국가권력 통제의 핵심은 국가기관의 공권력에 대한 통제이다. 국가기관이 행사하는 어떠한 권력도 헌법이 규정하는 권한 범위 내에서 행사되어야 하고, 법정의 절차에 따라 이루어져야 하는 것이다. 그렇지 않은 경우에는 곧 위헌의 가능성이 있다. 국가기관의 행위로서 위헌의 유형은 헌법이 규정한 권한의 범위를 초월하여 권력을 행사하는 경우, 권한의 남용이나 일탈에 의하여 공민의 권리나 자유를 침해하는 경우, 헌법이 규정한 절차를 위반하는 경우이다. 공권력을 행사하는 사회조직 역시 위헌행위의 주체가 된다. 수권을 받은 행정조직, 국유기업, 정당, 무장역량, 기타 공공관리의 직능을 행사하는 사회단체나 조직이 위헌행위의 주체가 되며, 기업이나 사업조직 역시 위헌행위의 주체가 된다.

둘째, 개인이나 영도자의 경우는 위헌행위의 주체가 될 수 있는가? 특히 국가 영도자는 위헌행위의 당사자 적격을 가지는가 하는 문제가 있다. 이에 대하여 학계에서는 논쟁이 있다. 중국인민대학의 후진광(胡錦光) 교수는 이에 대하여 부정적인 견해[13]를 표하고 있으며 그 이유는 다음과 같다. 즉 영도자의 직무행위 또는 대외적인 행위는 여전히 국가기관 또는 조직의 행위이며, 영도자의 직무행위는 실질적으로 공권력 작용의 결과에 불과하기 때문에 영도자는 위헌행위의 주체가 될 수 없다고 한다. 파면권에 대한 고려를 하지 않은 것으로 판단되지만 현재로서는 우세한 주장이므로 유의해 둘 필요가 있다고 본다.

---

13) 胡錦光, "論違憲主體," 「憲法學 行政法學」, 中國人民大學書報資料 2004年 第5期, p.55.

셋째, 공민의 기본권리와 자유보장이라는 헌법정신상 위헌행위의 주체에 대한 것이다. 공민의 기본권리나 자유의 보장과 관련하여 국가기관은 여러 가지 작위나 부작위의 형태로 위헌적인 행위를 할 가능성이 있다. 사실 위헌행위의 주체는 권력을 행사하는 국가기관을 염두에 둔 것이다. 다만 헌법 제53조에서 공민의 헌법준수의무를 규정하고 있기 때문에 공민이 이를 위반하면 위헌이 될 수 있다. 이러한 의미에서 공민도 위헌행위의 주체가 된다. 공민의 헌법상 의무는 두 종류로서 정치적 의무와 법적 의무로 구분할 수 있다. 정치적 의무는 조국통일이나 국가의 존엄을 수호할 의무이고, 법적인 의무는 납세나 병역의 의무가 해당된다. 그렇지만 이러한 헌법상의 의무에 대한 구체적인 개별 법률이 존재하는 경우에는 헌법의무의 위반은 사실상 위법한 행위가 되는 것이고, 다만 구체적인 개별 법률이 존재하지 않는 경우에는 공민이 위헌행위의 주체가 될 수 있는 것이다.

넷째, 헌법책임능력상 위헌행위의 주체에 대한 것이다. 위헌행위를 하는 자에 대하여 헌법적 책임을 추궁하는 것은 헌법적 구제를 실현하는 기본적인 전제이다. 따라서 헌법책임능력의 구비는 위헌행위의 주체를 인정하는 기초가 된다. 국가기관은 헌법책임능력을 가지므로 위헌행위의 효과에 대한 책임을 부담할 능력이 있고, 따라서 위헌행위의 주체가 됨은 당연하다. 또한 특정 사회조직, 정당, 수권을 받은 행정조직 등도 헌법책임을 부담할 능력을 가진다. 개인의 헌법책임능력은 국가기관에 비하여 상대적으로 약하다고 할 수 있다.

다섯째, 헌법의 제3자 효력과 관련하여 개인이 위헌행위의 주체가 될 수 있는가 하는 문제가 있다. 사회적으로 우월한 지위에 있는 개인이나 단체는 타인의 기본권 실현을 방해하는 행위를 함으로써 위헌행위를 할 가능성이 많기 때문이다. 헌법이 기본권 향유자 사이에서 효력을 가지는가 하는 문제이며, 헌법이 직접 사인 간에 적용될 수 있는가 하는 문제이기도 하다. 중국의 경우 학설의 견해는 헌법규범이 직접 사인 간의 행위에 효력을 미치는가 하는 점에 대하여 일치하지 않는 입장이다. 일반적인 경우 헌법규범은 사인 간의 관계에 대하여 효력을 미치지 아니하며, 따라서 공민 개인 및 사적 성질의 사회단체나 조직은 위헌의 주체가 될 수 없다고 인식되고 있다. 그러나 최고인민법원의 판결[14]에서는 공민 개인을 위헌행위의 주체로 인정하고 있다는 점에도 주목할 필요가 있다.

V. 전국인민대표대회와 그 상무위원회의 위헌심사권

1. 전국인민대표대회의 위헌심사권

헌법은 전국인민대표대회를 최고국가권력기관으로 규정하고 있고, 최고국가행정기관(국무원), 최고국가사법기관(최고인민법원), 최고국가법률감독기관(최고인민검찰원)은 최고국가권력기관에 의하여 구성되고, 이들 국가기관은 최고국가권력기관(전국인민대표대회)에 대하여 책임을 진다고 규정한다.[15] 또한 헌법은 제62조에서 전국인민대표대회의 권한을 규정하고, 제67조에서 전국인민대표대회상무위원회의 권한을 규정하고 있다. 권한의 내용은 대체로 입법권, 국가의 중대한 사무에 대한 결정권 및 국가의 기타 기관에 대한 감독권 등으로 대별할 수 있으며, 이들 조항에서 위헌심사의 근거를 찾기도 한다.

우선, 앞서 밝힌 바와 같이 헌법의 규정에 한정하여 판단하면 전국인민대표대회는 전국인민대표대회상무위원회가 제정한 위헌적인 법률에

---

14) 2001년 최고인민법원은 상동성의 齊玉苓이 陳曉琪등을 피고로 제기한 소송사건에서 공민 개인의 위헌주체자격을 인정하고 있다. 참고로 이 사건 판결은 중국에서 소위 憲法의 司法化를 인정한 선례가 되고 있다는 점에서 중요한 의미가 있다.
15) 중국 헌법 제3조 및 제57조.

대하여는 변경 또는 취소할 권한이 없다. 다만 2000년에 제정된 입법법 제88조의 규정에 의하면 전국인민대표대회는 전국인민대표대회상무위원회가 제정한 부적당한 법률에 대한 변경 또는 취소의 권한이 있고, 전국인민대표대회상무위원회가 비준한 헌법에 위반되는 자치조례와 단행조례16)에 대한 취소권이 있다고 규정한다. 또한 입법법 제88조 제2항의 규정에서는 전국인민대표대회상무위원회는 헌법과 저촉되는 지방성법규에 대한 취소권이 있다고 규정하고 있다. 헌법의 규정과 입법법의 규정이 다르지만, 헌법과 입법법의 규정을 종합하여 판단하면 전국인민대표대회와 그 상무위원회가 위헌심사권을 가진다는 점은 이해할 수 있다.

헌법 제62조가 규정한 전국인민대표대회의 권한 가운데 제2항 헌법의 실시에 대한 감독권과 제11항이 규정한 전국인민대표대회상무위원회가 제정한 부적당한 결정에 대한 변경 또는 취소권 및 헌법 제63조에서 규정한 고급 관원에 대한 파면권의 규정에서, 전국인민대표대회의 위헌심사권은 전국인민대표대회상무위원회에도 미친다는 것도 의심할 여지가 없다. 다만 전국인민대표대회의 위헌심사권은 기타 하급 기구에도 미치는가 하는 것이 문제로 된다. 예컨대 전국인민대표대회는 국무원에 대하여 위헌심사권을 행사할 수 있는가 하는 것이 문제다. 헌법 제3조에 의하면 국가행정기관, 심판기관, 검찰기관은 모두 전국인민대표대회에 의하여 구성되고, 이들 기관은 전국인민대표대회에 대하여 책임을 지고, 또한 전국인민대표대회의 감독을 받는다.

이 외에 헌법 제62조(전국인민대표대회의 권한에 대한 규정), 제63조(파면권에 대한 규정), 제67조(전국인민대표대회상무위원회의 권한에 대한 규정), 제94조(중앙군사위주석에 대한 규정), 제128조(최고인민법원에 대한 규정), 제133조(최고인민검찰원에 대한 규정) 등의 규정을 종합하여 판단하면, 전국인민대표대회의 위헌심사의 대상은 전국인민대표대회상무위원회가 제정

---

16) 자치조례는 주로 자치구역의 기구나 조직 또는 그 운용에 관한 것을 정한 조례이고, 단행조례는 자치구 내의 특정한 사항에 적용되거나 특정지역 또는 특정한 범위의 사람에 대하여 적용되는 조례로 이해할 수 있다.

한 부적당한 결정에 그치지 아니하고, 이들 국가기관의 행위도 모두 위헌심사의 대상에 된다고 확대하여 이해할 수 있다.

이와 관련하여 일부 학자[17]는 헌법 제62조 제11항의 "부적당한 결정"에 대하여 다음과 같이 확대 해석하고 있다. 즉 부적당한 결정의 의미는 그 범위를 확대 또는 축소 할 수 있는 바, 부적당한 결정은 위헌, 위법의 결정을 포함하는 개념이며 또한 불합리한 결정을 포함한다고 이해한다. 또한 제11항에서 규정된 결정의 의미는 전국인민대표대회회상무위원회를 통과한 법률을 포함할 뿐만 아니라 일반적인 결의와 결정을 포함한다고 해석한다. 이처럼 해석하면 전국인민대표대회의 위헌심사 범위는 더욱 광범위해진다. 그렇다고 하더라도 전국인민대표대회가 제정한 법률은 누가 위헌심사를 하는가 하는 문제가 여전히 남게 되는데, 이는 명문의 규정이 존재하지 않기 때문이다.

2. 전국인민대표대회의 파면권

중국 헌법에는 탄핵에 대한 규정이 존재하지 않지만, 파면권에 대한 규정은 있다. 전국인민대표대회의 파면권 행사는 고급 관원의 위헌적 행위에 대하여 파면권을 행사함으로써 헌법의 유효한 실시를 감독하고 헌법보호의 장치로 이해할 수 있다. 규범에 대한 통제가 국가권력기관의 입법권에 대한 통제라면, 파면권의 행사는 널리 국가기관에 대한 통제로 이해할 수 있다. 이러한 점에서 헌법이 규정한 파면권에 대한 내용도 위헌심사제도의 범위 안에 포함된다고 이해하는 것이 당연할 것이다.

즉, 헌법 제63조에서는 전국인민대표대회의 파면권을 규정하고 있다. 파면의 대상이 되는 자는 국가 주석과 부주석, 국무원 총리와 부총리, 국무위원, 각부 부장, 각 위원회 주임, 심계장, 비서장, 중앙군사위원회 주석

---

17) 王振民,「中國違憲審査制度」, 中國政法大學出版社 2004, p.108.

과 기타 구성인원, 최고인민법원 원장, 최고인민검찰원 검찰장이다.

전국인민대표대회 전체 대표의 과반수 찬성으로 상술한 고급 관원에 대한 파면을 결의할 수 있다. 파면권의 행사는 일종의 헌법실시의 감독권을 행사하는 것으로, 이는 전국인민대표대회가 국가기관의 중요한 구성인원에 대한 직위를 박탈하는 것이다. 지금까지 전국인민대표대회가 헌법실시의 감독을 하면서 파면권을 행사한 사례는 없으며, 1987년 6월 23일 전국인민대표대회상무위원회에서 임업부 부장(장관)의 직위를 해제하는 결정을 한 예가 있지만, 이는 엄격한 의미로 말하자면 파면권을 행사한 것이 아니다. 또한 헌법 또는 전국인민대표대회조직법상으로는 전국인민대표대회상무위원회에 직위해제권을 부여한다는 규정도 존재하지 않는다.18) 파면권과 관련하여 무엇보다 헌법이 그 사유를 규정하고 있지 않기 때문에 앞으로도 파면권의 행사에는 장애가 있을 것으로 예상되고, 헌법이 파면권을 규정하고 있다면 당연히 헌법 또는 법률에서 파면권의 행사가 가능한 구체적인 사유를 규정할 필요가 있다고 생각한다.

3. 전국인민대표대회상무위원회의 위헌심사권

헌법의 규정으로 보면 전국인민대표대회가 위헌심사권을 행사한다고 하는 데는 의문이 없다. 그러나 전국인민대표대회는 1년에 한 차례 회의가 진행되고, 회기 역시 15일 정도에 그치며 인민대표의 수가 2,985명에 이른다는 점을 생각하면 제도 자체가 가지는 심사능력을 가상할 수 있다. 전국인민대표대회와 전국인민대표대회상무위원회의 이원적 제도를 운영하는 것도 이처럼 전국인민대표대회의 결함을 보완하기 위한 것이라고 할 수 있다.

---

18) 万其剛 外, "全國人民代表大會會議制度研究,"「憲法學 行政法學」, 人民大學書報 資料 2005年 第2期, p.56.

헌법 제67조의 제1항, 제4항, 제7항 및 제8항의 규정에 의하면, 전국인민대표대회상무위원회는 위헌심사와 관련된 다음과 같은 중요한 권한이 있다. 즉, 헌법의 해석과 헌법실시의 감독권, 법률의 해석권, 국무원이 제정한 것으로서 헌법이나 법률과 저촉되는 행정법규, 결정 및 명령의 취소권, 성 자치구 직할시의 권력기관이 제정한 것으로서 헌법, 법률 및 행정법규와 저촉되는 지방성법규나 결의의 취소권 등이다. 이 규정에서 특히 헌법의 해석권은 위헌심사권의 중요한 내용이라 할 수 있다.

헌법에 대한 해석권이 규정되어 있지만, 이제까지 전국인민대표대회상무위원회가 개별 헌법 조문에 대하여 직접 해석을 내린 경우가 없기 때문에 본서에서는 구체적인 헌법해석권의 행사에 대하여는 논하지 않는다.

4. 전국인민대표대회와 그 상무위원회의 위헌심사권 비교

상술한 내용을 기초로 하여 전국인민대표대회의 위헌심사권의 범위와 전국인민대표대회상무위원회의 위헌심사권의 범위를 대비해 볼 필요가 있다. 전국인민대표대회는 헌법 제62조에 의하여 헌법의 실시를 감독하고, 전국인민대표대회상무위훤회가 제정한 부적당한 결정에 대한 변경 또는 취소권을 행사한다. 헌법 제63조에 의하여 고급 관원의 파면권도 전국인민대표대회가 행사한다. 전국인민대표대회상무위원회는 헌법 제67조의 규정에 의하여 헌법의 해석, 헌법실시의 감독, 국무원이 제정한 위헌 위법의 행정법규 등에 대한 취소권, 성 자치구 또는 직할시 권력기관이 제정한 위헌 위법 또는 행정법규 위반의 지방성법규에 대한 취소권을 행사한다.

이론적으로 두 기관은 헌법실시의 감독권이라는 공통된 권한을 갖고 있다. 그러나 전국인민대표대회는 파면권이 있는 반면 헌법해석권과 법률해석권이 없고, 전국인민대표대회상무위원회는 헌법해석권과 법률해석권은 있지만 파면권이 없다는 점에서 차이가 있다.

VI. 위헌심사의 구체적 사례

전국인민대표대회가 위헌심사를 한 사례로는 1990년과 1993년에 홍콩특별행정구기본법과 마카오특별행정구기본법에 대하여 내린 결정이 있고, 전국인민대표대회상무위원회가 위헌심사를 한 경우로는 1997년과 1999년에 홍콩 및 마카오의 주권 회복과 관련하여 기존의 법률 등에 대하여 내린 결정이 있다. 또한 전국인민대표대회상무위원회가 최종적인 결정을 한 것은 아니지만, 2003년의 사례로 소위 쑨즈강(孫志剛)사건은 위헌심사와 관련하여 중요한 의미를 가진다는 점에서 참고할 만하다.

1. 전국인민대표대회의 위헌심사 사례

전국인민대표대회가 위헌심사권을 행사한 사례로서, 우선 홍콩특별행정구기본법에 대하여 내린 결정이 있다. 홍콩특별행정구기본법의 규정[19]에는 중요한 두 가지 내용이 있는바, 즉 홍콩에서는 사회주의 제도와 정책을 실시하지 않는다는 것과 원래의 자본주의 제도와 생활 방식을 50년간 변화 없이 유지한다는 것이다. 이러한 문제에 대하여, 1990년 제7기 전국인민대표대회에서는 홍콩특별행정구기본법의 통과와 동시에 홍콩특별행정구기본법이 합헌이라는 결정을 통과시켰다.[20]

마찬가지로 1993년 3월 31일 제8기 전국인민대표대회 제1차 회의에서는 마카오특별행정구기본법을 통과시킴과 동시에 마카오특별행정구기본법이 합헌이라는 결정을 통과시켰다. 중국에서 홍콩의 문제와 마카오 문제는 일국양제(一國兩制)의 대 전제 아래 특례가 인정된다는 것은 모두가

---

19) 홍콩특별행정구기본법 제5조.
20) 1990년 4월 4일 제7기 전국인민대표대회 제3차 회의에서 통과된 「중화인민공화국홍콩특별행정구기본법에관한 결정」.

아는 바이다.

특별행정구기본법에 대하여 내린 합헌이라는 판단은 전국인민대표대회가 결정의 형식으로 확인한 것으로 정식의 판결서는 아니며, 또한 판결서의 형식이 아니기 때문에 결정의 이유도 명확히 밝히고 있지 않다. 헌법의 효력이 미치는 범위에서 헌법이 엄격히 금지하는 다른 사회제도를 인정하는 법률이 위헌이 아니라고 하는 구체적인 이유가 결정서에 포함되어 있지 않는 것이다. 이유를 찾는다면 마땅히 헌법 제31조가 규정한 내용, 즉 국가는 필요시 특별행정구를 설치할 수 있다는 점을 근거로 삼아야 할 것이다. 판결서의 형식이 아니고 결정의 형식이지만 전국인민대표대회가 이러한 결정을 내림으로써, 사실상 전국인민대표대회가 제정한 법률 역시 전국인민대표대회의 자체의 위헌심사 대상이라는 것으로도 이해할 수 있다. 이러한 처리 방식을 두고 일부 학자는 성문화되지 않은 일종의 헌법적 관례로 이해하기도 한다.

2. 전국인민대표대회상무위원회의 위헌심사 사례

1) 특별행정구의 기존 법률에 대한 결정

1997년 제8기 전국인민대표대회상무위원회 제24차 회의에서 홍콩특별행정구기본법 제8조와 제160조의 규정에 근거하여, 홍콩특별행정구주비위원회가 작성한 「홍콩의 기존법률 문제 처리에 관한 건의」를 심의하고 다음과 같은 결정을 하였다. 첫째, 홍콩의 기존 법률, 즉 보통법, 형평법, 조례, 부속입법과 관습법은 기본법과 저촉되는 경우를 제외하고 홍콩특별행정구의 법률로 채택한다. 둘째, 건의서의 첨부서1에 열거된 기본법과 저촉되는 조례와 부속입법은 홍콩특별행정구의 법률로 채택하지 않는다. 셋째, 건의서의 첨부서2에 열거된 기본법과 저촉되는 조례와 부속입법의 일부 조항은 홍콩특별행정구의 법률로 채택하지 않는다. 넷째, 홍콩특별행정구의 법률로 채택하는 기존의 법률은 1997년 7월 1일부터 적용에 필요한 변경, 적응, 제한 또는 예외의 조치를 행하여, 홍콩의 주권 회복에 따른 홍콩이 지위와 기본법의 관련 규정에 부합하도록 한다. 전국인민대표대회상무위원회의 결정서에는 이상과 같은 내용 외에도 기존의 조례 또는 부속입법과 관련하여 필요한 다른 세부적인 몇 가지 원칙을 정하고 있지만 본서에서는 자세한 내용을 생략한다.[21]

1999년 10월 31일 제9기 전국인민대표대회상무위원회 제12차 회의에서 통과된 「전국인민대표대회상무위원회의 중화인민공화국마카오특별행정구기본법 제145조에 근거한 마카오 기존법률의 처리에 관한 결정」에서도 홍콩특별행정구에 대한 결정과 같은 취지의 결정을 하였다. 마카오는 대륙법계의 법제도가 시행되는 지역이기 때문에 홍콩의 보통법이나 형평법 등 표현과는 달리 기존의 법률, 법령, 행정법규와 기타 규범성문건이 그 결정의 대상이 되었다는 점에 차이가 있을 뿐이다.

이러한 두 가지 결정의 사례는 헌법적 쟁의가 발생하여 결정된 것은 아니지만, 전국인민대표대회상무위원회가 홍콩과 마카오 지역의 주권 회복에 앞서 사전에 위헌의 여지를 소멸시키는 조치를 하였다는 점에서는 참고할 만하다.

2) 「도시 유랑걸인의 수용 송환 판법」에 대한 사례

이 사건은 소위 쑨즈강(孫志剛)사건이라고도 하며, 2003년 5월 15일 3명의 박사학위를 가진 중국 공민이 전국인민대표대회상무위원회에 대하여 국무원이 제정한 「도시유랑걸인의 수용송환판법」의 위헌심사를 건의하면서 사회적 관심이 모아졌던 사건이다. 국무원의 이 규정이 공민의 헌법상 인신의 자유를 제한하고 행정처벌법과 입법법의 규정에 저촉된다는 것이 건의서의 주된 이유다.

사건의 전말을 간단히 요약하면 다음과 같다. 쑨즈강(孫志剛)이란 사람

---

21) 1997년 2월 23일 제8기 전국인민대표대회상무위원회 제24차 회의에서 통과된 「전국인민대표대회상무위원회의 중화인민공화국홍콩특별행정구기본법 제160조에 근거한 홍콩 기존법률의 처리에 관한 결정」

이 호북성 무한시에서 대학을 졸업하고, 2003년 2월 광동성 광저우시의 한 의류회사에 취직하여 있던 중, 동년 3월 17일 저녁 시내에서 신분증을 소지하지 않은 관계로 유랑걸인으로 인정되어 광저우시의 모 공안파출소 소속 민경(民警)에 의해 광저우시의 수용소에 수용되었다. 쑨즈강(孫志剛)이 3월 18일부터 몸이 아픈 관계로 수용인원치료소에서 치료를 받았는데 같은 달 20일 병실에서 8명의 피 수용자에 의하여 집단 구타를 당하여 사망에 이르게 되었던 것이다.

이로써 위헌심사 건의서를 낸 3명의 공민은, 중국 헌법 제37조,[22] 행정처벌법 제9조,[23] 입법법 제8조 및 제9조에 근거하여, 국무원은 공민의 인신의 자유를 제한하는 내용의 행정법규를 제정할 권한이 없고, 따라서 국무원이 제정한 당해 행정법규는 위헌적인 법규라고 주장하였다.

중국 공민이 제기한 최초의 위헌심사 건의 사건은 위헌심사의 절차를 거치지 못하고, 국무원이 새로이 「도시생활에 정착하지 못하는 유랑걸인의 구조관리판법」을 제정하여 2003년 8월 1일부터 시행하기로 하고, 동시에 1982년 5월에 제정한 기존의 문제가 된 행정법규는 폐지한다고 공포하였다. 이로써 위 위헌심사 건의사건은 위헌심사의 사유가 소멸되었다는 것을 이유로 하여 마침표를 찍게 되었다. 사건에서는 비록 사망자의 유족이 아닌 제3자에 의하여 전국인민대표대회상무위원회에 위헌심사가 건의되었지만 전국인민대표대회상무위원회에서 심사절차가 제대로 진행되지 않는 것과 공민의 헌법상 건의권[24] 행사에 대한 구체적인 절차가 미비하다는 점이 노출되었다. 다만 사회적 문제가 되었던 이 사건을 통하여 중국 공민의 법의식이 한층 제고되었고, 인권보장의 중요성과 법제개선의 필요성이 강조되었다는 점에서는 중요한 의의가 있다고 평가되고 있다.

---

22) 헌법 제37조는 인신의 자유에 보장 규정으로서, 불법적인 구금의 금지와 인신의 자유에 대한 불법적인 박탈 또는 제한을 금지하고 있다.
23) 인신의 자유를 제한하는 행정처벌은 오직 법률로 정할 수 있다.
24) 중국 헌법 제27조.

VII. 법률의 합헌성추정과 법률의 보호

중국 헌법이 확립한 위헌심사의 중요한 형식은 헌법의 해석제도, 파면 및 위헌법규 등의 취소제도이다.[25] 입법법 제88조의 규정은 별도로 하고, 헌법 제62조 제11항에서 전국인민대표대회는 전국인민대표대회상무위원 회의 부적당한 결정을 변경 또는 취소할 수 있다고 규정하고 있지만 전 국인민대표대회상무위원회가 제정한 법률의 변경 또는 취소에 대한 규정 은 아니다. 즉 앞에서 논한 바와 같이, 헌법 규정상 엄격히 말하자면 전국 인민대표대회는 위헌 법률에 대한 심사권이 없다고 이해할 수 있다. 그러 면 전국인민대표대회 및 그 상무위원회가 제정한 법률은 모두 합헌적인 법률인가 하는 의문이 남는다. 이러한 의문과 관련하여 중국의 헌법학계 에서 제시되고 있는 법률의 합헌성추정원칙을 이해할 필요가 있다.

합헌성추정(presumption of constitutionality)원칙은 법률이나 모종 행위의 위헌 여부를 판단하는 경우에, 그 위헌성을 인정하는 것이 불확실하고 또 한 명확하지 않다면, 가능한 한 합헌성을 추정하여 위헌결정을 하지 말아 야 하는 것으로 요약된다. 합헌적 법률해석이라고도 하며 헌법해석과 법 률해석의 한 원칙이 되기도 한다. 여기서 합헌성추정과 위헌심사의 개념 에 대한 구별이 필요하다. 위선심사의 과정에서 헌법은 심사의 기준이 되 며, 합헌성추정에서 헌법은 해석의 기준이 된다는 점에서 차이가 있다. 또 위헌심사에서 심사주체의 관심은 헌법의 효력을 어떻게 지속적으로 발전시킬 것인가 하는 것이며, 합헌성추정에서 추정주체의 관심은 법률 의 효력을 어떻게 지속시킬 것인가 하는 것이다. 합헌성추정원칙은 사법 소극주의 이념을 기초로 한다. 즉 헌법규범의 최고 가치를 전제로 하며, 입법권의 존중, 즉 인민대표대회나 그 상무위원회의 입법능력을 존중하 고, 헌정질서의 통일을 위하여 과다한 또는 비이성적인 위헌판결을 회피 하려는 것에서 비롯되는 원칙이다.[26]

---

25) 林廣華, 「違憲審査制度比較研究」, 社會科學文獻出版社 2004, p.177.

합헌성추정원칙의 가치는 헌법규범의 최고법적 가치를 수호하고, 헌법질서의 안정성을 유지하는 것이다. 그러나 이러한 합헌성추정원칙에도 불구하고, 어떠한 권력기관이 제정한 법률이라 하더라도 헌법규범 앞에서는 항상 불확정적이고 위헌의 가능성이 여전히 존재한다. 국가최고권력기관의 입법행위 역시 예외가 아니다.[27] 이러한 점에도 불구하고 이제껏 전국인민대표대회 및 그 상무위원회가 제정한 법률은 합헌성추정원칙의 보호를 받고 있는 것이다.

VIII. 결어

앞에서 살펴본 바와 같이, 중국 헌법 및 관련 법률에 의하면 전국인민대표대회와 그 상무위원회가 위헌심사를 담당하고 있음을 확인할 수 있다. 현실적으로도 앞에서 열거한 예와 같이 위헌심사가 이루어진다고 하는 점에는 의문이 없다. 그러나 우리가 생각하는 의미의 위헌심사제도와는 거리가 있는 것도 사실이다. 비록 헌법이 전국인대 또는 그 상무위원회에 대한 위헌심사권을 인정하고 있지만, 구체적인 운용절차 규정이 미비한 관계로 그 심사권을 어떠한 절차와 원칙에 따라 행사할 것인지 등은 일반 공민으로서는 명확하게 예측하기 어렵다.

또한 누구도 자기 사건에서 재판관이 될 수 없다는 자연적 정의의 원리는 법치주의의 중요한 원리가 된다는 점도 의심의 여지가 없다. 제도의 운용에 있어서도 전국인민대표대회 및 그 상무위원회는 스스로 제정한 법률을 심사 또는 해석한다. 이러한 제도적 운용은 우리가 말하는 자연적 정의와는 거리가 있고, 더 나아가 전국인민대표대회 또는 그 상무위원회

---

26) 韓大元, "論合憲性推定原則," 「憲法學 行政法學」, 中國人民大學書報資料中心, 2004年 第7期, pp.16-18.
27) 韓大元, 앞의 논문 p.21.

의 소위 헌법실시의 감독은 형식에 그칠 가능성도 배제하기 어렵다.

구체적인 사례에서 살펴본 바와 같이, 전국인민대표대회상무위원회가 국무원의 위헌적 행정법규에 대하여 위헌심사를 건의한 사건에서 소극적인 태도를 보여준 것은 매우 안타까운 사실이다. 위헌심사제도의 운용에 대한 현실 상황을 반영하는 것으로 이해할 수도 있다. 더 나아가, 현행 헌법이 시행된 이래 정식으로 법률이나 법규의 위헌을 선언한 예가 없다는 것도 주목된다. 위헌의 선언이 없다는 것이 곧 위헌법률이나 법규가 전혀 존재하지 않았다는 것은 아닐 것이다.

사실 위헌심사제도와 관련된 여러 가지 문제점은 이미 잘 알려진 현실적인 상황이고, 정치적으로도 후진타오 당총서기가 헌법 실시 20주년 기념 대회에서 이미 강조한 바 있다. 즉, "헌법감독의 기제를 다그쳐서 연구·수립하고, 헌법감독의 절차를 더욱 명확히 하고, 헌법을 위반하는 일체의 행위에 대하여는 즉시에 시정될 수 있도록 하여야 한다."는 이 내용은 위헌심사제도의 중요성을 인식하고 제도의 확립을 강조하고 있는 것으로도 이해할 수 있다. 이러한 제반 상황을 고려한다면, 현재 중국에서는 위헌심사제도의 개선을 위한 연구가 활발히 진행되고 있을 것이라 생각된다.

위헌심사제도의 핵심적인 가치는 국가권력을 제한하고 인권을 보장함으로써 법치주의를 실현하는 것이다. 중국에서 말하는 사회주의 법치국가의 실질적 내용이 무엇인가 하는 것은 별도로 논하더라도, 학계에서도 전문적이고 상대적으로 독립된 위헌심사기구의 설립을 지속적으로 주장하고 있고[28] 이러한 주장은 널리 설득력을 얻고 있다.

---

28) 胡錦光, 憲法訴訟與憲法救濟, 憲政與行政法治研究, 中國人民大學出版社 2003, p.300.

| 참고문헌 |

1. 韓大元,「中國憲法事例研究」, 法律出版社 2005.
2. 韓大元, "論合憲性推定原則,"「憲法學 行政法學」, 人民大學書報資料 2004年 第7期.
3. 鄭宗燮,「憲法訴訟法」, 博英社 2002.
4. 許營,「憲法訴訟法論」, 博英社 2006.
5. 胡錦光·韓大元,「中國憲法」, 法律出版社 2004.
6.「法學百科全書」, 憲法學行政法學卷, 北京大學出版社 1998.
7. 樊軍·王亞琴, "憲法訴訟制度研究,"「司法改革報告」, 法律出版社 2004.
8. 林廣華,「違憲審査制度比較研究」, 社會科學文獻出版社 2004.
9.「社會主義法治理念教育讀本」, 紅旗出版社 2006年 4月版.
10. 胡錦光, "憲法訴訟與憲法救濟,"「憲政與行政法治研究」, 中國人民大學出版社 2003.
11. 胡錦光, "論違憲主體,"「憲法學 行政法學」, 人民大學書報資料 2004年 第5期.
12. 王振民,「中國違憲審査制度」, 中國政法大學出版社 2004.
13. 万其剛 外, "全國人民代表大會會議制度研究,"「憲法學 行政法學」, 人民大學書報資料 2005年 第2期.
14. 林廣華,「違憲審査制度比較研究」, 社會科學文獻出版社 2004.
15. 王利明,「司法改革研究」, 法律出版社 2001.
16. 周葉中,「憲法」, 高等教育出版社 2004.
17. 周福惠,「憲法至上」, 法律出版社 2000.
18. 李忠,「憲法監督論」, 社會科學文獻出版社 1999.

제3장

촌민자치제도

I. 서론

중국에서 일반적으로 지방자치제도를 논하는 경우 대개 세 가지 경우로 구분할 수 있다. 우선 홍콩이나 마카오와 같은 특별행정구에 관한 특별행정구제도에 대한 것이 있고, 또 민족자치를 실행하는 민족구역자치제도, 도시나 농촌에서 실시하는 거민자치제도 또는 촌민자치제도가 해당된다. 이해를 돕기 위하여 우선 세 가지 제도를 간단히 요약한다.

특별행정구제도는 홍콩과 마카오의 귀속에 따른 일련의 역사적 문제를 해결하기 위한 일국양제(一國兩制)의 산물이다. 특별행정구는 특별한 법률적 지위를 가지며, 자본주의 제도와 생활방식을 유지하는 지방행정구역이다. 특히 고도자치를 실행하는 특별행정구역으로 이해된다. 특별행정구는 법률의 규정에 따라 입법권을 향유하고, 행정관리권, 독립된 사법권과 최종재판권을 향유한다. 또한 자체적으로 화폐를 통용하고 있다. 재정의 독립을 보장받고 있으며, 중앙인민정부는 특별행정구에서 세금을 징수하지 못한다. 특별행정구제도에 대한 보장을 위하여 홍콩특별행정구기본법과 마카오특별행정구기본법이 있다.

민족구역자치제도는 중국이 안고 있는 민족문제를 해결하기 위한 제도로 이해된다.[1] 민족구역자치는 반드시 소수민족집거구역을 기초로 하며, 민족자치기관이 자치권을 행사한다. 자치권의 행사는 다음과 같다.

본 지방의 현실상황에 근거하여 국가의 법률, 정책을 집행하고, 상급국가기관의 결정 등이 민족자치지방의 실제 상황과 부합되지 않는 경우, 당해 상급기관에 비준을 거쳐, 변경하여 집행하거나 집행을 정지한다. 또한 자치조례와 단행조례를 제정할 수 있다. 민족자치지방의 재정수입에 속하는 수입은 자주적으로 사용할 수 있다. 당해 지역의 사정에 따라 지방의 실정에 맞는 경제건설사업을 자주적으로 추진할 수 있고, 지방의 특징에 따라 경제발전의 방침이나 정책을 제정할 수 있다. 민족자치기관의 자치권행사를 보장하기 위하여 민족구역자치법을 제정해 두고 있다.

중국에서 기층의 군중성 자치조직으로 도시거민군중성자치조직과 농촌촌민군중성자치조직이 있다. 즉 거민위원회와 촌민위원회로 대표된다. 이것은 인민이 국가사무와 사회사무의 관리에 직접 참가하는 일종의 형식이다. 헌법 제2조 제3항, 헌법 제111조 제1항에서 기층군중성자치제도의 근거를 찾을 수 있다. 중국에서 기층군중성자치조직은 도시나 농촌의 거민이나 촌민을 바탕으로, 일정한 지역범위 내에서 스스로 관리하고, 스스로 교육하고, 스스로 봉사하는 사회조직으로 이해된다. 거민위원회와 촌민위원회의 조직과 임무 등에 대하여는 중화인민공화국도시거민위원회조직법 및 중화인민공화국촌민위원회조직법이 상세히 규정하고 있다. 본문의 내용도 촌민위원회조직법을 중요한 근거로 한다.

상술한 세 가지 제도를 통하여 우리는 중국의 소위 자치제도의 기본적인 틀을 대략 추정할 수 있다. 그러나 기층군중성자치는 민족구역자치나 특별행정구의 고도자치와는 본질적인 차이가 있다. 민족구역자치와 특별

---

1) 1947년 5월 1일 성립된 내몽고자치구를 시작으로 하여, 현재 5개 자치구, 30개 자치주, 124개 자치현이 있다. 또한 45개 소수민족이 자치지방을 수립하였고, 전국 소수민족 총 수의 78%가 자치권을 행사할 수 있다.

행정구의 고도자치는 일종의 중앙과 지방의 분권이며, 기층군중성자치조직은 국가정권의 분배에는 해당하지 않는다는 점이다. 권력의 원천으로 보면 민족구역자치권과 특별행정구의 고도자치권은 모두 중앙정부가 수여한 것이고 중앙과 지방의 관계는 영도와 피영도의 관계에 있다. 그러나 기층군중자치조직은 촌민의 선거에 의해 형성되고 법적으로 정부와의 관계는 지도와 피지도의 관계에 있다.

광의적 의미로 촌의 자치조직은 크게 세 가지 계통으로 구분할 수 있다. 필자는 본문에서 편의상 촌민자치조직계통, 당 조직계통, 집체경제관리조직계통으로 구분한다. 촌민자치조직계통으로는 촌민회의와 촌민대표회의, 촌민위원회, 촌민소조와 촌민위원회 소속의 각 전문위원회가 있다. 당 조직계통에는 당원대회 또는 당원대표대회, 당지부, 촌부녀대표회, 공산당청년회 등이 있다. 집체경제관리조직계통으로는 예를 들면, 촌농업생산합작사 등의 기업이 있다. 이들 각 조직이 서로 어떠한 관계에 있는가 하는 것을 살펴보는 것이 본 장의 주된 내용이다.

II. 촌민자치 일반론

촌민위원회제도를 이해하기 위하여 촌민자치에 대한 일반적인 내용을 이해하지 않을 수 없다. 우선, 자치(自治)는 self-government 또는 autonomy 라 하며, 자신을 스스로 관리하는 것, 또는 자기의 사무를 스스로 처리하고 그 행위에 대하여 독립적으로 책임을 지는 것을 말한다. 국가수준의 자치는 국가주권의 독립 자주를 말하며 대외적 주권과 대내적 주권을 포함한다. 대외적 주권은 대외적으로 다른 나라의 주권과 평등하고 독립적인 관계를 유지하는 것을, 대내적 주권은 국내의 모든 사람이 국가의 법률에 복종하는 것을 의미한다. 자치의 또 다른 한 형식은 지방자치로서 당해 지방과 관련한 사무를 해당 지방이 스스로 처리하는 것이다.

국가주권에 의해 통일적으로 제정된 법률에 의하여 지방에 권력을 이전하고, 이에 따라 당해지역의 사무를 스스로 처리하는 것이다. 자치의 다른 형식으로 사회자치를 들 수 있다. 국가가 자신의 권력 일부를 사회조직에 이전하고 특정한 사회조직이 해당 사회의 사무를 처리하는 것이다. 주권자치, 지방자치 및 사회자치는 자치개념의 논리적 발전 단계라 할 수 있다. 사회조직이 충분히 관리할 수 있는 사항은 굳이 자치권을 국가에 위탁하여 국가권력기구로 하여금 관리토록 할 필요는 없는 것이며, 사회자치의 본질은 권력을 국가로부터 사회로 이전하는 것이다.

촌민자치(the villagers' self-government)는 두 가지 내용을 포함한다. 즉 촌민과 자치의 개념이다. 촌민자치의 지역적 범위는 촌(村)이며 자치의 주체는 촌민이다. 농촌의 생산자료(주로 토지)는 집체소유2)이므로 농민은 선택의 여지없이 집체중의 한 성원이 된다. 따라서 농민이 촌민자치조직에 가입하는 것은 농민 자신의 희망에 의하는 것이 아니고, 태어나면서 농업호구를 가지는 자는 자치조직의 성원이 된다. 촌민자치조직은 국가 정권계통에 속하지 아니하며, 촌민위원회 구성원은 국가공무원도 아니며, 당해 촌에서 직접선거로 선출하지만 생산노동활동을 떠나는 것도 아니다.

촌민자치는 또한 일종의 자치권리이며 자치권력은 아니다. 촌민자치권리의 종류는 두 가지로서, 우선 촌민 개인이 직접 참여하여 행사하는 권리는 회의에 참가하는 권리, 촌민위원회의 성원을 선거할 권리, 촌민위원회의 위원으로 피선될 권리, 촌민위원회의 업무를 감독할 권리 등이다. 촌민자치권리의 다른 하나는 촌민 개인이 직접 행사할 수 없고 반드시 촌민위원회, 촌민회의 또는 촌민대표회의를 통하여 행사할 수 있는 자치권리로서 당해 촌의 경제, 치안, 문화생활, 농작물생산계획 등 촌민의 이

---

2) 필자는 중국의 집체소유는 우리 민법이 규정한 공동소유의 형태와는 성질이 다른 개념으로 이해한다. 즉 지분에 의한 소유가 아니므로 우리 민법상의 공유와 다르고, 촌민 전원의 동의로써 처분 변경할 수 없다는 점에서 합유나 총유에도 속하지 않는 사회주의 특징의 토지소유제로 이해한다.

익에 관한 중대사항에 대한 결정의 권리이다.

중국에서 촌민자치의 내용은 스스로 관리하며, 스스로 교육하고, 스스로 봉사하는 것이다. 촌민이 촌민위원회의 조직아래 상호교육, 촌민 간의 상호협력, 모범적인 태도 또는 자의식을 통하여 또는 촌민회의를 통하여 전체 촌민의 의견과 지혜를 모아 촌규민약이나 촌민자치장정[3]을 제정하고, 당해 촌의 공공사무와 공익사업[4]을 수행하는 것이다. 다만 촌민자치도 일정한 한계가 있다는 점에 주의할 필요가 있다. 헌법과 법률이 명확히 각급 국가기관이 행사하도록 규정한 행정사무, 특히 향급 인민정부는 가장 하부적인 행정조직이므로 법률이 향(鄕), 민족향(民族鄕), 진(鎭) 정부가 행사하도록 명확히 규정한 행정사무에 대하여는 촌민자치조직이 이를 침범할 수 없다. 마찬가지로 촌민 개인의 사적인 자치권에 대한 침해 역시 허용되지 않는다.

촌민자치의 방식은 민주적 선거, 민주적 결정, 민주적 관리 및 민주적 감독이다. 민주적 선거는 촌민위원회조직법 제11조에서 제16조가 규정한 바와 같이, 어떠한 조직이나 개인도 촌민위원회의 구성원을 지정 또는 파견할 수 없고, 촌민위원회의 주임, 부주임과 위원은 민주적인 선거로 선출한다. 선거는 보통, 평등, 직접, 비밀선거의 형식을 취한다. 민주적 결정은 촌민위원회조직법 제17조에서 제19조가 규정한 바와 같이, 촌민의 이익과 밀접한 관련이 있는 사항은 반드시 촌민이 촌민회의 또는 촌민대표

---

3) 촌규민약과 촌민자치장정의 구별을 명확히 하는 규정은 없다. 양자는 촌민이 법률, 법류 및 국가정책에 의하여, 당해 지역의 실정을 감안하여 제정하고, 촌민회의의 토론을 거쳐 결정하는 규범의 총칭이다. 촌민자치장정은 촌민자치에 관한 각종 제도의 체계화, 규범화이고, 내용상으로는 촌민규약에 비하여 더욱 광범위하고 구체적이다.

4) 공공사무는 전체 촌민의 생산과 생활에 직접 관계되는 사무이고, 공익사업은 당해 촌의 공공복리사업을 말한다. 공공사무와 공익사업은 예컨대 도로보수, 선착장의 건설, 수리시설의 건설, 학교설립, 유치원 탁아소 건립, 양로원의 건설, 식수조립사업, 마을환경개선사업, 빈곤타파, 재해복구, 문화 오락 활동의 전개, 생산품 출하 등의 사업.

회의를 개최하여 민주적 토론을 거쳐 결정하며, 소수가 다수에 복종하는 원칙에 따라 결정을 행한다는 것이다. 민주적 관리는 촌민위원회가 촌 내의 각종 사무를 처리하는 경우에 촌민의 의견을 존중하고 촌민의 참가를 최대한 보장하여야 하는 것이다.

촌민위원회조직법 제24조에 근거하여 촌민위원회는 사무를 처리하는 과정에서 촌민의 여러 의견을 청취하여야 하고 강제적으로 명령을 하거나 보복조치를 하여서는 아니 된다. 민주적 감독은 촌민이 촌민위원회의 업무 수행에 민주적 감독을 행한다는 것이며, 촌민위원회조직법 제16조의 규정에 의하면 당해 촌 주민의 1 / 5 이상의 연대 서명으로써 촌민위원회 성원의 파면을 요구할 수 있고, 촌민위원회조직법 제19조에 의하면 촌민위원회는 촌민회의에 대하여 책임을 지며 또한 보고를 하도록 되어 있다. 또한 제22조에서는 촌민위원회로 하여금 업무를 공개5)하도록 규정하고 있고, 공개내용의 진실성을 요구하고 있다.

III. 촌민자치조직계통의 조직

1. 촌민회의

1) 촌민회의의 개념

촌민위원회조직법 제17조에서는 촌민회의의 두 가지 형식을 규정하고 있다. 만 18세 이상의 촌민이 참가하는 회의와 매 호(가정)에서 대표가 참가하는 회의이다. 만18세 이상이 참가하는 촌민회의는 과반수 참가로 회

---

5) 공개사항은 주로 촌민회의가 토론 결정한 사항 및 그 실시상황, 국가계획생육정책의 정착방안, 재난구제금품의 지급상황, 상수도나 전기료의 납부 또는 촌민의 이익 및 촌민의 관심사항에 해당하는 기타 사항이다.

의의 개최가 유효하고, 매 호에서 대표가 참가하는 회의는 2 / 3 이상의
호 대표가 참가하는 경우에 유효하다.

촌민회의와 촌민대표회의의 성질에 대하여 학자들 간의 의견은 일치
하지 않는다. 촌민자치조직계통 내의 권력기구로 보는 입장도 있고, 촌의
중대 사무를 결정하는 정책결정기관으로 보는 견해가 있다. 또한 촌의 최
대권력기관이자 최고정책결정기구로 보는 절충적인 입장을 취하는 경우
도 있다.6)

촌민회의는 선거권을 가진 전체 촌민이 자기의 권리를 직접 행사하는
형식이다. 따라서 직접민주의적 특징이 강하다. 이에 비하여 촌민대표회
의는 일종의 대의제에 해당한다. 촌민대표회의의 권한은 촌민회의의 수
권에 의한다. 촌의 중대한 사항 예컨대 촌위원회의 교체 선거, 촌민위원
회 성원의 파면, 촌경제발전계획의 입안, 촌규민약이나 촌민자치장정의
제정 등은 촌민회의가 정하도록 법률이 규정하고 있고, 촌민대표회의가
촌민회의를 대신할 수 없다. 촌민회의와 촌민위원회의 관계에서도 전체
촌민의 이익에 관계되는 사항은 촌민회의의 토론으로 결정하고 이 결정
에 따라 촌민위원회가 집행한다. 촌민위원회는 촌민회의에 대하여 책임
을 지며 업무보고를 실시한다. 촌민회의는 촌민위원회성원의 업무에 대
한 평가를 하며, 또한 촌민위원회의 부적당한 결정에 대하여 변경 또는
취소할 권한이 있다.

2) 촌민회의의 권한

촌민위원회조직법에서는 촌민회의의 권한에 대하여 명확히 규정하고
있지 않다. 다만 동법 제16조, 제18조, 제19조 및 제20조의 규정에 의하면
촌민회의는 촌민자치규장이나 촌규민약을 제정 또는 개정할 수 있고, 촌
민의 이익에 관계되는 중대한 사항에 대하여 결정권을 행사하며, 촌민위
원회의 업무를 감독하고 촌민위원회의 구성원을 파면할 수 있다.

---

6) 徐勇,「中國農村村民自治」, 華中師範大學出版社 1997, p.70.

일부 성의 인민대표대회상무위원회가 제정한 촌민위원회조직법실시세칙의 규정에 의하면 촌민회의의 권한은 대개 다음과 같다. 즉, ① 촌민위원회 구성원의 선거, 파면 및 보선과 촌민위원회 구성원의 사직에 대한 심의와 결정을 한다. ② 촌민위원회의 업무보고나 재무수지 상황보고를 청취 심의하고, 당해 촌의 건설계획, 경제발전 및 연도계획을 심의결정하며, 공공사무나 공익사업에 관한 중대사항을 심의결정한다. ③ 촌의 집체경제 항목의 입안을 심의하여 결정하고, 촌 공익사업의 도급방안 및 촌 집체소유의 토지, 산림, 수면 등의 도급방안을 심의결정하고, 촌 집체경제 수익의 사용을 결정한다. ④ 토지징용에 따른 보상비의 사용과 택지분배, 가족계획 목표방안을 심의결정한다. ⑤ 촌민위원회 성원의 업무를 평가하고, 보조금의 수급자와 보조금 지급기준을 결정한다. ⑥ 촌민자치장정과 촌규민약 등 규장제도를 제정하고 개정한다.

촌민대표회의에 대하여 일정한 범위 내에서 촌민회의의 권한을 수권할 수 있다. 다만 촌민위원회의 설립, 취소 및 범위의 조정, 촌민위원회 구성원의 파면이나 보선, 촌민자치규장이나 촌규민약의 제정이나 개정에 관한 사항은 수권할 수 없다.[7]

촌민회의의 권한행사는 주로 대내적이며 촌민전체에 대하여 효력을 가진다. 다만 특별한 경우에 한하여 대외적으로 효력을 가지는 경우도 있다. 예를 들면 촌민위원회가 당해 촌의 법인대표로서 계약법의 관련 규정에 따라 다른 민사주체와 계약을 할 권한이 있고, 이때 촌민위원회가 법정절차에 따라 서명한 계약은 계약법의 규정을 위반하지 않는 한 유효하다. 그러나 촌민위원회조직법이 촌민회의의 토론에 부치도록 한 사항에 대하여 촌민위원회가 촌민회의의 토론을 거치지 않고 계약한 경우에는 무효에 해당한다. 촌민은 법원에 대하여 당해 계약의 해제 또는 무효의 선고를 신청할 수 있다.

또한 촌민회의의 권한의 대외적 효력은 제한을 받는다. 예를 들면, 국

---

7) 王禹, 「村民選擧法律問題硏究」, 北京大學出版社 2002, pp.48-50.

무원 또는 성급 인민정부가 농촌 집체토지를 징용하는 경우, 촌민위원회
는 촌민회의를 거치지 않고 토지징용협의서에 서명할 수 있으며, 촌민은
촌민회의를 통한 동의가 결여되었음을 이유로 토지징용행위의 유효성을
부정할 수 없다. 헌법과 토지관리법의 규정에 의하여 판단할 때 국가는
공익상의 필요에 의하여 농촌 집체소유의 토지를 징용할 수 있고 이는
강제적 징용에 해당한다. 촌민회의는 국가의 토지징용행위에 대항할 수
없고, 다만 징용비의 분배와 사용방안에 대하여 토론하고 결정할 권한이
있는 것이다.

3) 촌민회의의 구성원

촌민회의의 구성원은 촌민이다. 촌민자격의 확정은 촌민회의의 참가
문제뿐 아니라 피선거인 자격의 문제도 되며, 토지이전금과 징용보상금
의 분배, 촌 집체토지의 청부 또는 촌민의무의 부담과도 직결되는 것이
다. 당해 촌의 호구를 가진 자가 호구를 이전하지 않은 채 장기간 거주하
지 않는 경우, 호구를 당해 촌으로 이전하지 않은 채 장기간 당해 촌에
거주하는 경우가 문제로 될 수 있다. 촌민위원회조직법에서는 촌민자격
에 대하여 명확히 규정하고 있지 않다. 다만 각 성에서는 지방성법규를
제정하여 이에 대한 구체적인 규정을 두고 있지만, 각 성에 따라 내용상
차이가 있다.[8]

촌민자격의 인정에 대하여는 실질적인 측면을 고려하자는 의견이 있
다. 당해 촌의 공공사무와 공익사업과 직접적인 이해관계가 있는가? 또
는 촌민의 의무를 부담하는가? 하는 문제로 판단한다는 것이다. 이에 따
라 다음과 같이 구분한다. ① 농업호구를 갖지 않는 기관, 단체, 기업 사
업단위의 퇴직자로서 호구를 당해 촌에 두고 있고 촌민의 의무를 부담하

---

8) 특히 선거인 등록과 관련하여, 별도의 규정을 두지 않는 성도 있고, 별도의 규정
   을 두고 있다하더라도 각 성의 규정은 일치하지 않는다. 각 성의 구체적인 규정
   은 唐鳴, "關于村委會選擧選民登記的幾個法律問題,"「憲法學 行政法學」, 中國人
   民大學復印報刊資料 2004년 4기, pp.33-35를 참조.

는 경우에는 당해 촌의 촌민으로 인정한다. ② 농업호구를 가진 자가 혼인 등을 사유로 당해 촌에 6개월 이상 거주하고, 촌민의 의무를 이행하고, 아직 당해 촌으로 호구를 이전하지 않은 경우에는 당해 촌민으로 인정한다. ③ 당해 촌을 6개월 이상 떠나 있고 촌민의 의무를 부담하지 않으며, 아직 호구를 이전해 가지 않은 경우에는 당해 촌민으로 인정하지 않는다. ④ 촌이 설립한 기업 또는 기타 경제주체에 소속하며 당해 촌의 농업호구를 갖지 않는 자는 당해 촌의 촌민으로 인정하지 않는다.[9]

한편, 형법의 규정에 의하여 정치적 권리가 박탈된 자가 촌민회의에 참가할 수 있는가 하는 것이 문제가 될 수 있다. 형법에서 규정하는 정치권리의 박탈은 선거권과 피선거권, 정치적 자유, 국가공무원이 되는 것을 제한하는 것이다. 따라서 형법상 정치적 권리가 박탈된 자라 하더라도 촌민회의에 참가하여 각종 현안에 대하여 의견을 발표할 수 있고 표결에도 참여할 수 있다. 다만 촌민위원회의 선거에서 선거권과 피선거권, 촌민위원회 구성원의 파면권 행사에서 파면권을 행사할 수는 없다.

2. 촌민대표회의

1) 촌민대표회의의 성질

1987년에 제정한 촌민위원회조직법(시행試行)에서는 촌민회의에 대한 규정만 있었고 촌민대표회의에 대한 규정은 없었다. 1998년 11월에 제정된 촌민위원회조직법 제21조에서 촌민대표회의에 대한 규정을 두었다. 촌민대표회의의 성질에 대하여는 촌민위원회의 일종의 도구적인 기관으로 보는 입장, 자문기구로 보는 입장, 촌민회의의 대의기관으로 보는 입장, 촌의 권력기관으로 보는 입장, 의사결정기간으로 보는 입장이 있다. 그러나 촌민대표회의는 촌민이 대표를 선출하여 이루어진 기구로서 그

---

9) 王禹, 「我國村民自治研究」, 北京大學出版社 2004, p.161.

권한은 촌민회의의 수권에 근거한다. 따라서 촌민대표회의는 촌민회의 폐회기간 중의 상설기구로서 촌민회의의 구성부분이라 할 수 있으며, 민주적 결정을 위한 제도적 장치로 이해할 수 있고, 또한 촌의 권력기구, 의사기구 및 정책결정기구이자 감독기구이기도 하다.

2) 촌민대표회의의 구성

촌민대표회의는 촌민의 민주적 정책결정을 중요한 제도이고, 따라서 촌민대표회의를 어떻게 구성하는가 하는 것은 중요한 문제에 해당한다. 촌민위원회조직법에서는 인원수가 비교적 많은 촌의 경우 또는 촌민이 분산되어 거주하는 촌에서는 촌민대표를 선출할 수 있다고 규정하고 있다. 인원수가 비교적 많은 촌 또는 분산되어 거주하는 촌에 대한 명확한 규정은 없다. 각 성의 예를 들면, 강서성(江西省)의 규정에 의하면 600인 이상의 촌 또는 분산 거주하는 촌, 상해시의 규정에 의하면 200호 이상의 촌은 촌민대표회의를 개최할 수 있다고 규정한다. 분산되어 거주하는 정도에 대하여는 명확히 규정하지 않지만 몇 개의 자연촌락으로 구성되었다면 분산되어 거주한다고 할 수 있고 촌민대표회의를 개최할 수 있다고 본다.

촌민대표회의가 몇 명의 대표로 구성되어야 하는가에 대하여도 촌민위원회조직법에서는 구체적인 규정이 없다. 다만 촌민위원회조직법 제21조에서는 촌민이 매 5호에서 15호에 1명의 대표를 선출하거나 각 촌민소조가 약간명의 촌민대표를 선출하도록 규정하고 있다.[10] 각 성의 예를 들면, 영하(寧夏)와 상해(上海)의 규정에 의하면 촌민대표의 총수는 35인 이상, 산동성(山東省)과 섬서성(陝西省)은 20인 이상이 되도록 규정하고 있다. 복건성(福建省)의 경우에는 600호 이상의 촌에서는 45인 이상, 300호

---

10) 촌민대표의 선출은 그 엄격성에 있어서 촌민위원회에 이르지 못하며, 선출의 개념은 정식의 투표로 선거하거나, 협상에 의한 선거 또는 현장에서 촌민의 거수로 결정하는 것을 포함한다. 다만 이 모든 경우에도 촌민 과반수의 동의가 필요하다.

이상 600호 이하인 경우에는 35인 이상, 100호 이상 300호 이하인 경우에는 20인 이상 또는 촌민대표를 선출하지 않을 수 있음을 규정하고 있다.

촌민대표회의는 촌민대표로 구성되는 회의이지만 일부 지방에서는 촌민대표 외에 촌의 기타 인원이 촌민대표회의에 참여하고 있다. 광동성(廣東省)의 경우 촌민대표회의는 촌민대표, 촌민위원회 성원 및 당해 촌에 거주하는 각급 인민대표대회대표로 구성된다. 청해성(靑海省)의 경우에는 촌민대표, 촌민소조장, 촌민위원회 성원, 당해 촌에 거주하는 각급 인민대표대회대표, 정치협상회의 위원으로 구성된다. 일부 학자에 따라서는 촌민대표회의에 참가하는 대표는 촌민대표 외에 촌당지부와 촌위원회의 성원을 당연히 촌민대표회의의 성원으로 포함시켜야 한다고 주장한다.

그러나 일부 지방 예컨대 섬서성의 규정에 의하면 촌민위원회 성원이나 촌민소조장은 촌민대표를 겸임할 수 없도록 하고 있고, 운남성의 경우에는 촌민대표가 아닌 촌민소조의 성원이나 당해 촌에 거주하는 각급 인민대표대회와 정치협상회의 위원은 촌민대표회의에 배석할 수 있다고 규정하고 있다. 촌민위원회조직법의 기본적인 정신은 촌민자치의 확대와 기층민주제도의 확립이다. 촌민위원회의 구성원, 촌당지부의 구성원, 촌민소조장, 당해 촌에 거주하는 각급 인민대표대회의 대표는 당해 촌에 있는 모든 간부들을 의미하는 것이다. 이들 간부가 촌민의 선출 없이 당연히 촌민대표회의의 대표가 된다면, 촌민대표회의는 이들 촌 간부에 의하여 조종될 수밖에 없는 것이다. 또한 촌민대표회의의 민주적 결정은 몇몇 촌 간부에 의한 결정이 될 것이고, 촌민대표회의에 의한 감독은 촌 간부 자신이 자기 스스로를 감독하는 것이 되고 말 것이다. 따라서 이들 간부들의 참여를 인정하고자 한다면, 우선 이들 간부 역시 촌민대표의 경선에 적극 참여하여야 할 것이다.

3) 촌민대표회의의 권한

우선 촌민대표회의의 권한에 대한 문제는 촌민대표회의의 지위와 관련된다. 이는 촌민대표회의와 촌민회의의 관계, 촌민대표회의와 촌민위원회의 관계에서 명확히 파악 된다.

촌민대표회의는 촌민회의의 상설기관이다. 촌민회의 폐회기간에는 촌민대표회의가 촌민회의의 부분적인 권한을 대신하여 행사한다. 따라서 촌민회의가 수권한 범위 내에서는 촌민회의와 동등한 지위에 있다. 촌민대표회의는 그 자체로는 어떠한 권력도 없는 것이고, 그 권력은 촌민회의의 수권에 근거 한다. 따라서 촌민대표회의는 촌민회의에 대하여 책임을 지며, 촌민회의의 수권을 초월하여 권한을 행사할 수 없다. 촌민회의는 촌민대표회의가 촌민회의의 결정에 저촉하는 행위를 하거나 부적당한 결정을 하는 경우 이를 취소할 수 있다.

촌민대표회의와 촌민위원회의 관계는 정책결정과 집행기관의 관계이며, 동시에 감독과 피감독의 지위에 있다. 촌민대표회의는 촌민회의 폐회기간 동안 촌의 사무를 결정하는 정책결정기관이며, 촌민위원회는 그 집행기관이다. 촌민위원회는 촌민의 이익에 중대한 영향을 미치는 문제에 대하여 촌민대표회의에 토론 및 결정을 제청하고, 촌민대표회의가 결정하는 경우 촌민위원회는 그 집행을 담당하며, 촌민위원회는 촌민대표회의에 대하여 책임을 지고 업무보고를 실시한다.

촌민회의의 촌민대표회의에 대한 권한 수권의 내용은 촌민위원회 구성원의 선거, 파면 및 보선이나 촌규민약 및 촌민자치장정의 제정을 제외하고, 촌민위원회조직법 제19조가 규정한 촌민위원회의 제청사항을 중심으로 이해하여야 할 것이다. 예컨대 보조금의 지급대상과 지급기준, 촌 집체경제 소득수익의 사용, 도로건설 등 공익사업의 자금조달방법, 촌 집체경제계획의 입안, 촌 공익사업의 건설 도급방안, 택지의 사용방안 등이다. 위와 같이 촌민위원회조직법이 촌민회의의 토론을 거치도록 한 사항의 경우에 촌민위원회는 결정의 권한이 없고 반드시 촌민회의에 토론과 결정을 제청하여야 한다. 다만 반드시 촌민회의의 토론과 결정에 제청하도록 규정하고 있지만 촌민회의가 반드시 이들 사항에 대하여 토론을 하여야 하는 것은 아니고 촌민대표대회가 토론 결정하도록 수권할 수 있다고 해석된다.

3. 촌민위원회

1) 촌민위원회의 법적 지위

촌민위원회는 광의적 의미의 촌민위원회와 협의적 의미의 촌민위원회가 있다. 광의로는 촌민이 구성한 자치공동체(촌)를 의미하고, 협의로는 촌민의 선거로 구성한 촌민위원회 즉 촌민자치의 집행기구를 말한다. 헌법 제111조에서 규정한 촌민위원회는 농촌의 기층 군중성 자치조직[11]을 말하며, 광의적 의미의 촌민위원회로 이해한다.

촌민위원회의 성질은 기층의 군중성 자치조직이며, 세분하면 기층성, 군중성, 자치성 및 법정성의 특징을 가진다. 기층성은 촌[12]을 단위로 설치되고, 기층정권의 아래에 있으며, 독립적인 지역적 특징을 가지며, 촌민과 가장 밀접한 관계에 있는 생활단위라는 것으로 설명된다. 군중성은 촌민위원회의 성원과 기타 촌급 자치조직의 성원이 촌민 중에서 직접 선출되고, 당선자가 생산활동을 떠나는 것이 아니고 여전히 농민의 신분을 가진다. 자치성은 촌민의 이익과 관심사항에 대하여 촌민이 스스로 결정하는 것을 의미한다. 향, 민족향, 진 인민정부와 촌민위원회의 관계도 상하급의 영도관계가 아니라 지도와 피지도의 관계에 있다. 법정성은 촌민위원회는 기층 군중성의 자치조직으로서 오로지 헌법과 법률에 의하여 구성되고, 법률의 규정을 떠나서는 촌민위원회를 구성할 수 없다는 것을 의미한다.

---

11) 기층의 개념은 가장 낮은 층차를 말하며, 기층조직은 구체적으로 정당, 국가기구 및 사회단체의 기층조직, 기업 사업단위의 기층조직과 도시나 농촌의 군중성 자치조직을 말한다.

12) 촌(村)의 개념은 자연촌(自然村)과 행정촌(行政村)으로 구분할 수 있다. 자연촌은 농민의 거주로 형성된 자연부락을 의미하고, 행정촌은 법률적인 개념으로서 향(鄕)에 상당하며 인민공사 해체 후 행정구역 중에서 가장 하층에 속한다. 지역에 따라서는 자연촌과 행정촌은 중복되며, 하나의 자연촌이 둘 이상의 행정촌으로 나뉘어지기도 하고, 하나의 행정촌이 여러 자연촌을 포함하기도 한다.

2) 촌민위원회의 구성과 임무

헌법의 규정에 의하면 촌민위원회는 주임, 부주임 및 위원으로 구성하고, 촌민위원회조직법 제9조 및 제10조에서는 더욱 상세히 규정하고 있다. 촌민위원회조직법에 의하면 주임, 부주임 및 위원으로 하여 모두 3인에서 7인의 범위 내에서 구성하도록 정하고 있다.[13] 또한 적당 수의 부녀위원이 있어야 하고, 여러 민족이 거주하는 촌의 경우에는 인원수가 비교적 적은 소수민족의 성원이 반드시 있어야 한다. 촌민위원회의 임기는 3년이며 연임할 수 있다. 헌법과 촌민위원회조직법이 규정한 주임, 부주임 및 위원은 서로 직무는 다르지만 그들의 법적 지위는 동일하다. 촌민위원회조직법에서 촌장의 개념은 없으며, 촌민위원회가 촌민회의에 대하여 단체책임을 진다.

헌법 제111조는 촌민위원회의 임무에 대하여 규정하고 있다. 당해 촌의 공공사무와 공익사무의 처리, 민간분쟁의 조정, 치안유지의 협조, 인민정부에 촌민의 의견과 요구를 반영토록 건의하는 것이다. 촌민위원회조직법에서는 헌법에서 규정한 직무 외에 촌민위원회의 경제적 직무, 법제건설 직무, 정신문명건설과 민족단결의 직무를 규정하고 있다. 경제적 직무로는 촌민경제발전의 지지와 조직, 생산서비스와 협조, 집체경제조직의 경제활동 자주권의 존중, 집체경제조직과 촌민도급경영의 합법적인 재산과 이익의 보장, 촌민 집체소유의 토지와 기타 재산의 관리, 자연자원의 합리적 이용에 관한 교육, 생태환경의 보호와 개선 등이 있다. 법제건설 직무, 정신문명건설과 민족단결의 직무는 헌법, 법률, 법규와 국가정책의 선전, 문화교육, 과학기술 지식의 보급, 촌민 간의 상호단결의 촉진, 다양한 형식의 사회주의 정신문명건설의 전개, 여러 민족이 거주하는 촌의 경우 민족단결과 상호존중·상호협조를 강화하도록 교육하고 지도하는 임무 등이다. 촌민위원회의 직무는 대개 자치업무의 수행과 정부업

---

13) 2002년 9월까지의 통계에 의하면 8억 농촌인구에 69만개 촌민위원회가 구성되어 있다.

무에 대한 협조로 구분된다고 할 수 있다.

또한 촌민위원회조직법 제4조에서는 기층정부와 촌민위원회의 의무를 규정하고 있는 바, 촌민위원회에 대하여 향, 민족향, 진 인민정부의 업무에 협조할 것을 규정하고 있고 향, 민족향, 진 인민정부는 촌민위원회의 업무에 대하여 지도, 지지 및 협조하고 촌민자치의 범위에 속하는 사항에 대하여 간섭을 할 수 없음을 규정하고 있다.

3) 촌민위원회의 법률상 적격 문제

(1) 촌민위원회성원의 형법상 범죄주체 여부

우선 촌민위원회 등의 촌간부가 형법상의 특수한 주체자격을 갖는가 하는 것이 문제가 된다. 촌민위원회 성원이 국가공무원의 신분을 갖는가? 형법상의 직무범죄의 주체가 되는가? 하는 것이다. 형법 제93조에서는 국가업무인원의 범위를 규정하고 있다. 즉 ① 국가기관에서 공무에 종사하는 인원, ② 국유사업장이나 인민단체에서 공무에 종사하는 인원, ③ 국가기관이나 국유사업장에서 비국유사업장 또는 사회단체에 파견된 자로서 공무에 종사하는 인원, ④ 기타 법률에 따라 공무에 종사하는 인원이다.

형법에서 촌민위원회의 간부 등에 대하여 명확히 규정하고 있지는 않지만, 촌민위원회 등 기층조직의 인원은 기타 법률에 따라 공무에 종사하는 인원에 속한다고 볼 수 있다. 헌법 제111조에서 촌민위원회의 직무는 당해 지역의 공공사무와 공익사업을 처리하고, 민간분쟁을 조정하며, 사회의 치안유지에 협조하는 등의 사항을 규정하고 있고, 촌민위원회조직법 제4조에서도 촌민위원회가 향급 인민정부의 업무에 협조할 것을 규정하고 있다.

2000년 4월 29일 제9기 전국인민대표대회상무위원회 제15차 회의에서도 촌민위원회 등 촌 기층조직의 인원이 재난구조, 홍수방지, 구제물품의 관리, 사회원조 공익사업금품의 관리, 국유토지의 관리, 토지징용보상비의 관리, 세금의 대납 또는 징수, 가족계획이나 호적 징병관리 등 정부업무에 협조하여 행정관리업무에 종사한 경우에는 형법 제93조 제2항이 규정한 기타 법률에 따라 공무에 종사하는 인원에 속한다고 해석[14]을 내린 바 있다. 따라서 촌민위원회 등 촌 기층조직의 인원이 상술한 공무에 종사하면서 직위를 이용하여 위법한 행위를 하는 경우에는 형법 제382조 및 제383조의 횡령죄, 제384조의 공금유용죄, 제385조 및 제386조의 수뢰죄의 범죄주체가 된다. 인민대표대회상무위원회의 해석으로 미루어 보면 형법 제395조가 규정한 거액재산출처불명죄 역시 적용이 가능하다고 할 수 있다.

(2) 광의적 의미의 촌민위원회의 민사주체 여부

촌민위원회는 광의적 의미와 협의적 의미로 해석할 수 있음을 이미 소개하였다. 광의적 의미의 촌민위원회는 촌민 전체로 구성된 촌민자치공동체를 의미한다. 협의의 촌민위원회는 촌민자치공동체의 집행기관을 의미한다. 광의적 의미의 촌민위원회는 협의적 의미의 촌민위원회의 명의로 대외적으로 법률관계를 맺고, 촌민위원회의 대외적 행위로 인하여 발생하는 법적인 효과는 촌민자치공동체 즉 촌에 귀속된다. 촌민위원회가 관리하는 재산 역시 촌 농민의 집체소유이고, 3내지 7인으로 구성된 촌민위원회의 소유가 아니다. 광의적 의미의 촌민위원회는 촌의 집체경제조직을 포함하는 개념이다.

현행 법률상 촌민위원회가 법인의 지위를 가진다는 명확한 규정은 없다. 그러나 민법통칙 제37조의 규정에 의하면 법인의 자격을 취득할 수 있는 요건으로 4가지가 있다. 즉 ① 법에 따라 성립되어야 하고, ② 필요한 재산 또는 경비가 있어야 하고, ③ 자기의 명칭, 기구조직 및 장소가 있어야 하고, ④ 민사책임을 독립적으로 질 수 있어야 한다. 또한 국가통계국의 문건[15]에 의하면 촌민위원회가 기타 법인의 범주에 속한다고 규

---

14) 전국인민대표대회상무위원회의 형법 제93조 제2항에 관한 해석, 2000년 4월 29일.
15) ≪第2次全國基本單位普査法人單位及産業活動單位劃分規定≫

정한다.

민법통칙의 규정과 국가통계국의 부문규장에 따라 판단할 때, 촌민위원회는 법인의 자격을 가진다고 할 수 있다. 여기서 촌민위원회가 법인의 자격을 가진다고 하는 것은 광의적 의미의 촌민위원회 즉 촌을 말하며, 자신의 명의로 독립적으로 민사책임을 질 수 있다는 것을 의미한다.

(3) 촌민위원회의 행정소송상 피고적격 문제

현실 생활에서 특히 촌민과 촌민위원회 사이에는 여러 가지 분쟁이 발생하고 있다. 예를 들면, 촌민위원회가 재정적인 권한을 남용하여 촌민에게 부담을 시키거나 불법적으로 모금을 하는 경우, 촌민위원회가 자치공동체의 성원으로서 가지는 재산적 이익을 박탈하는 경우, 또는 도급계약을 해지하는 경우, 촌민위원회가 공무의 수행을 위하여 벌금 등 처벌권을 행사하는 경우 등이다. 특히 도급계약에 관한 분쟁이 민사분쟁으로 되는 경우 외에, 기타 상황의 경우에는 민사소송을 제기해야 할 것인지 행정소송을 제기해야 할 것인지 입법상 명확하지 않고 촌민은 권리구제의 방법이 막연하다.

현행의 법규 또는 사법해석은 촌민위원회가 행정소송상 피고적격을 가지는가에 대하여 명확히 규정하고 있지 않다. 행정소송법 제11조에 규정한 행정소송의 수리범위에도 상술한 바의 분쟁에 대한 관련 규정은 없고, 다만 행정소송법 제25조에서 피고에 대한 규정을 하고 있는데, 동법 제4항에서 법률, 법규가 수권한 조직이 행한 구체적 행정행위의 경우 그 조직이 피고가 된다고 규정하고 있고, 행정기관이 위탁한 조직이 행한 구체적 행정행위의 경우 위탁한 행정기관이 피고가 된다고 규정하고 있다.

현대 국가에서 국가와 사회조직 사이에는 상호 분권의 현상이 발생하고 있고 행정권이라 하여도 오직 국가의 행정권만 의미하지는 않는다. 2000년 4월 전국인민대표대회상무위원회가 내린 형법의 관련규정에 대한 해석과 같이, 즉 촌민위원회의 성원은 법률에 따라 공무를 행사하는 인원에 속한다는 취지에 비추어 볼 때, 촌민위원회의 행위가 당해 촌의 공공사무나 공익사업을 처리하는 것인 경우에는 마땅히 행정소송으로 처리될 수 있도록 하는 입법적 해결이 필요하다.

4. 촌민소조와 촌민위원회 소속의 각 위원회

1) 촌민소조

촌민소조는 원래 인민공사 체제 아래에 있던 생산대(生産隊)가 변화된 것이며, 현행의 촌민위원회조직법 제11조의 규정에 의하면 거주 상황에 따라 몇 개의 호, 십여 호 이상 또는 수십 호로 구성된다. 촌민자치, 생산 또는 생활상의 편리에 따라 구성되는 것이다.

촌민소조는 농촌의 토지와 밀접한 관련이 있다. 헌법 제10조에서는 농촌의 토지는 집체소유에 속한다고 규정하고 있고, 촌민소조는 토지의 집체소유와 관련하여 소조원 전체가 하나의 조직으로서, 촌민소조에 속하는 집체토지와 기타 재산을 경영 또는 관리하는 것이다. 촌민소조 소유의 토지는 촌민소조가 도급을 주는 입장으로 촌민에게 도급하며, 촌민소조가 집체기업을 설립한 경우에도 촌민소조가 자체 경영 관리하거나 촌민에게 경영하도록 도급을 줄 수 있다. 촌민소조는 촌민 자치공동체의 한 형태이지만 촌민위원회에 예속된다.

촌민소조가 소유하는 집체토지 소유권에 대하여 촌민위원회는 이를 침범할 수 없고, 행정관리수단을 통하여 촌민소조의 집체토지를 촌으로 귀속시킬 수 없다. 또한 촌민소조와 촌민 사이의 토지도급계약을 해지시킬 수도 없다.

촌민소조에는 소조장을 두며, 소조장은 집체소유의 토지와 기타 재산을 관리하고, 촌민의 발전을 위한 다양한 형식의 합작경제 또는 기타경제를 조직하고, 촌민회의와 촌민대표회의의 결의를 집행하며, 촌민위원회가 배정하는 업무를 처리하고, 촌민의 의견이나 건의를 취합하여 촌민위원회에 제출한다.

2) 촌민위원회 소속의 각 위원회

촌민위원회조직법의 규정에 따르면 촌민위원회는 필요에 따라 인민화해,[16] 치안보위, 공공위생 등의 위원회를 설치할 수 있다. 촌민위원회의 성원은 각 소속 위원회의 성원으로 겸직할 수 있다. 인구가 적은 촌의 경우에는 소속 위원회를 설치하지 않을 수 있으며, 이때는 촌민위원회 구성원이 각각 인민화해, 치안보위, 공공위생 등의 업무를 분담한다.

촌민위원회 소속의 각 위원회는 당해 촌의 사정에 따라 설치할 수 있는 것이므로 상술한 세 종류의 위원회 외에도 집체경제의 규모가 큰 촌의 경우에는 경제관리위원회 등을 설치할 수 있고, 토지관리를 위하여 토지관리위원회, 가족계획의 교육이나 선전 또는 감독을 위하여 가족계획위원회를 설치할 수 있고, 기타 생산서비스위원회, 사회복지위원회, 교육문화위원회 등을 설치할 수 있다. 촌민위원회 아래에 설치하는 위원회의 경우, 그 위원회에는 업무 전담자를 두어 업무를 담당하게 할 수 있고, 또한 촌민위원회의 구성원이 겸임할 수 있다.

IV. 당조직계통의 조직 — 촌당지부(村黨支部)

중국의 정치제도나 법률제도를 이해하는데 있어서 중국공산당의 이해는 필수적이다. 입법에서부터 정책의 집행, 나아가서 사법적 판단에도 공산당의 영도가 헌법적으로 명확히 되어 있기 때문이다. 중국에서 공산당

---

16) 인민화해위원회는 민사분쟁을 화해하는 조직이며, 인민정부와 기층인민법원의 지도아래 업무를 행한다. 화해위원회의 위원은 3명에서 9명이며, 그중 주임 1명을 두며 부주임을 둘 수 있다. 화해위원회 위원 외에 화해원을 둘 수 있다. 화해위원회의 업무 경비나 화해위원의 보조금 등 경비는 촌민위원회가 해결한다. 특히 주의할 점은 2002년 9월 16일 최고인민법원이 「인민화해협의의 민사사건 심리에 간한 약간규정」을 공포하였고, 2002년 11월 1일부터 인민화해협의는 법적인 효력을 갖는다는 것을 명확히 하였다.

의 각급 조직은 각급 행정기관, 국유기업, 기업 사업조직을 영도하는 중요한 역할을 한다. 농촌의 경우도 마찬가지다. 향·진의 당위원회와 촌의 당지부는 중국공산당의 기층조직이며, 당의 농촌에 대한 업무 수행에 기초가 되며, 향·진·촌의 각 업무에 대한 영도의 핵심이 된다. 촌당지부는 향이나 진의 당위원회에 비하여 상대적으로 군중에 더욱 밀착된 가장 기초가 되는 조직이다. 따라서 촌당지부의 서기는 일정한 정치적 소양이 필요하고 군중과 밀착될 수 있는 자질이 요구되고 있다.

중국공산당농촌기층조직공작조례의 규정에 의하면, 정식 당원이 3명 이상 있는 촌에서는 당지부를 설립하여야 하고, 3명이 되지 않는 곳에서는 인근의 촌과 연합하여 당지부를 설립하도록 규정하고 있다. 또 당원의 수가 50명을 초과하는 촌 또는 50명이 되지 못하지만 촌이 설립한 기업이 당지부를 설립할 조건을 갖춘 경우에는 업무의 필요에 따라 당의 총지부를 설립할 수 있다. 당원의 수가 100명 이상인 촌에서는 업무의 필요에 따라 현급 지방 당위원회의 비준을 거쳐 당의 기층위원회를 설립할 수 있고, 설립된 촌당위원회는 향 진 당위원회의 영도를 받는다. 따라서 농촌에서는 촌당지부, 총지부 및 당의 기층위원회가 설립될 수 있고, 그 중 촌당지부가 대다수를 차지하고 촌당 지부, 총지부 및 기층위원회는 모두 당원대회에서 선출된다.

V. 농촌집체경제조직

농촌집체경제조직은 가정연산도급책임제와 이중경영체제 개혁을 실행한 이후 형성된 것으로 향, 촌, 촌민소조와 부분농민 공동소유의 농촌노동군중집체소유제 성질의 경제조직이다. 이는 향진집체경제조직, 촌집체경제조직, 촌민소조집체경제조직을 포함하고, 그 특징은 토지집체소유제를 기초로 하고, 향촌구역을 범위로 하며, 집체통일경영과 가정분산경영을 서로 결합한 이중경영체제이다. 따라서 집체성, 지역성 및 이중경영성을 가진 경제조직이다. 일부 성에서는 농촌집체경제조직을 농공상공사(農工商公司), 집체자산경영공사 또는 경제연합사 등으로 부른다.[17]

농촌집체경제조직은 향·진 인민정부의 심의와 동의를 거쳐 공상행정관리부문에 등기를 함으로써 법인의 자격을 취득할 수 있다. 농촌집체경제조직의 성질은 사회주의 노동군중 소유제 경제조직이며 독립적으로 경영활동을 할 자주권을 가진 조직이다. 누구도 그 합법권익을 침해할 수 없다. 집체경제조직의 주요 재산은 촌 집체소유의 토지, 수면, 촌이 설립한 기업의 재산, 집체소유의 건축물이나 수리시설, 사회공익시설, 집체소유의 연구성과나 특허 및 집체소유의 기타 재산이다.

농촌집체경제조직의 핵심적 기능은 농민소유의 토지에 대한 경영권 또는 관리권을 행사하고, 농민집체를 대표하여 농민집체 소유의 토지나 기타 생산자료의 하도급권을 행사하고, 농민과 도급계약을 체결하며, 이와 동시에 농촌기업을 설립하고, 농촌집체자산의 적립을 도모하여 촌의 경제권을 장악하는 것이다.

농촌집체경제조직은 경우에 따라 완전한 조직체계를 갖추기도 한다. 사원대회와 사원대표대회를 설치하여 민주적 관리를 위한 권력기관으로 하고, 관리위원회를 두어 집행기관으로 하며, 감독기구 및 재무기구를 설치하여 운영하기도 한다. 사원회의나 사원대표회의는 당해 회사의 중대사항을 결정하는 결정권과 감독권을 행사한다. 사원회의와 사원대표회의는 의사기구이므로 필요에 따라 업무기구나 집행기구를 설치할 수 있다. 관리위원회는 업무의 집행기구로서 사원회의 또는 사원대표회의에 대하여 책임을 지며 업무보고를 실시한다. 또한 중앙정부의 문건[18]에서는 촌 집체경제조직에 재무기구를 설치할 것을 요구하고 있다. 재무구의 인원으로는 회계원이나 출납원등이 있고 이들 상호간에는 겸직할 수 없다.

---

17) 羅猛, "村民委員會與集體經濟組織的性質定位與職能重構," 「憲法學 行政法學」, 中國人民大學復印報刊資料 2005년 7기, p.61.
18) 村合作經濟組織財務制度(試行) 第56條, 1996년 중국 재정부 문건.

VI. 기타 촌급 조직

촌에는 촌민회의, 촌민대표회의, 촌민위원회, 촌민소조 및 촌민위원회에 소속된 각종 전문위원회 등 기층의 군중성 조직 외에도 많은 군중조직과 자치조직이 있다. 예를 들면, 집체경제조직 외에 농촌부녀대표회, 민병련, 공산주의청년단, 기타 농촌에 주재하는 기관이나 조직이다. 각 조직을 이해하기 위하여 간단히 설명하면 다음과 같다.

중화전국부녀연합회의 농촌조직을 농촌부녀대표회라 한다. 즉 농촌부녀대표회는 전국부녀연합회의 농촌기층조직이며, 부녀의 수와 업무의 필요에 따라 촌에는 부녀연합조직 또는 기타 형식의 부녀조직을 설치할 수 있는데, 부녀의 수가 30명을 초과하면 부녀대표회를 설치할 수 있다[19]. 부녀대표회의 대표수는 촌의 규모와 각 경제조직 내의 부녀의 수에 따라 정하고, 대개 10명 내지 30명에 1명의 대표를 선출한다. 부녀대표회의 성질은 농촌부녀의 군중성 조직이며, 농촌부녀의 이익을 대표하고, 동급 당조직과 상급 부녀연합회의 영도를 받는다. 촌민위원회조직법 제9조에서는 촌민위원회 성원 가운데 반드시 적당 수의 부녀성원을 두도록 규정하고 있다. 이는 부녀의 촌민위원회 참여와 부녀의 이익 보장을 고려한 것이라 볼 수 있다.

중국 국방법 제22조의 규정에 의하면 무장역량은 중국인민해방군 현역부대와 예비역부대, 중국인민무장경찰부대 및 민병으로 구성된다. 민병은 군사기관의 지휘아래 해당 임무를 완수한다. 만18세에서 35세의 병역종사에 적합한 남성인 공민은, 현역에 종사하는 경우를 제외하고는 예비역에 복무하여야 하고, 민병조직이 있는 사업장에서는 민병조직에 편입된다. 농촌에서는 일반적으로 촌을 단위로 조직되고, 인원이 부족한 경우에는 인근의 촌과 연계하거나 향·진을 단위로 조직된다. 촌급의 민병조직은 대개 민병련 또는 민병영으로 편제되고, 대개는 민병련으로 한다.

---

19) 農村婦女代表會工作條例 제3조 및 제13조.

촌민병련의 장(連長)은 촌에서 제청한 후, 기층무장부 또는 군사영도지휘기관이 임명한다. 촌민병련의 장이라 하더라도 바로 촌민위원회의 성원이 될 수 없고, 선거권을 가진 촌민의 투표에 의하여 당선될 수 있다.

중국공산주의청년단의 농촌기층조직을 촌공산주의청년단조직이라 하며 촌단지부라 약칭한다. 촌단지부는 촌민 가운데서 우수한 청년이 선발되어 구성되며, 전체성원의 선거에 의하여 위원, 단지부의 서기, 부서기가 선출된다. 촌공청단은 또한 촌당지부의 영도를 받는다.

촌민위원회조직법 제27조에서는 촌민위원회와 기타 촌 주재기관 또는 사업장의 관계를 규정하고 있다. 이들 촌 주재기관 또는 사업장의 성원은 비록 촌민위원회의 조직에 참가하지 않더라도 관련 촌규민약을 준수하여야 한다. 관련 촌규민약을 준수하여야 한다는 것은 모든 촌규민약을 준수하라는 것이 아니라, 주재사업장과 직접 관련되는 촌규민약에 대하여 준수를 요구하는 것이다.

VII. 촌민위원회와 각 조직 간의 상호관계

1. 촌민위원회와 향·진 정부 간의 관계

촌민위원회와 향·진(鄕·鎭) 정부의 관계는 사실상 촌민위원회와 상급 정권기관과의 관계에 있다고 할 것이고, 따라서 촌민위원회조직법 제4조에서 규정한 향·진 정부의 개념에는 향·진의 공산당위원회를 포함하는 것으로 이해할 수 있다.

향·진의 인민대표대회와의 관계에서는, 촌민위원회조직법 제28조에서 보면, 즉 지방 각급 인민대표대회와 현급 이상 지방 각급 인민대표대회상무위원회는 당해 행정구 내에서 본법의 실시를 보증하고 촌민이 법에 따라 자치권리를 행사하도록 보장한다는 규정으로 보면 인민대표대회와 촌민위원회의 관계는 감독과 피감독의 지위에 있다고 할 것이다.

촌민자치조직 가운데 특히 촌민위원회와 기층정권의 관계가 어떠한가에 대하여 헌법에서는 규정이 없다. 촌민위원회조직법 제4조에서는 양자의 관계를 지도와 피지도의 관계[20]로 규정하고 있고, 향급 인민정부는 법에 의하여 촌민자치의 범위에 속하는 사항에 대하여 간섭할 수 없도록 규정하고 있다.

그러나 현실적으로는, 향·진 인민정부와 촌 사이의 이익경계와 권한범위가 모호하여 구체적인 입법을 통하여 이를 명확히 할 필요가 있음이 지적된다. 즉 향·진 정부와 촌민위원회 사이에 재정상 또는 사무권한상의 관계를 명확히 구분할 필요가 있고, 촌민자치 범위에 속하는 인사에 간섭하지 말아야 할 것, 법률의 범위를 초과하여 재정부담을 시키는 행위를 금지할 것 등이다.[21]

2. 촌민위원회와 촌당지부(村黨支部)의 관계

중국공산당이 집권당이라는 것은 중국 헌법이 명확히 하고 있는 것이다. 촌민위원회조직법 제3조에서도 중국공산당은 농촌의 기층조직에서 중국공산당의 장정(章程)에 따라 업무를 수행하고 영도력을 발휘하며, 헌법과 법률에 따라 촌민의 자치활동 전개와 민주권리의 직접적인 행사를 지지하고 보장할 것을 규정하고 있다. 중국공산당장정 제32조에서는 촌당지부는 당해 지구의 업무를 영도하고 군중 자치조직이 그 직권을 충분히 행사하도록 지지하고 보증하고, 정치적 핵심작용을 발휘한다고 규정

---

20) 지도와 피지도의 관계는 어떠한 관계를 나타내는가에 대하여 명확한 규정이 없다. 일부 학자에 의하면 이러한 지도관계는 행정법상의 행정지도로 이해하고 있다.

21) 劉穎·付子堂, "鄕村基層民主選擧的制度創新及其憲政維度," 「憲法學 行政法學」, 中國人民大學復印報刊資料 2004년 8기, p.76.

한다. 1990년 중공중앙이 하달한 문건[22]에서, 촌민위원회는 당의 영도 아래 국가의 법률 범위 내에서 촌민이 스스로 관리하고, 스스로 교육하고, 스스로 봉사하는 기층 군중성 자치조직이라 하였고, 당지부에 대하여는 촌민위원회에 대한 영도를 강화할 것을 요구하였다.

또한 중국공산당농촌기층조직공작조례 제9조에서는 촌당지부는 당해 촌의 경제건설과 사회발전상의 중요한 문제를 토론 결정하고, 촌민위원회, 촌민회의 또는 집체경제조직이 결정할 필요가 있는 경우에는 촌민위원회, 촌민회의 또는 집체경제조직이 법률과 관련 규정에 따라 결정하도록 하고 있다. 촌당지부는 촌급의 민주선거, 민주적 정책결정, 민주관리, 민주감독을 영도하고 추진하며, 촌민이 법에 따라 자치활동을 전개하도록 지지하고 보장한다. 촌민위원회, 촌집체경제조직과 공산당청년단, 부녀대표회, 민병 등 군중조직을 영도하고, 이러한 조직이 국가의 법률이나 각 장정에 따라 충분히 직무를 수행하도록 지지하고 보증한다고 규정하고 있다.

특히 중국공산당기층조직과 기층자치조직의 관계에서, 기층 당조직의 기본임무와 기층 자치조직의 기본임무는 일치하고, 이 양자와 인민군중의 이익이 일치한다고 설명되고 있다. 2002년 7월 14일 중공중앙판공청과 국무원이 하달한 문건인 촌민위원회선거에 관한 통지에서 중요한 내용을 알 수 있다. 즉 그 가운데는 촌당지부 서기의 인선에 있어, 우선 촌민위원회의 선거에 참가하도록 하여 군중의 승인을 확인한 후, 촌당지부 서기로 추천할 것을 제시한다. 촌민위원회 주임에 당선되지 못하면 당지부 서기로 추천하지 않는다는 내용을 포함하고 있는 것이다.[23] 이와 관련하여, 특히 촌급 선거에서 당이나 기층정부의 간섭을 배제하도록 제도화하자는 주장[24]에도 주의할 필요가 있다.

---

22) 中共中央 ≪關于轉發<全國村級組織建設工作座談會記要>的通知≫

23) 王聖涌,「中國自治法研究」, 中國法制出版社 2003, p.152.

24) 劉穎·付子堂, "鄕村基層民主選擧的制度創新及其憲政維度,"「憲法學 行政法學」, 中國人民大學復印報刊資料 2004년 8기, p.77을 참조.

농촌의 많은 지역에서 장기간 당지부의 일원화 영도를 하였기 때문에 그 관성이 여전히 남아 있다고 할 수 있다. 현실적으로 대다수의 농촌에서 여전히 당지부의 서기가 주로 권력을 행사하고, 촌민위원회의 업무를 결정하다시피하고 있다는 것을 알 수 있다.

3. 촌민위원회와 촌집체경제조직간의 관계

헌법 제111조에서는 촌민위원회를 농촌의 기층군중성자치조직이라 규정하고 있고, 촌 범위 내의 공공사무와 공익사업을 처리하는 것으로 규정하고 있다. 촌민위원회법의 규정에서도 촌민위원회의 공공사무, 공익사업, 경제발전 및 생산서비스, 토지관리 및 촌의 기타 집체자산의 관리 및 정신문명 건설에 대한 임무를 규정하고 있다.

그러나 집체경제조직에 관한 헌법 제8조의 규정을 고려하면, 이 역시 농촌의 군중성경제자치조직이고, 촌의 범위에서 토지와 생산자료를 관리한다. 헌법 제19조나 제21조의 규정을 보면 촌집체경제조직에 교육사업과 공공위생의료사업의 직능을 부여하고 있다. 따라서 집체경제조직은 경제영역에 국한되지 않고 공공사무와 공익사업을 전개할 수 있다. 이러한 점에서 촌집체경제조직은 촌민위원회와 직능상으로 중복되는 면이 있다.

민법통칙, 농업법, 토지관리법의 관련 규정[25]에 의하면, 농촌집체소유의 토지가 법에 따라 농촌집체소유에 속하는 경우에는, 촌집체경제조직 또는 촌민위원회가 경영 관리한다. 이로 미루어 볼 때, 집체토지의 경영관리상, 촌집체경제조직과 촌민위원회는 병렬관계에 있다. 국가공상행정관리국의 문건[26]에 의하여도 마찬가지다. 농촌에서 집체경제조직이 집체경제관리의 직능을 행사하는 경우에는 농촌집체경제조직을 투자주체로 한

---

25) 민법통칙 제74조, 농업법 제10조, 토지관리법 제10조.
26) 1995년 11월 28일자, 회사 등기관리중 몇가지 구체적인 문제에 관한 답변 의견 (≪關于公司登記管理中幾個具體問題的答復意見≫).

다. 또한 집체경제조직이 없고, 촌민위원회가 집체경제관리직능을 대행하는 경우에 있어, 촌민위원회는 투자주체로서 회사를 설립할 수 있다고 규정한다.

촌민위원회가 경제관리의 직능을 가지는가에 대하여는, 그 핵심은 촌민집체소유의 토지와 기타 자원에 대하여 누가 대표로서 소유권을 행사하고 농민과 토지 도급계약을 맺는가에 달려 있다. 이는 촌집체경제조직의 수립과 발전에서 지역적으로 차이가 있고, 일부 지역에서는 촌집체경제조직이 수립되어 촌집체경제조직이 농민을 대표하여 소유권을 집체적으로 행사하고 있고, 전국적으로 더 많은 지역에서는 촌민위원회가 농민을 대표하여 소유권을 행사하고 있다. 이 점에서 촌민위원회조직법 제5조의 제2항과 제3항은 서로 모순되는 조항이라기보다는 상호 보완적인 조항이라 해석된다.[27]

촌민자치조직은 촌민대회, 촌민대표대회, 촌민위원회, 촌민소조와 촌민위원회에 소속된 각 위원회 및 재무관리소조 또는 촌무감독소조 등으로 구성되고, 이에 비하여 집체경제조직의 기구는 사원대회, 사원대표대회, 관리위원회 및 그 아래에 설치된 업무소조, 재무관리소조 또는 감찰위원회 등으로 구성된다. 그러나 주의할 점은, 법률상 촌집체경제조직은 촌의 당 조직도 아니고, 또한 촌민위원회와 차이가 있기 때문에, 많은 지방성 법규에서는 촌급 조직의 간부가 선거를 통하여 촌집체경제조직의 성원이 되는 것을 인정하고 있다. 따라서 촌집체경제조직과 촌민위원회는 그 구성인원에 있어서도 상당한 중복이 있을 수 있다.

---

27) 王禹, 「我國村民自治研究」, 北京大學出版社 2004, p.103.

VIII. 결어

촌민위원회조직법(시행)이 실시된 지 20년 가까이 되고 있고, 촌민위원회조직법이 시행된 지 8년이 되었다. 한번 제정된 법률도 사회적인 변화에 따라 여러 가지 모순이 나타날 수 있지만, 제도적인 문제와는 달리, 촌민자치의 시행과 관련하여 현실적인 문제가 존재하는 것이 사실이다. 특히 선거와 관련된 문제, 촌민위원회성원의 자질에 대한 문제, 촌민위원회, 당지부 및 향·진 정부의 상호관계와 관련된 문제, 촌민구성원의 문제,[28] 특정한 민족 또는 종족의 촌민자치에 대한 간여 등 복잡한 문제가 남아 있다.[29]

그러나 상술한 여러 문제도 있지만 중국에서 촌민자치는 다음과 같은 의의를 갖는다는 점에서 제도적 의의가 있다고 한다.

첫째, 촌민자치의 시행은 농촌에서 소위 중국특색의 사회주의 민주제도를 건설하는 데 이점이 있다고 한다. 향·촌 기층민주제의 핵심은 권력을 촌민에게 환원하는 것이고, 권력을 촌민에게 환원한다는 것은 곧 민주선거, 민주결정, 민주관리와 민주적인 감독을 통하여 실현할 수 있다는 내용이다.

둘째, 촌민자치의 시행은 농민의 재산권을 보장한다는 측면에서 의의가 있다는 것이다. 촌민자치의 핵심인 촌민위원회, 촌민회의 및 촌의 사무공개를 통하여 농민의 재산권을 보장하고, 행정기관의 무분별한 재산권 침해를 막을수 있다는 것이다.

셋째, 촌민자치를 통하여 일련의 민주규칙과 절차를 수립할 수 있고, 민중에 대한 민주절차의 '형식화훈련'을 통하여, 민중으로 하여금 민주의식 고취와 자신의 권익을 보호하도록 한다는 것이다.[30]

---

28) 농촌의 청장년은 도시로 빠져나가고 부녀자나 노년층이 남아 있는 상황을 두고 흔히 "3860부대"가 남아 있다고 한다.

29) 赦雙紅, "社會基層自治的得與失," 「憲法學 行政法學」, 中國人民大學復印報刊資料 2004년 11기, pp.28-29.

촌민위원회와 촌당지부와의 관계를 실질적으로 이해할 수 있는 내용으로서, 촌민위원회의 주임과 당지부 서기의 현실적인 권력관계를 파악할 수 있는 조사내용이 있다.[31] 조사 결과에 의하면, 일반적으로 촌당지부 서기의 연령이 촌민위원회 주임에 비하여 많아 비교적 신뢰감을 얻을 수 있고, 촌당지부 서기의 학력수준도 촌민위원회 주임에 비하여 높게 나타나고 있다. 촌당지부 서기의 경제적 능력도 촌민위원회 주임에 비하여 우세하다. 이러한 점에 비추어 볼 때 대개 촌당지부 서기의 전체적인 능력이 촌민위원회 주임에 비하여 앞선다는 것을 알 수 있다.

또한 촌민이 무슨 문제가 있을 경우 누구를 먼저 찾느냐 하는 문제가 제시될 수 있는데, 이로써 촌민의 안중에 누가 권력이 더 막대한가 하는 것을 감지할 수 있다. 조사에 의하면, 어떤 해결할 문제가 있는 경우 누구를 찾을 것인가 하는 문항에 대하여, 99명이 촌당지부 서기를 찾는다고 대답하였고, 87명이 촌민위원회 주임을 찾는다고 대답하였다. 이 경우 권력상 양자 간에 큰 차이는 없다고 볼 수 있다. 촌의 재정권에 대하여는 결과가 이와 다르게 나타나고 있다. 즉, 촌의 재무지출 권한과 관련하여 109명이 촌민위원회 주임을 찾는다고 하였고, 70명이 촌당지부 서기를 찾는다고 대답하였다.

또한, 촌민위원회 주임과 촌당지부 서기가 서로 충돌할 경우 일반적으로 어떻게 해결하는가 하는 문제가 있는데, 이 문제는 최고권력이 누구에 속하는가 하는 것과 직결된다. 이 문제에 대한 조사에서는 145명이 촌민대표회의의 토론으로 결정한다고 하였고, 10명이 향 진의 영도자가 해결한다고 대답하였다. 이 외에도 25명은 촌당지부의 서기가 결정한다고 회답하였다. 다만 촌민위원회 주임이 결정한다는 대답을 한 사람은 없었다.

따라서 촌민위원회 주임과 촌당지부의 서기 가운데 촌당지부의 서기가 현실적으로 더 많은 권력을 가진다는 것을 알 수 있다. 상술한 조사내

---

30) 劉潁·付子堂 앞의 논문 pp.79-81을 참조.
31) 王振耀 外, 「中國村民自治前沿」, 中國社會科學出版社 2000, pp.268-269.

용에서 다음과 같은 점을 이해할 수 있다. 즉 첫째, 촌당지부의 서기는 촌의 사실상 최고권력자이다. 둘째, 일상적인 업무를 처리하는 경우에, 촌민위원회 주임과 촌당지부 서기의 개입정도는 큰 차이가 없다. 셋째, 일부 촌당지부 서기가 재정권을 장악하는 경우도 있겠지만 많은 경우에 재정권은 촌위원회 주임의 수중에 있다는 점이다.

촌민자치제도의 핵심적인 조직인 촌민위원회와 기타 촌급조직 사이의 관계에서, 향·진 인민정부와 촌민위원회는 지도와 피지도의 관계에 있고, 당지부와의 관계에서는 영도와 피영도의 관계에 있다. 영도는 포괄적 지배관리를 의미한다. 따라서 당지부의 촌민위원회에 대한 포괄적 지배와 관리는 불가피하다. 특히 당지부와의 관계에서 촌민위원회는 자유로울 수 없다는 점이 중국의 촌민자치제도에서 큰 특징이다. 다만 당지부의 영도가 긍정적인 결과를 가져 올 수 있겠지만, 경우에 따라서는 진정한 자치를 실현하는 데 걸림돌이 될 수 있다는 점도 간과할 수 없는 것이다.

|참고문헌|

1. 周葉中, 「憲法」, 高等教育出版社 2004.

2. 徐勇, 「中國農村村民自治」, 華中師範大學出版社 1997.

3. 王聖涌, 「中國自治法研究」, 中國法制出版社 2003

4. 王禹, 「我國村民自治研究」, 北京大學出版社 2004.

5. 王禹, 「村民選舉法律問題研究」, 北京大學出版社 2002.

6. 王振耀 外, 「中國村民自治前沿」, 中國社會科學出版社 2000.

7. 羅猛, "村民委員會與集體經濟組織的性質定位與職能重構," 「憲法學 行政法學」, 中國人民大學復印報刊資料 2005년 7기.

8. 劉穎·付子堂, "鄕村基層民主選舉的制度創新及其憲政維度," 「憲法學 行政法學」, 中國人民大學復印報刊資料 2004년 8기.

9. 敖雙紅, "社會基層自治的得與失," 「憲法學 行政法學」, 中國人民大學復印報刊資料 2004년 11기.

10. 唐鳴, "關于村委會選舉選民登記的幾個法律問題," 「憲法學 行政法學」, 中國人民大學復印報刊資料 2004년 4기.

제4장

행정법의 현재와 과제

I. 서론

중국은 1978년 개혁 개방을 선언한 이래 지속적인 법제 개선을 통하여 시장경제를 발전시키고 있으며, 2001년의 WTO가입과 함께 중국의 법제 건설은 새로운 국면에 접어들었다. WTO의 가입은 기존의 헌법뿐만 아니라 하위 법제 전반에 대한 변화를 요구하고 있다. 중국에서 이러한 외부적 요인은 법치주의와 민주화의 필요에 따른 내부적 개혁의 필요성과 맞물려 법제 전체에 대한 개혁의 속도를 더해 가고 있는 상황이다.

본 장에서 논하고자 하는 행정법의 문제와 관련하여, 중국은 사회주의 정치체제를 유지하고 있고 아직도 행정의 효율성이 많이 강조되고 있는 관계로, 정부의 주도적인 역할은 입법이나 사법의 기능에 비하여 방대하고 강력한 권한을 행사하고 있다. 그러므로 행정권의 행사나 남용에 대한 제도적 통제의 필요성은 더욱 강조되고, 공민의 권리 보장을 위한 제도적 개선이 절실히 요구되고 있다.

중국은 우리와 역사적으로나 문화적으로 아주 밀접한 관계가 있고,

한·중 수교 이후 특히 경제 분야의 활발한 교류를 생각하면 중국의 법제 발전은 우리나라의 이해관계에도 밀접한 관련을 가진다는 것을 부인할 수 없다. 이러한 점을 고려하면, 중국의 공법 영역 특히 행정법 영역에 대한 이해는 더 이상 강조할 필요가 없다고 생각한다. 이러한 점을 염두에 두고, 다음과 같은 내용을 중심으로 중국 행정법의 쟁점 사항과 과제를 규명해 보고자 한다. 첫째 중국 행정법의 형성과 발전, 둘째 행정법의 존재 형식, 셋째 행정법의 기본 이론에 대한 논의, 넷째 행정입법·행정처벌·행정소송 및 국가배상제도, 다섯째 입법 환경의 변화와 행정법의 과제에 대한 것 등이다.

II. 중국 행정법의 형성과 발전

서방 여러 국가의 행정법 형성 과정을 보면 대부분 입법, 사법, 행정 삼권 분립의 원칙 아래 형성된 독립된 법 영역이다. 현대적 의의를 갖는 행정법은 당연히 현대 국가의 행정관리에 적용되었지만, 행정법이 강조하는 것은 국가 행정 권력의 행사에 대한 규율, 제약, 통제이고, 공민의 권리를 위법한 행정의 침범으로부터 보호하고, 이를 위한 행정 권력의 감독 기제로서 형성되었다. 중국은 삼권 분립 체제를 취하지 않지만, 행정법으로써 국가기구를 조직하고, 국가를 관리하며 국가 행정권력의 행사를 규율하고 제약하며, 이로써 공민의 권리가 침해되지 않도록 보호하는 것은 서방 국가나 마찬가지다.

1949년 10월 1일 중화인민공화국 성립 이후의 행정법의 형성과 발전은 우여곡절의 과정을 거쳤다. 대략 다음과 같은 단계를 거쳐 발전하고 있다고 설명할 수 있다.

1949년 10월부터 1954년 신 중국 최초의 헌법이 제정되기 이전까지, 「중국인민정치협상회의공동강령」이 헌법의 역할을 하였고, 이를 근거로 최초의 중국 행정법전인 중화인민공화국중앙인민정부조직법이 제정되었다. 이 법에 의하여 국가최고행정기관인 정무원을 조직하였고, 40여 개 행정관리부서를 설치하였다. 각 행정기관의 위법 또는 실직의 행위를 유효하게 감독, 심사 및 처리하기 위하여 정무원에 인민감찰위원회를 설치하였다. 이와 함께, 중요한 행정법규인 정무원인민감찰위원회시행조직조례를 제정하였다.

이 조례는 감찰위원회의 직권에 대하여 규정하였고, 감찰위원회는 각급 국가기관 및 그 공직 인원의 국가정책, 법률, 법령위반 또는 인민 및 국가이익의 훼손행위를 감찰하고, 그 위법 실직 행위에 대한 책임을 추궁하였다. 또 각급 감찰기관의 감찰업무를 지도하고, 결의와 명령을 반포하고, 그 집행을 심사하였으며, 인민 또는 각 사회단체가 국가기관이나 공직 인원의 위법 또는 실직의 행위에 대하여 제기하는 고발을 접수하고 처리하였다. 비록 건국 초기의 행정법은 상당히 낙후된 상태였지만, 새로운 국가기구를 법에 따라 조직하였고 동시에 국가행정기관 및 그 공직 인원의 권력 행사에 대한 규범과 제약에도 중점을 두었다고 할 수 있다. 즉 국가 행정권력을 제약하고 제한한다는 행정법상의 중요한 의미를 구체화하기 시작한 것이다.

1954년 신중국 헌법 제47조에서는 국무원이 최고국가행정기관임을 명확히 규정하였다. 헌법 제49조 제1항은 국무원이 헌법, 법률과 법령에 근거하여 행정조치를 규정하고, 결의와 명령을 공포하며, 이러한 결의와 명령의 실시 상황을 심사할 권한을 가진다고 규정하였다. 이와 동시에 국무원조직법을 공포하였다. 국무원 각 직능 부문 역시 각각 각자의 활동에 대한 조직규칙을 제정하였고, 각급 지방인민정부 역시 상응하는 조직규칙을 제정하였다. 이러한 규칙은 모두 정부행위의 규범화 원칙을 구체화한 것이었다.

건국 초기에서 1957년에 이르기까지의 기간을 종합하여 보면, 입법상 많은 성과를 거두었으며, 정부 역시 많은 행정법규, 단행조례와 규장을 제정하였다. 이 기간 동안 모두 4,072건의 법률, 법규, 조례 및 규장이 반포되었고, 그중 행정법규는 829건에 이른다. 이들 행정법규는 주로 국가 행정기관 조직의 규정과 사회경제, 정치, 문화와 사회생활의 각 영역 관리에 대한 권한과 직책을 규정하는 것이었다. 동시에, 국가기관업무인원의 임면에 관한 법규를 제정하기 시작하였고, 예컨대 제1기 전국인대상위회가 1957년 11월 반포한「현급이상인민위원회의 국가기관업무인원임면에 관한 조례」는 현급 이상의 인민위원회가 국가기관의 각급 업무인원을 임면하는 범위와 방법 및 절차 등에 대하여 구체적으로 규정하였다.

결국 건국 초기의 8년 동안, 중국의 행정법제는 정권의 수립과 함께 발전하였다. 그러나 새로 수립된 정권은 당·정이 서로 분리되지 못한 관계로, 공산당이 국가정권기관의 각 부문에 비하여 절대적 영도 지위를 차지하고, 인민 대중의 신임을 얻었다. 따라서 이 시기에 있어서 공산당의 정책은 주도적인 역할을 하였으며, 행정관리 영역에서 정책은 법률에 우선하였고, 많은 영역에서 정책은 법률을 대신하였다. 국가권력의 행사와 관련하여 인민의 의식 속에는 당·정 관계의 불명확이나 정책이 법률을 대치한다는 생각이 자리하였기 때문에, 이것은 곧 행정법제의 발전을 저해하였고, 나아가 행정법이 행정권력의 행사를 통제하는 기능을 충분히 발휘할 수 없도록 하였다.

1957년 시작된 반우파운동은 행정법제의 수립에 장애가 되었다. 당시 중국 법학계의 많은 학자들은 법제의 수호와 강화 차원에서 법제의 불비, 법이 있음에도 이에 의하지 않은 것, 정책의 중시와 법률의 경시, 인치의 중시와 법치의 경시 등의 문제에 대하여 많은 비평과 건의를 하였지만, 도리어 많은 비판을 받았다. 많은 학자들이 법률 지상, 법률로써 당의 정책에 대항 , 법률 지상으로써 공산당의 영도를 반대하고 취소한다는 죄명으로 우파분자로 몰려 죄인이 되고 박해를 받았다. 이러한 사회적 환경에서 행정법과 기타 관련 법제는 발전을 이룰 수 없었다.

1966년부터 1976년에 진행된 문화대혁명은 중국이 1950년대 초기에 수립한 법제를 전면적으로 파괴하기에 이르렀고, 행정법 역시 별다른 발전은 없었다. 문화대혁명 10년의 시기는 사회 정치 생활은 법적 통제를 상실한 상태였다.

개혁개방이 시작되기 전에, 사회는 정상적인 상태로 안정을 되찾았지만, 좌경 사상의 방해와 여러 가지 복잡한 원인으로 법제의 발전은 여전히 일천한 상태에 머물게 되었다. 전체적인 국가체제 가운데 행정기관의 권력은 통제를 상실할 정도로 팽창되었다. 한편으로 행정기관이 제정한 정책, 규장, 지시 등은 모든 기타 국가기관 및 공직 인원에 대하여 구속력을 가졌고 사실상 법률의 역할을 하였다. 실질적 구속력을 가진 정책, 규장, 지시 등은 일종의 행정법규로 취급되기보다는 오히려 당과 국가가 특정한 분야에서 사람들로 하여금 반드시 준수를 요구하는 것으로 인식되었다.

1978년 말 중공 중앙 3중 전회 이래, 개혁개방의 가속화와 더불어 중국은 새로운 법제 건설의 시기에 접어들었다. 그 이후 20여 년 중국의 행정법제는 현저한 발전이 있었다. 이 기간 중에는 우선 비교적 전면적인 행정법의 법원(法源)이 형성되었고, 여기에는 최고국가권력기관이 제정한 헌법과 법률, 최고국가행정기관(국무원)이 제정한 행정법규, 지방국가권력기관과 민족자치지방권력기관이 제정한 지방성법규, 자치조례 및 단행조례, 기타 헌법과 조직법의 수권에 의하여 중앙행정기관과 지방행정기관이 제정한 규장이 포함된다.

III. 행정법의 존재형식

중국 헌법은 중요한 행정법에 관한 원칙을 확립하였고, 여러 가지 행정법 관련규범을 포함하고 있다. 예를 들면, ① 인민의 국가관리에 대한 참여 원칙, 즉 인민주권원칙, ② 법제통일 원칙 즉 일체의 법률, 행정법규, 행정규장은 반드시 헌법과 법률에 부합하여야 하고, 행정기관의 행정행위는 반드시 법률에 의하여 행하여야 하며, 헌법과 법률에 위반한 모든 행정행위는 반드시 책임을 추궁한다는 원칙, ③ 행정기관과 그 업무인원은 인민의 감독을 받고, 공민의 권리를 보장한다는 원칙, ④ 행정기관의 업무책임제와 효율원칙, ⑤ 민족평등원칙 등이다.

헌법에 포함된 행정법 규범은 다음과 같다. ① 국가행정구역의 확정과 특별행정구 설치에 관한 규범, ② 공민의 기본권리와 의무에 관한 규범, ③ 국유경제조직, 집체경제조직, 외자 또는 합자경제조직 및 노동자의 행정법률 관계상의 권리와 의무에 관한 규범, ④ 국가의 교육, 과학, 의료위생, 체육, 문학예술, 신문 방송, 출판 발행 등의 발전에 관한 방침과 정책에 관한 규범, ⑤ 환경보호, 오염과 공해 방지, 산아제한과 정신문명 건설, 국방의 강화와 국가안전의 보위 및 사회질서 유지 등에 관한 규범 등이다.

법률은 행정법의 중요한 법원으로서, 전국인민대표대회 및 그 상무위원회가 제정한 법률이며, 국무원조직법, 지방각급인민대표대회와 지방각급인민정부조직법, 행정심판법, 행정소송법, 행정처벌법, 국가배상법 등을 예로 들 수 있다.

국무원이 헌법과 법률의 수권에 의하여 제정한 행정법규는 중국 행정법의 법원이다. 매년 국무원 공보에 등재되는 많은 행정법규는 국가의 경제, 사회, 문화 등 각 영역의 법률관계를 포함한다.

중국 헌법 제90조와 국무원조직법 제10조에 근거하여, 국무원 각부, 각 위원회와 기타 각 업무부문이 공포하는 부문규장은 중국 행정법의 중요한 법원이며, 행정법규에 비하여 그 수량도 많으며, 이 역시 행정법관계를 규율한다.

헌법 제100조와 제115조의 규정에 의하여 성, 자치구, 직할시 인민대표대회 및 그 상무위원회가 제정한 지방성법규, 지방조직법 제7조와 제43조의 규정에 의하여 성과 자치구의 정부가 소재한 시와 국무원의 허가를 받은 비교적 큰 도시의 인민대표대회 및 그 상무위원회가 제정한 지방성법규, 전국인대 및 그 상무위원회를 거쳐 제정한 지방성법규는 모두 중국 행정법의 중요한 법원이며, 이들은 각 지방의 행정관리에 관계된다.

헌법의 규정에 의하여 민족자치지방의 인민대표대회가 당해 지역의 정치, 경제와 문화적 특징에 근거하여 제정한 자치조례와 단행조례 역시 중국행정법의 중요한 법원이다. 자치조례와 단행조례는 성급의 자치구, 성 직할의 시급인 자치주와 현급인 자치현의 인민대표대회가 제정할 수 있다.

성, 자치구, 직할시의 인민정부, 성 자치구 인민정부가 소재한 시와 국무원이 비준한 비교적 큰 도시 및 경제특구시의 인민정부가 제정한 지방정부규장 역시 행정법의 법원이다. 지방정부규장은 지방정부가 직접 행정관리를 행하는 규범이며, 그 수량이 많을 뿐만 아니라 그 내용도 광범위하다. 예컨대 북경시인민정부가 매년 제정하는 규장은 수십 건이며 공안, 민정, 도시건설, 시정관리, 재무와 세무, 공상, 농업, 지질, 광산, 과학기술, 문교, 위생, 무역, 외사, 노동, 인사 등등의 영역에 관한 것이다.

중국이 참가한 국제협약, 중국과 외국이 체결한 각종 조약 또는 국가 간의 협정 등, 국내 행정관리에 관련된 내용은 국가행정기관과 공민, 법인 또는 외국인 사이의 행정법관계를 조정하는 행위준칙이 되며, 이 역시 행정법의 법원이 된다.

이 외에도 중국의 국가기관이 행한 법률해석, 즉 최고국가권력기관인 전국인대의 상무위원회가 행한 입법해석, 최고국가사법기관인 최고인민법원이 내린 심판해석과 최고인민검찰원의 검찰해석 즉 사법해석과 최고국가행정기관인 국무원이 행한 행정해석은 모두 행정법의 법원이 된다.

상술한 행정법의 존재 형식은 별도로 하고, 필자는 중국 행정법에 있어서 "규범성문건"에 대하여 주의할 필요가 있음을 지적하고자 한다. 규범성문건은 형식상 행정입법의 범주에 속하는 것은 아니지만, 중국의 행정법 영역에서 있어서 중요한 역할을 하기 때문이다.

규범성문건은 국가행정기관이 법률, 법규 및 규장의 집행을 위하여, 또한 사회에 대한 관리를 행하기 위하여, 법정권한과 법정절차에 따라 공포하는 것으로, 공민·법인 및 기타 조직의 행위를 규율하는 일반적 구속력을 가지는 행정명령으로 이해할 수 있다. 행정입법권은 행정법규와 규장

을 제정하는 권한으로서 헌법과 조직법이 비교적 높은 층차의 행정기관
(국무원, 성급 인민정부 등)에 수권하여 행사되는 것이지만, 규범성문건의
공포권은 헌법과 조직법이 거의 모든 행정기관이 행사하도록 하고 있
다.[1] 또한 규범성문건은 행정법규와 규장을 근거로 제정하고, 적어도 행
정법규와 규장에 저촉될 수 없다는 점이 특징이다. 규범성문건에 대한 상
세한 내용은 본서의 제5장에서 상세히 다루기로 하고 여기서는 더 이상
논의를 생략한다.

Ⅳ. 기초이론에 대한 논의 ─ 통제론과 평형론

오늘날 중국 행정법상 논쟁의 대상이 되고 있는 주된 기초이론은 주로
평형론, 통제론 및 관리론에 관한 것이다. 이는 행정법의 핵심적 문제에
대한 대표적 이론이라 할 수 있다.

관리론[2]은 권력을 본위로 하고 행정법은 당연히 정부가 공민을 관리
하는 법이어야 한다고 주장한다. 관리론은 특정의 필요한 시기에 있어서
그 나라의 정권 및 경제 건설에 적극적인 역할을 하는 것으로 인정된다.
관리론은 과거 독일, 프랑스, 일본 등 국가에서 한 때 유행하였고, 제2차

---

1) 헌법 제89조는, 국무원은 행정조치를 규정할 수 있고, 결정과 명령을 발할 수 있
   다고 규정한다. 헌법 제90조는, 각 부와 각 위원회는 명령과 지시를 발할 수 있다
   고 규정한다. 지방조직법 제59조는, 현급 이상의 지방 각급 인민정부는 행정조치
   를 규정하고 결정과 명령을 발할 수 있다고 규정한다. 지방조직법 제61조는, 향
   진 인민정부는 결정과 명령을 발할 수 있다고 규정한다. 따라서 헌법과 조직법이
   규정한 행정조치, 결정, 명령, 지시 등은 모두 행정규범성문건의 형식이라 할 수
   있다. 이와 달리 참고로, 국무원이 공포하는 行政法規는 條例, 規定, 辦法 등의
   법정명칭을 사용한다.
2) 행정주체가 명령권, 강제권, 처벌권을 가진다는 점에서 행정주체는 관리자의 위
   치에 있고, 상대인은 피관리자의 지위에 있다고 할 수 있다.

대전 후 전 소련과 개혁개방 이전의 중국에서 새로운 형태로 발전시킨 것이다. 관리론은 나라에 따라 그 기능은 차이가 있지만, 그 이론상 공통적인 특징을 가진다. 관리론은 행정법을 관리의 수단으로 보며, 행정상대인의 권리보장을 중시하지 않음으로써 민주와 법치 발전의 역사적 조류에 부합되지 않는다는 평가를 받고 있다. 오늘날 중국에 있어서 관리론을 주장하는 학자는 거의 없다고 볼 수 있다.

둘째, 통제론은 영미법 국가의 전통적인 법치행정 이론에 그 근거를 두며, 행정법은 마땅히 권리를 본위로 하여야 하고 행정권에 대하여 통제를 행하는 법으로 이해한다. 이러한 이론적 모델은 행정권의 남용방지와 상대방의 권리보장을 강조한다. 그러나 이 통제론은 평형론을 주장하는 학자들로부터 사법심사와 행정절차의 기능을 과도하게 강조하고 행정효율을 경시하며 현대국가의 적극행정이 필요로 하는 현실적 요구를 무시한다는 비판을 받는다.

셋째, 평형론은 덩샤오핑의 중국특색의 사회주의 건설 이론의 지도 아래 형성된 것이라 하며, 변증유물주의적 세계관과 방법론에 의지하고, 중국 및 외국의 행정법 경험을 분석하고 종합한 바탕 위에서, 행정법의 기본적 문제에 대한 답안을 제시한 이론체계라 주장한다. 이 이론은 어떻게 현대 사회에서 관련 법적 기제를 구성하고 개선할 것인가를 심도 있게 탐색하고, 평형의 원리로써 행정주체의 감독 및 행정상대인에 대하여 조정 통제를 행하고, 전체적으로는 행정주체와 상대인의 권리 의무 관계의 평형을 유지시키며, 공공의 이익과 개인의 이익을 동시에 고려함으로써 사회의 지속적인 안정과 발전을 확보한다는 것이다.

상술한 세 가지 기초 이론은 행정법의 기본적인 문제들과 관련하여 다음과 같이 요약할 수 있다. 즉 ① **가치방향의 문제**: 관리론은 국가이익을 중시하고 개체이익을 경시하며, 통제론은 개체의 이익을 중시하며 개인주의를 추구하고, 평형론은 권리와 의무의 통일과 공공이익과 개체이익을 동시에 고려한다. ② **권리** 의무에 관한 문제: 관리론은 행정주체의 권력을 본위로 하거나 공민의 의무를 본위로 하고, 통제론은 공민의 권리를 본위로 하며, 평형론은 행정법주체의 권리 의무의 평형을 본위로 한다. ③ 행정법의 기능 문제: 관리론은 행정주체가 관리를 유효하게 실시할 수 있도록 보장하며, 통제론은 공민의 권리를 보장하고 행정권을 통제하며, 평형론은 행정주체의 법치행정을 보장하고 감독하며 또한 공민의 위법행위를 제약하고 동시에 공민의 합법권익을 보호하는 기능을 한다. ④ 법적인 책임주체의 문제: 관리론은 행정상대인, 통제론은 행정주체, 평형론은 행정법주체에 중심을 두고 있다. ⑤ 권리구제 조치의 문제: 관리론은 행정상 구제나 청원에 중심을 두고, 통제론은 사법심사에, 평형론은 다양한 구제방법을 제시한다. ⑥ 절차목표의 문제: 관리론은 행정효율에, 통제론은 행정민주에, 평형론은 민주와 효율의 동시 고려에 중점을 둔다. ⑦ 행정참여의 문제: 관리론은 공민의 행정참여를 강조하지 않으며, 통제론은 형식상 강조하며, 평형론은 공민참여의 실질적 보장을 강조한다.

상술한 바와 같이 위의 세 가지 이론은 모두 그 특징을 가지고 있다. 그러나 필자가 우선 분명히 해 두고 싶은 것은, 비록 전통적 행정법제의 특색이 관리론적 모델을 취하고, 근대적 행정법제의 모델이 통제론적 모델을 취하며, 현대적 행정법제가 평형론적 모델이라는 중국학자의 주장도 있지만, 중국의 행정법 발전 역사가 곧 관리론에서 통제론으로, 통제론에서 발전을 거쳐 평형론으로 이행하게 된 것은 아니라는 것이다.

특히 평형론은 1993년 북경대학의 루오하오차이(羅豪才) 교수가 위엔수우홍(袁曙宏) 및 리원동(李文棟)과 공동 발표한 「현대행정법의 이론기초 — 행정기관과 상대방의 권리의무 평형」이라는 논문에서 처음 제기한 이래 이제 10여 년의 기간이 경과하였지만, 이 이론은 북경대학의 행정법 교수 지앙밍안(姜明安) 교수 등 북경대학을 중심으로 옹호되고 있는 정도이다. 대부분의 행정법학자는 통제론적 입장에 있거나 이들 세 가지 이론으로 한정하여 논의함에 대하여 부정적인 입장에 있다고 보여 진다.

필자의 이해에 의하면, 행정법제는 그야 말로 다양한 행정영역을 중심으로 형성되는 것이므로, 개별 법전이 갖는 구체적인 입법목적이나 기본원칙을 중심으로 그것이 관리론적 모델을 취하고 있는지, 통제론적 모델을 취하는지, 혹은 평형론적 모델을 취하는가를 파악하여야 한다고 본다. 예를 들면, 중국에 있어서 행정처벌법은 관리론적 모델에 가까운 입법이라 할 수 있으며, 행정절차법제는 통제론적 모델에 가깝다고 할 수 있고, 행정소송이나 행정배상은 평형론적 모델에 가깝다고 할 수 있다. 또한 개별 구체적인 조문의 해석을 통하여서도 이 세 가지 이론은 논의할 수 있다고 본다.

V. 주요 법제의 현상과 문제

1. 행정입법절차 — 행정법규의 제정절차에 한함

우선 행정입법절차에 대하여 살펴본다. 행정입법의 개념은 대체로, 특정의 국가행정기관이 법정권한과 절차에 의하여 행정관리에 관한 행정법규와 규장 등 규범성 문건을 제정, 개정 및 폐지하는 것으로 이해되고, 행정입법절차에 대하여는 크게 세 가지 측면, 즉 첫째, 행정입법절차는 행정절차의 형식에 해당된다. 둘째, 행정입법절차는 행정기관이 일반 추상적 행정행위를 행하는 절차이다. 셋째, 행정입법절차는 행정기관의 입법 활동에 관한 법정절차로 이해된다.

다음은 중화인민공화국입법법과 행정법규제정절차조례[3]에 의하여 국무원의 행정법규제정절차를 중심으로 살펴본다. 현행의 행정입법절차[4]는 다음과 같다.

---

3) 2001년 11월 16일 국무원령 제321호로 공포되었고, 2002년 1월 1일부터 시행됨.
4) 입법법 제57조, 행정법규제정절차조례 제10조에서 제16조 참조.

1) 입항(입법계획의 수립)절차

행정입법은 사회 경제 및 문화의 발전과 마찬가지로 민주, 법치 및 시장경제의 수요에 부응하여야 하고 계획적으로 이루어져야 한다. 행정입법계획은 5개년계획과 연도계획으로 구분되며, 행정입법 5개년계획은 국민경제와 사회발전 5개년계획에 편입되며, 연도계획은 국민경제와 사회발전 연도계획이 규정한 구체적 내용에 근거하여 제정한다. 행정법규제정절차조례의 규정에 의하면 주요 입항절차는 다음과 같다.

국무원은 매년 초에 당해연도의 입법계획을 수립하여야 한다. 국무원 관련부문이 행정법규의 제정이 필요하다고 인정하는 경우, 매년 연초에 국무원이 연도입법계획을 수립하기 전에 국무원에 입항을 요청하여야 한다. 국무원의 연도입법업무계획에 편입되는 행정법규 항목은 반드시 개혁의 추진 및 안정적 수요에 부합하여야 하고, 관련 법제에 관한 경험이 어느 정도 성숙되어야 하며, 의도하는 문제가 국무원의 직권 범위에 속하여야 한다.

2) 법안의 기초절차

입법법과 행정법규제정절차조례의 규정에 의하면, 행정법규의 기초절차는 다음과 같다. 행정법규는 국무원의 조직기구가 기초한다. 국무원의 연도입법계획이 확정한 행정법규는 국무원의 한개 부문 또는 몇 개의 부문이 구체적으로 입법기초에 대한 책임을 맡거나, 국무원 법제기구나 조직 역시 법안을 기초할 수 있다. 행정법규의 기초는 심도 있는 연구와 조사 및 실무경험을 종합하여야 하고, 관련 기관이나 조직 또는 공민의 의견을 널리 청취하여야 한다. 의견 청취는 좌담회, 공청회 등 각종 형식을 취할 수 있다. 입법을 기초한 부문이 국무원에 송부한 심의법안은 반드시 기초부문의 주요 책임자가 서명하여야 한다. 몇 개 부문이 공동으로 기초한 행정법규의 심의법안은 심의에 참여한 부문의 주요 책임자가 공동으로 서명하여야 한다.

3) 심사절차

국무원에 송부된 행정법규 심의안은 국무원의 법제기구가 심사에 대한 책임을 진다. 국무원의 법제기구는 주로 다섯 가지 분야에 대하여 심의한다. 우선, 헌법이나 법률의 규정, 국가의 방침 정책에 부합하는지 여부를 심사한다. 둘째, 행정법규제정절차조례 제11조의 규정5)에 부합하는지를 심사한다. 셋째 관련 행정법규와의 조화와 관련 여부를 심사한다. 넷째 관련 기관, 조직 및 공민의 심의법안의 주요 문제에 대한 의견의 정확한 처리 여부를 심사한다. 다섯째 기타 심사에 필요한 내용을 심사한다.

국무원 법제기구는 행정법규 심의안 또는 심의안과 관련된 주요문제를 반드시 국무원 관련부문, 지방인민정부, 관련 조직과 전문가에게 보내어 의견을 수렴하여야 한다. 국무원 관련부문, 지방인민정부가 회신하는 서면의견은 반드시 당해 기관의 인장을 날인하여야 한다. 국무원 법제기구는 각 방면의 의견을 진지하게 검토하여, 입안한 부문과 협의하고, 행정법규에 대한 수정을 진행한 후, 행정법규 초안을 만들고 초안에 대한 설명을 하여야 한다.

국무원 법제기구가 작성한 초안은 국무원 법제기구 주요 책임자가 국무원 상무회의 심의를 위한 건의를 한다. 규율하는 범위가 단순하거나 각 방면의 의견이 일치하는 경우 또는 법률에 근거하여 제정하는 행정법규 초안은 보고의 형식을 취할 수 있고, 국무원 법제기구가 직접 국무원에 비준(허가)을 제청할 수 있다.

4) 결정과 공포절차

국무원을 통과하는 행정법규는 전국인대 및 그 상무위원회를 통과하는 법률과는 결정절차상 차이가 있는 바, 이는 국무원을 통과하는 행정입

---

5) 주로 다음이 요구에 부합하여야 함을 규정한다. 즉 첫째 개혁정신을 구현하고 행정행위를 과학적으로 규율할 것, 둘째 간이·통일·효율의 원칙에 부합할 것, 셋째 공민의 합법권익을 확실히 보장할 것, 넷째 행정기관의 직권과 책임의 통일원칙을 구현할 것 등이다.

법은 표결제를 택하지 않고 결정제를 채택한다. 입법법 제60조는, "행정법규의 결정절차는 중화인민공화국국무원조직법의 관련규정에 따라 처리한다."고 규정한다. 국무원은 총리책임제를 실시하기 때문에, 국무원이 행정법규를 통과시킬 것인가의 여부는 총리가 최종적으로 결정한다.

행정법규제정절차조례는 행정법규 초안은 국무원 상무회의의 심의 또는 국무원이 비준한다고 규정한다. 국무원 법제기구는 국무원의 행정법규 초안에 대한 심의의견을 근거로 행정법규 초안에 대한 수정을 진행하고, 초안에 대한 수정안을 만들어 총리가 서명하는 국무원령의 공포를 제청하여야 한다. 행정법규는 서명 공포 후 즉시로 국무원 공보와 전국 범위에 발행되는 신문지상에 게재한다. 행정법규는 공포한 날로부터 30일 후에 시행한다. 그러나 국가안전, 외환의 환율이나 화폐정책의 확정, 또는 공포 후 즉시 시행하지 않을 경우 행정법규의 시행에 장애가 있는 경우에는 공포일로부터 시행할 수 있다.

5) 소결

위에서는 중국의 국무원 행정입법절차를 간단히 살펴보았다. 중국의 행정입법에 대한 문제점과 관련하여서는 중국에서도 많은 학자들이 각자의 관점에 따라 지적하고 있다. 대체로 요약하면, 첫째 행정입법의 대규모 출현과 국가의 시장에 대한 간섭의 강화로 인한 여러 가지 폐단의 발생, 둘째 행정기관에 의한 자의적인 입법, 셋째 각 지방 또는 부문의 지방보호주의 또는 부문이익 보호주의에 의한 입법의 추진, 넷째 행정입법의 내용상 공민과 시장경제 주체의 합법권익 보호의 부족, 다섯째 현실과 괴리되는 법규의 제정에 따른 실효성의 미흡, 여섯째 조문 내용의 불명확성 등이 지적되고 있다.

이러한 문제점을 고려하면 행정입법절차의 개선과 관련하여 다음과 같은 개선안이 제시될 수 있다. 첫째, 행정입법에 대한 의견 제출의 절차를 확립하는 것이다. 입법계획을 확정할 경우 당연히 민중의 의견을 고려하여야 하고, 사회 각계의 입법에 대한 요구를 수렴할 수 있는 기제를 마

련하여야 한다. 둘째, 입법계획은 반드시 일반에 공개하여야 한다. 입법
계획은 행정기관의 입법에 대한 계획이지만, 입법내용의 민주성과 정당
성을 확보하기 위해서는 그 내용을 공개하여야 하며, 공민이 이에 대한
의견을 진술할 기회를 가지도록 하여야 한다. 셋째, 행정절차법을 제정하
여 행정입법절차를 절차법적 차원에서 규율할 필요가 있다고 본다. 행정
입법 내용의 합법성과 타당성을 확보하기 위해서는 사후통제 뿐만 아니
라, 행정입법을 행하는 과정에서 공정한 절차를 이행토록 하여 사전통제
및 과정 중의 통제를 실시하여야 할 필요가 있는 것이라 본다.

2. 행정처벌법제

1996년 3월 17일 제8기 전국인민대표대회 제4차 회의에서 통과된 중화
인민공화국행정처벌법은 입법체제상 단행법전의 형식을 취하고 있다. 행
정처벌법에서 모든 행정처벌에서 준수해야 할 일반적 절차를 규정하였을
뿐만 아니라 행정처벌의 범위, 종류,6) 적용주체 및 처벌의 집행 등에 관
한 문제에 대하여 규정하였다. 행정처벌법에서 규정한 처벌절차를 살펴
보면 대략 다음과 같이 요약할 수 있다.

1) 행정처벌결정의 간이절차

행정처벌의 간이절차는 현장에서 행정처벌결정을 하는 경우에 반드시
준수해야 하는 절차이다. 행정처벌법의 규정에 의하면, 위법사실이 명확
하며 법적 근거가 있고, 공민에 대하여 인민폐 50원 이하, 법인 또는 기타
단체에 대하여는 인민폐 1,000원 이하의 벌금 또는 경고의 행정처벌을 하
는 경우에 현장에서 행정처벌 결정을 할 수 있다. 현장에서 행하는 행정

---

6) 행정처벌의 종류는 ① 경고, ② 벌금, ③ 위법소득의 몰수와 불법재물의 몰수, ④
  생산·영업정지 명령, ⑤ 허가증의 압류 또는 취소 및 면허증의 압류나 취소, ⑥
  행정구류, ⑦ 법률 또는 행정법규가 규정한 기타 행정처벌이다.

처벌 결정은 다음의 절차를 준수하여야 한다. 첫째, 신분 증명의 제시이다. 집행인원은 현장에서 즉시 행정처벌을 하는 경우 반드시 당사자에 대하여 신분증을 제시하여야 한다. 둘째, 규정된 서식과 일련번호가 있는 행정처벌결정서에 기재한다. 행정처벌결정서는 반드시 당사자의 위법행위, 행정처벌의 근거, 벌금의 액수, 시간, 지점 및 행정기관의 명칭을 기재하여야 하고, 집행자가 서명 또는 날인하여야 한다. 셋째, 행정처벌결정서는 현장에서 당사자에게 교부한다. 넷째, 현장에서 행한 행정처벌결정서는 소속행정기관에 보고한다.

2) 행정처벌결정의 일반절차

행정처벌결정의 일반절차는 법에 의하여 간이절차를 적용하는 사건 이외의 행정처벌사건에 대하여 적용하는 절차이다. 간이절차에 비하여, 일반절차는 행정처벌결정의 기본적인 절차이고, 엄격하고 완전하며 적용범위가 광범위한 것이 특징이다. 행정처벌법의 규정에 의하면, 행정처벌결정의 일반절차는 다음과 같다.

첫째, 조사 및 증거의 확보이다. 행정처벌법은 간이절차를 적용하여 현장에서 행정처벌을 하는 경우 외에, 행정기관이 공민, 법인 또는 기타 단체에 대하여 당연히 행정처벌을 하여야 하는 행위를 발견한 경우에는 반드시 전면적이고 객관적이며 공정하게 조사하고 관련 증거를 수집하여야 한다고 규정한다. 필요한 경우에는 법률이나 법규의 규정에 의하여 검사를 행할 수 있다.

행정기관이 조사나 검사를 행하는 경우에는 적어도 2인 이상이 실시하여야 하며, 당사자 또는 관련자에 대하여 증표를 제시하여야 한다. 당사자 또는 관련자는 반드시 사실에 따라 질문에 응답하여야 하고, 조사나 검사에 협조하여야 하며 이를 방해할 수 없다. 질문이나 검사는 반드시 문서로 기록하여야 한다. 행정기관은 증거를 수집하는 경우에 무작위 추출의 증거 수집방식을 사용할 수 있다. 증거의 멸실 가능성이 있거나 이후에 다시 확보하기 어려운 경우에는 행정기관 책임자의 허가를 거쳐 우선적으로 등기 보존할 수 있고, 아울러 7일 이내에 즉시 처리결정을 하여야 하며, 이 기간 동안 당사자 또는 관련자는 증거를 훼손 또는 변경시킬 수 없다. 집행인원이 당사자와 직접적인 이해관계를 가지는 경우에는 회피하여야 한다.

둘째, 심사결정이다. 조사가 종결되면 행정기관의 책임자는 반드시 조사결과에 대한 심사를 행하고 각각의 경우에 상응하는 결정을 한다. 행정처벌을 받아야 하는 명백한 위법행위가 있는 경우에는 사안의 경중과 구체적인 상황에 따라 행정처벌 결정을 한다. 위법행위가 경미하여 법에 의하여 행정처벌을 하지 아니할 수 있는 경우에는 행정처벌을 하지 않는다. 위법사실이 성립하지 않는 경우에는 행정처벌을 할 수 없다. 위법행위가 범죄를 구성하는 경우에는 사법기관에 이관한다. 사인이 복잡하거나 중대한 위법행위에 대하여 비교적 무거운 행정처벌을 하는 경우에는 행정기관의 책임자가 집체토론을 거쳐 결정하여야 한다.

셋째, 처벌결정서의 작성이다. 행정기관은 법에 따라 행정처벌을 하는 결정을 한 후에는 반드시 행정처벌결정서를 작성하여야 한다. 행정처벌결정서에는 다음 사항을 기재하여야 한다. 즉 당사자의 성명 또는 명칭과 주소, 법률 법규 또는 규장을 위반한 사실과 증거, 행정처벌의 종류와 근거, 행정처벌의 이행방식과 기한, 행정처벌에 불복하여 행정심판 또는 행정소송을 제기할 경우의 경로와 기간, 행정처벌결정을 한 행정기관의 명칭과 결정한 날짜이다. 그 외에 행정처벌결정서는 반드시 행정처벌결정을 한 행정기관의 인장을 날인하여야 한다.

넷째, 행정처벌결정서의 교부 또는 송달이다. 행정처벌결정서는 행정처벌의 선고 후 현장에서 당사자에게 교부하여야 한다. 당사자가 현장에 없는 경우에는, 행정기관은 7일 이내에 민사소송법의 관련 규정에 따라 행정처벌결정서를 당사자에게 송달하여야 한다.

3) 행정처벌법상의 청문절차

행정처벌법 제42조는 청문절차에 대하여 규정한 바, 비록 현행의 청문제도가 적용 범위나 조건에 있어서 매우 엄격하고 아직도 미비한 점이 많지만, 중국 행정법의 역사적 측면에서 획기적 진보임에 틀림없다. 이는 또한 행정절차의 법제화를 가속화하는데 있어서 중대한 조치라 할 수 있다.

현행의 청문제도에 의하면 그 적용범위에 있어서 세 가지 행정처벌이 포함된다. 즉 ① 생산 또는 조업의 정지명령, ② 허가증 또는 면허증의 취소, ③ 비교적 많은 액수의 벌금이다. 이 세 종류의 행정처벌은 당사자에게 있어서는 모두 중대한 이익에 관계된다. 행정처벌법은 청문절차의 적용범위를 이 세 가지에 한정하고 있다.

또한, 청문의 실시는 당사자가 청문의 실시를 요구하는 경우에 한하여 실시된다. 행정상대인의 측에서 보면 청문의 요구는 바로 권리이며, 이 권리를 행사하는 경우에 비로소 행정기관은 청문을 실시할 의무가 있는 것이다.

청문은 다음의 절차에 따라 진행된다. ① 당사자가 청문을 요구하는 경우, 행정기관이 고지한 후 3일 이내에 청문의 실시를 요구하여야 한다. ② 행정기관은 청문 실시의 7일 전에 당사자에게 청문을 실시할 시간과 장소를 통지하여야 한다. ③ 국가기밀, 상업비밀 또는 개인 사생활에 관계되는 것 외에는 청문은 공개로 진행한다. ④ 청문은 행정기관이 지정한 사람으로 당해 사건의 조사에 관계하지 않은 사람으로 하며, 당사자는 청문의 주재자와 당해 사건이 직접적인 이해관계가 있다고 인정하는 경우에 회피를 신청할 권리가 있다. ⑤ 당사자는 직접 청문에 참가할 수 있으며, 1명 내지 2명의 대리인에 위탁할 수 있다. ⑥ 청문을 실시할 경우, 조사인원은 당사자의 위법사실, 증거 및 행정처벌의 건의를 제기하고, 당사자는 변명과 증거에 항변할 수 있다. ⑦ 청문의 종결 후, 행정기관은 행정처벌법 제38조의 규정에 의하여 행정처벌의 결정을 한다.

4) 소결

청문의 적용범위와 관련하여, 생산 또는 조업의 정지명령, 허가증 또는 면허증의 취소, 비교적 많은 액수의 벌금 등 세 가지 종류로 제한하고 있음은 비판을 받고 있다.7) 예컨대, 이들 세 가지 보다 더욱 더 당사자의 권리에 대하여 심각한 영향을 줄 수 있는 행정구류 등이 포함되지 않았고, 이는 곧 당사자의 기본권 보호에 영향을 미치는 것이다. 또한 얼마 정도의 액수가 비교적 많은 액수의 벌금인지 법률규정은 이를 명확히 정하지 않고 있다. 이 외에도, 청문을 신청할 신청인의 범위를 확대할 필요가 있다. 즉 이해관계인에 대한 참여를 인정하는 것이 필요하다. 청문에 참여하지 않은 이해관계인이 행정심판을 청구하거나 행정소송을 제기하는 경우8) 행정행위의 절차상의 합법성 심사가 어렵다.

3. 행정소송법제

행정소송법과 관련하여 여러 가지 문제점이 제기되고 있지만, 그 중 두 가지 내용에 대하여만 간략히 검토하고 자세한 내용은 본서의 제8장을 참고하는 것으로 한다.

우선, 행정소송법 제11조는 행정소송의 수리범위에 대하여 규정한 바, 9가지 열거된 경우에 한하여 사건을 수리하고 있다. 즉 ① 구류, 벌금, 허가증과 면허증의 취소, 영업 또는 생산의 정지, 재산의 몰수 등 강제조치에 불복하는 경우, ② 신체의 자유를 제한하거나 재산에 대한 압류, 동결 등 강제조치에 불복하는 경우, ③ 행정행위가 법규가 정한 경영자주권을 침해하는 경우, ④ 법에 의한 허가신청을 행정기관이 거부하거나 불허를 결정한 경우, ⑤ 재산권에 대한 보호를 신청하였으나 행정기관이 거부하거나 불허를 결정한 경우, ⑥ 행정기관이 법정의 연금 위자료 등을 지급하지 않는 경우, ⑦ 행정기관이 위법하게 의무부담을 요구하는 경우, ⑧ 행정기관이 기타의 신체권이나 재산권을 침해하는 경우, ⑨ 법률, 법규의

---

7) 應松年 編著, 「行政程序法立法硏究」, 中國法制出版社 2001年, p.439.
8) 행정심판법과 행정소송법은 이해관계인의 심판청구 또는 소송제기를 인정하고 있다.

규정에 따라 행정소송을 제기할 수 있는 경우이다.

이와 동시에, 행정소송법 제12조는 행정소송을 제기할 수 없는 배제규정을 두고 있다. 즉 ① 국방이나 외교 등 국가행위, ② 행정법규, 규장 또는 행정기관이 제정한 구속력 있는 결정, 명령 등 추상적 행정행위, ③ 행정기관이 공무원에 대하여 행한 인사에 관한 결정, ④ 법 규정에 의하여 행정기관이 최종적으로 재결한9) 구체적 행정행위이다.

여기서, 행정소송의 대상 범위에 대하여 열기주의를 취하고 있음을 확인하였다. 개괄주의에 비하여 공민의 권리 구제 범위에 있어서 상당한 차이가 있고, 각각의 열거 규정에 대한 명확한 개념이나 범위에 대한 확정이 필요하게 된다. 제12조에서 규정한 행정소송의 배제조항 역시 여러 가지 문제점을 안고 있다. 예컨대 행정기관이 제정 공포한 구속력 있는 결정이나 명령의 범위는 명확하지 않기 때문에 그 범위를 명확히 할 필요가 있고, 이 역시 상대방의 권리 구제범위와 직결되는 문제이다.

다음, 행정소송법은 유지판결, 취소판결, 이행판결, 변경판결의 네 가지 종류를 규정하고 있다. 이로써 무효인 행정행위의 존재에 여지를 두고 있지 않다. 중국의 행정입법과 법학 이론에서 무효인 행정행위에 대한 내용을 찾기 힘든 것은 개인은 무조건적으로 국가나 정부권력에 복종하여야 하고 의문과 도전을 용납하지 않는다는 전통적 개념과 관련이 큰 것으로 보여 진다. 또한 행정법은 행정행위의 무효와 취소를 구분하지 않는다. 중국의 헌법, 지방각급인민대표대회와 지방각급인민정부조직법은, 전국인대와 각급정부는 위법한 행정행위에 대하여 취소 또는 변경할 권한을 가진다고 규정하지만, 무효 확인에 관한 내용은 없다. 취소권의 행사와 관련하여, 인민법원의 쟁송취소가 엄격한 제척기간의 제한을 받고 있는 것 외에는, 인민대표대회와 행정기관의 취소권은 시간, 신뢰보호, 공공이익 등 요인의 제약을 받지 않는다.

---

9) 행정심판법 제30조 제2항 참조(성, 자치구, 직할시 인민정부가 토지, 광산, 수류, 삼림, 산령, 초원, 황무지, 모래사장, 해역 등 자연자원의 소유권 또는 사용권을 확인하는 행정심판결정을 하는 경우 이를 최종 재결로 한다).

무효행위에 관한 최초의 규정은 행정처벌법 제3조 제2항에서 "법정 근거가 없거나 법정절차를 준수하지 않은 행정처벌은 무효이다"라고 규정한 것이다. 그러나 이에 관한 해석이나 규정이 불명확하기 때문에, 중국의 행정법이 무효와 취소할 수 있는 행정행위의 구분을 전면적으로 수용하기 시작하였다고 보기에는 무리가 있다.[10] 무효확인소송에 관한 이론연구와 입법에 의한 해결의 필요성이 있으며, 이로써 통상 취소판결로 해결하고 있는 판결방법을 개선하여 당사자의 합법권익을 명확히 보호할 필요가 있다.

4. 국가배상법제

국가배상법이 가지고 있는 입법상의 중요한 결함은, 첫째 국가배상의 범위가 좁다는 것, 둘째 국가배상의 표준이 낮다는 것, 셋째 배상절차상의 문제, 넷째 배상비용의 지급방식에 문제가 있다는 것이다. 국가배상법제에 대한 상세한 내용은 본서의 제10장에서 살펴보기로 한다.

우선, 국가배상의 범위와 관련하여 가장 두드러진 것은, 현행 국가배상법이 도로, 교량 등 영조물의 설치 관리상 하자로 인하여 발생되는 손해에 대하여 규정하고 있지 않다는 것이다. 영조물의 설치 관리의 하자로 인한 손해 배상은 민법통칙 등의 규정에 의하여 관리책임을 진 사업단위에 대하여 배상을 청구하는 실정이다. 또한 손실보상의 문제 역시 국가배상법이 규정하고 있지 않은 점이다.

---

10) 다만, 최고인민법원의 사법해석인 《중화인민공화국행정소송법 약간문제의 집행에 관한 해석》 제57조 제2항 제3호는, "소송이 제기된 구체적 행정행위가 법에 의하여 불성립 또는 무효인 경우, 인민법원은 당연히 무효 확인판결을 하여야 한다."고 규정하고 있다. 이로써 행정행위에 대한 무효 확인 제도의 확립을 확인할 수 있으나 그 판단 기준이 불명확하고, 이것을 규정한 것이 사법해석이라는 점을 감안하면 입법을 통한 개선이 필요하다고 본다.

둘째, 국가배상법은 재산의 손실에 대하여, 원칙상 직접 손실을 대상으로 하고 법적 기대 가능한 이익의 손실에 대한 배상을 인정하지 않는다. 예컨대 위법한 몰수, 위법한 징수의 금전에 대하여 원금의 상환만 규정하고 이자를 인정하지 않으며, 재산이 이미 경매 처분된 경우에는 그 경매 소득의 금액을 지급할 뿐이다. 또한 국가배상법은 정신상의 손해배상을 인정하지 않고 있는 점이 문제가 된다.

셋째, 국가배상절차상의 문제로, 통상적으로는 당사자가 국가배상을 요구하려면 반드시 사전에 관련 기관의 행위가 위법함을 확인 받아야 하는데(법원, 검찰, 공안기관의 확인), 확인을 받지 않으며 배상을 요구할 수 없다. 이 확인 절차는 당사자가 국가배상을 청구하는 데 있어서 장애요인으로 작용하고 있다.

넷째, ≪국가배상비용관리판법≫은, 국가배상에 관한 비용은 배상의무기관이 우선 당해 사업장의 예산과 경비 중에서 지급하고, 지급 후 다시 동급 재정기관에 자금을 신청하도록 규정하고 있다. 현실적으로는 배상 판결을 받은 후에도 의무기관이 이미 국가배상기금을 다 소비하여 배상을 받지 못하는 경우도 있다.

상술한 국가배상법 관련 문제는 입법을 통한 조속한 해결이 필요하며, 국가배상법의 관련 규정에 대한 개선을 통하여 정부의 법률 준수에 대한 수준을 제고시키고, 아울러 정부의 침해행위 역시 배상책임을 명확히 진다는 공민의 국가배상법제에 대한 신뢰성을 회복시킬 필요가 있다.

VI. 중국 행정법의 과제

1. 법제환경의 변화와 헌법개정의 논의

중국의 WTO 가입은 중국이 경제 세계화에 대응하는 필연적 선택이라 할 수 있다. 경제 세계화는 각국 경제의 시장화와 국제 간에 있어서 시장의 일체화라 할 수 있다. WTO 가입은 국민경제의 발전과 세계 시장체제로의 가입에서 오는 기회와 도전뿐만 아니라 법제 전반에 대한 새로운 조정을 요구하고 있다. 또한, WTO 가입뿐만 아니라 세계인권협약의 승인, 서부 대개발사업의 진행,[11] 현대적 과학기술의 발달 등은 현행 법규정의 개선을 필요로 하고 있다.

이러한 법제 환경의 변화로 인하여 헌법 개정에 대한 주장과 논의도 지속적으로 진행되고 있는 바, 학자들의 견해에 따라 다르지만 대체로 다음과 같은 점에서 개정의 필요성이 제기되고 있다. 첫째, 헌법소송(헌법재판)제도의 확립, 둘째 헌법과 집권당이 관계에 대한 합리적 조정, 셋째 인민대표대회의 지위와 기능에 대한 재검토, 넷째 선거제도의 민주화, 다섯째 중앙과 지방의 권한 배분에 관한 문제, 여섯째 헌법상 공민의 인권보장 강화, 일곱째 헌법 이론 체계의 확립 등이다.[12]

상술한 바와 같이 제시되고 있는 헌법 개정의 방향은 곧 현행 헌법이 직면하고 있는 문제 가운데 가장 시급히 해결해야 하는 것이기도 하다. 차후 헌법개정이 이루어진다면 이러한 문제가 중심에 놓일 것으로 본다. 물론 헌법개정의 문제는 후속 행정법제의 개선에도 중요한 역할을 할 것

---

11) 서부 대개발사업의 추진과 관련하여 시급한 행정법 분야의 법제로는 ① 재정과 세수에 관한 것, ② 정부의 시장에 대한 효율적 감독에 대한 것, ③ 행정조직에 관한 것, ④ 인적 자원에 관한 것, ⑤ 경제발전 계획에 관한 것, ⑥ 서부지역의 자원 배치와 지속적 발전에 관한 것 등이 제기된다.

12) 韓大元, "中國憲法學的動向與課題," 「憲法學 行政法學」, 中國人民大學書報資料中心 2003年 1기, pp.87-92.

이라는 것은 자명하다.

2. 행정법제의 향후 과제

현실적으로 WTO는 중국에 대하여 무역, 서비스, 지적재산권 등과 관련된 법규의 공정하고 합리적인 집행을 요구할 뿐만 아니라 각종 법규의 공포를 포함하여 투명한 집행을 요구하고 있다. 이와 관련하여 행정법 영역에서는 행정주체론, 행정행위론, 행정상대인의 권리, 공무원 제도, 행정행위에 대한 사법심사, 특별행정법 부문의 연구 등 각 분야에 있어서 그 영향을 받고 있다.[13]

행정법규의 완비 역시 중국 자체의 법치국가 건설을 위한 내부적 노력의 일부로 평가될 수 있지만 무엇보다 WTO 가입이라는 외부적 영향이 크다는 것을 생각할 수 있다. 이처럼 중국은 내부적인 법제건설의 필요성 인식과 외부적인 법제 환경의 변화로 그야말로 법제 개혁의 전기를 맞고 있다. 다만 이러한 기회와 도전의 시기를 맞이하여 각 개별 단행법의 제정을 통하여 어느 정도 공민의 권리 이익을 보장할 수 있을 것인가 하는 것이 중요한 문제가 된다. 결국 행정법제의 개혁에 있어서 가장 핵심이 되는 것은, 중국 헌법 제2조에서 천명한 바, "중화인민공화국의 일체 권력은 인민에 속한다."는 가장 기본적인 헌법 원리가 어느 정도 이해되고 실천되는가에 따라 개혁의 성패가 좌우된다 할 것이다.

---

13) 최근 보도에 의하면, 국무원 계통에 있어서 2,300여 건의 법률 문건에 대한 수정 정리를 한 바, 그중 830여 건이 폐지되고 325건이 개정되었다고 한다.

|참고문헌|

1. 韓大元 外 共著, 「現代中國法槪論」, 博英社 2002年.
2. 韓大元, "中國憲法學的動向與課題," 「憲法學 行政法學」, 中國人民大學書報資料中心 2003年 1기.
3. 羅豪才 編著, 「現代行政法的平衡理論」, 北京大學出版社 1997年.
4. 姜明安 編著, 「行政法與行政訴訟法」, 北京大學出版社 1999年.
5. 孫笑俠, 「法律對行政的控制」, 山東人民出版社 1999年.
6. 劉恒, 「行政救濟制度研究」, 法律出版社 1998年.
7. 朱林 譯, 「德國普通行政法」, 中國政法大學出版社 1999年.
8. 應松年 編著, 「行政程序法立法研究」, 中國法制出版社 2001年.
9. 應松年, "國家賠償法的修改建議," 「憲法學 行政法學」, 中國人民大學書報資料中心 2002年 1기.
10. 鄭二根, "中韓行政節次法制比較研究," 中國人民大學博士學位論文 2003年.
11. 童之偉, "與時俱進 完善憲法," 「憲法學 行政法學」, 中國人民大學書報資料中心 2003年 3기.
12. 楊海坤, "中國走向憲政之路," 「憲法學 行政法學」, 中國人民大學書報資料中心 2002年 2기.

규범성문건

I. 서론

　정치적으로 중국은 무산계급독재 즉 노동자계급이 영도하고 노동자와
농민의 연맹을 기초로 하는 인민민주전정(人民民主專政)을 실행하는 국가
로 표현된다. 또한 중국은 개혁개방 이래 많은 경제적 발전을 이룩하였지
만 마르크스레닌주의나 마오쩌둥사상은 여전히 유효하며, 현재에 이르러
는 덩샤오핑이론 및 삼개대표사상1)의 지도아래 인민민주전정을 실행한

---

1) 중공 중앙이 제시한 삼개대표 이론은, 즉 중국 공산당이 시종일관 중국의 선진생
　산력의 발전적 요구를 대표하고, 시종일관 중국의 선진문화의 전진방향을 대표하
　고, 시종일관 널리 인민의 근본이익을 대표하여야 한다는 것을 내용으로 한다. 이
　것은 우선 중국 공산당은 영도당이고 집권당이며, 따라서 삼개대표 이론은 당연
　히 중국의 정권건설, 정치체제 개혁 및 중국 헌법의 발전에 대하여 광범위한 영향
　을 미친다는 것이다. 삼개대표 이론을 견지함은 바로 역사유물주의를 견지하는
　것이고, 헌법 영역에서는 주권재민, 인민의 이익이 일체에 우선하며, 모든 사람이
　법 앞에 평등하다는 헌법상의 원칙을 관철하는 것과 같다고 한다. 楊海坤, "中國
　走向憲政之路," 「憲法學 行政法學」, 中國人民大學資料中心 2002年 2期, p.14.

다고 하며, 인민민주전정의 과정에서 사회주의법제건설이 필요하다고 강조한다.2)

중국 법학에서 사회주의법제의 기본적인 내용은 사회주의 민주의 제도화와 법률화, 사회주의 법률의 권위 확립, 법에 의한 사무처리로 하고 있으며 그 기본원칙은 법이 있어 근거할 수 있어야 하고, 근거할 법이 있으면 반드시 이를 근거로 하여야 하고, 법의 집행은 엄격히 하여야 하며, 위반하는 자에 대하여 반드시 책임을 추궁한다는 것으로3) 설명된다. 또한 과거 덩샤오핑은 사회주의는 고도로 민주화되고 완비된 법제와 안정적 사회 환경을 갖추어야 한다고 역설한 바 있고, 장쩌민 역시 사회주의 민주와 법제는 사회주의 현대화 건설의 중요한 목표가 된다고 강조한 바 있다.4)

중국의 WTO에 가입과 더불어 특히 행정의 공정성과 투명성이 강조되고 불이익한 행정처분을 하는 경우 청문이나 이유를 설명할 기회를 부여하여야 한다는 등 행정의 민주화와 입법이나 사법수준의 향상 등 법제의 세계화를 위한 국가적인 노력이 이루어지고 있다. 이에 법제의 선진화를 지속적으로 추진하고 여러 영역에서 가시적인 결과가 나타나고 있지만, 여전히 많은 개선의 여지를 남겨두고 있다. 중국 공산당의 방침정책이나 의지가 법 규범으로 표현된 것이 헌법이나 법률이며 더 나아가 행정법규, 지방성법규, 규장 또는 규범성문건으로 규범화되는 것으로 이해하고 과거 무소불위의 권력을 행사하던 국무원 이하 각 행정기관은 내 외적 변화에도 불구하고 여전히 추상적 행정행위의 형식 특히 규범성문건의 형식으로써 공민의 자유와 재산을 제한하는 것이다. 그동안 사회주의법제의 확립을 강조하면서도 공민의 자유와 재산을 적극적으로 보장하여야

---

2) 마르크스주의의 精髓는 人民民主專政이며 정권의 공고화를 위하여 사회주의법제의 수립이 필요한 것이라 한다.
3) 즉 有法可依, 有法必依, 執法必嚴, 違法必究의 내용이다.
4) 덩샤오핑 및 장쩌민의 법제건설 강조에 대해 상세한 것은 楊建順·李元起, 「行政法與行政訴訟法敎學參考書」, 中國人民大學出版社 2003年, p.40 이하 참조바랍니다.

한다는 것을 강조하지 않은 것도 이와 무관하지 않을 것이다.

중국법상 특히 행정법 영역에서 주로 논의되지만 추상적 행정행위의 형식 가운데서 규범성문건이라는 것이 있다. 규범성문건은 정식의 입법 행위에 속하지도 않는다. 또한 정식의 행정입법에 속하지도 아니한다. 그러나 현실적으로 규범성문건은 정식의 입법이나 행정입법에 비하여 더욱 보편적이고 직접적으로 공민의 생활에 영향을 미치고 있다. 대량의 규범성문건은 법률규범에 버금가는 기능을 하고 있는 것이다. 결정적인 문제는 사실 규범성문건으로 인하여 야기되는 손해에 대하여 행정심판이나 행정소송 등을 통한 제도상 구제의 길이 차단되어 있다는 점이다. 본 장에서는 이러한 점을 염두에 두고 먼저 중국법의 존재형식을 간단히 소개하고, 또한 규범성문건에 대한 개념 및 관련 내용과 이에 대한 법적 문제점을 검토해 보고자 한다.

II. 중국법의 존재형식과 효력순위

규범성문건의 존재를 이해하기 전에 중국법의 존재형식을 간단히 이해하는 것이 필요하다고 본다. 헌법, 법률, 행정법규, 지방성법규, 자치조례와 단행조례, 행정규장, 국제조약 등을 중심으로 간략히 서술한다.

1. 중국법의 존재형식

1) 헌법
헌법은 전국인민대표대회에서 제정 또는 개정하는 것으로 국가의 근본법이다. 기타 법률이나 하위 법규에 대하여 최고법적 지위와 효력을 가지며, 국가의 모든 입법의 기초와 근거가 된다. 중국 헌법 서언 마지막 단락에서도 명확히 규정하는 바, 즉 "본 헌법은 법률의 형식으로써 중국 각 민족 인민이 분투한 성과를 확인하고, 국가의 근본제도와 근본임무를 규정하며, 국가의 근본법이며 최고법적 효력을 가진다. 전국 각 민족 인민, 일체의 국가기관과 무장역량, 각 정당과 각 사회단체, 각 기업 사업조직은 반드시 헌법을 근본적인 활동의 준칙으로 삼아야 하고, 헌법의 존엄을 수호하고 헌법의 실시를 보증할 책무를 지고 있다."는 내용에서도 이를 확인할 수 있다.

중국 헌법 중의 중요한 원칙들, 예를 들면 인민의 국가관리에 대한 참여원칙 즉 인민주권원칙, 법제통일원칙 즉 일체의 법률이나 행정법규 또는 행정규장은 반드시 헌법과 법률에 부합하여야 하고 행정기관의 행정행위는 반드시 법률에 의하여 행하여야 하며 헌법과 법률에 위반한 모든 행정행위는 반드시 책임을 추궁한다는 원칙, 행정기관과 그 업무인원은 인민의 감독을 받고 공민의 권리를 보장한다는 원칙이 있다. 이들 원칙은 본문에서 논하는 규범성문건의 운용과 관련하여서도 고려되어야 할 중요한 내용이 된다고 할 수 있다.

2) 법률

법률은 중요한 법원으로서 전국인민대표대회 및 그 상무위원회가 제정한 법률이다. 법률안의 제출은 전국인민대표대회상무위원회, 국무원, 중앙군사위원회, 최고인민법원, 최고인민검찰원, 전국인민대표대회의 각 전문위원회, 전국인민대표대회 주석단, 전국인민대표대회의 대표단 또는 30명 이상의 전국인민대표대회 대표가 법률안을 제출하며 법정절차를 거쳐 심의 제정한다.[5]

법률의 효력순위는 헌법 다음이다. 중국 헌법의 규정에 의하면 법률을 기본법률과 기본법률 이외의 법률로 구분한다. 기본법률은 전국인민대표대회에서 제정한다. 제정주체에 따라 구분하면 예컨대 중화인민공화국민

---

5) 중화인민공화국입법법 제2절, 제3절의 내용을 참조.

법통칙, 중화인민공화국형법 등은 전국인민대표대회에서 제정한 것으로
기본법률에 속하며 중화인민공화국회사법, 중화인민공화국노동법은 전
국인민대표대회상무위원회에서 제정한 법률로서 기본법 이외의 법률이
다. 우리는 기본법률이나 기본법률 이외의 법률이 효력상 차이가 없다는
점을 이해할 필요가 있다. 중국의 일부 학자들은 효력상 차이가 없기 때
문에 기본법률과 기본법률 이외의 법률로 구분하는 것은 별다른 의의가
없다는 주장을 하고 있고 이러한 주장 역시 설득력이 있어 보인다.

3) 행정법규

국무원이 제정하는 행정법규는 국무원이 국가의 각종 행정업무를 영
도[6]하고 관리하기 위하여 헌법과 법률에 근거하여 제정하는 조례, 규정,
판법(辨法)의 총칭이다. 행정법규의 명칭은 일반적으로 조례라 하지만 규
정 또는 판법이라 칭할 수 있다. 또한 국무원이 전국인민대표대회 또는
전국인민대표대회상무위원회의 수권결정에 근거하여 제정하는 행정법규
는 잠행조례(暫行條例) 또는 잠행규정(暫行規定)이라 칭한다.[7] 행정법규의
주요 입법근거는 전국인민대표대회 또는 전국인민대표대회상무위원회가
제정한 법률이며 효력순위는 헌법이나 법률의 하위에 있고 지방성법규
보다 상위에 있는 중요한 법원이다.

4) 지방성법규

지방성법규는 성, 직할시, 자치구 및 성·자치구 인민정부 소재지의 시
와 국무원의 비준을 거친 대도시의 인민대표대회 및 그 상무위원회가 헌
법, 법률 및 행정법규에 저촉되지 않는 범위 내에서 당해 지역의 상황에
근거하여 제정하는 규범이다. 에컨대「북경시도박금지조례」,「하북성도
시계획조례」 등이다. 지방성법규는 지방인민정부가 당해 지역의 업무를

---

6) 영도라는 개념은 포괄적인 관리 감독권의 행사로 이해하면 될 것이다.
7) 국무원의 각 부문 또는 지방정부가 제정하는 규장에는 조례라는 명칭을 사용할
　수 없다. 행정법규제정절차조례 제4조.

수행하는 근거가 되며 이 역시 중요한 법원이다.

5) 자치조례와 단행조례

자치조례와 단행조례는 자치구, 자치주 및 자치현의 인민대표대회가 해당지역 민족의 정치, 경제 및 문화적 특징을 고려하여 제정하는 규범이다. 예컨대「내몽고자치구각급인민대표대회 및 각급인민위원회조직조례」등이다. 자치조례와 단행조례[8]는 민족자치지방의 인민정부가 업무를 수행하는 법적 근거가 되며 이 역시 중국법의 법원이다.

6) 행정규장

행정규장은 부문규장과 지방규장으로 구분된다. 부문규장은 국무원의 각 부문[9]이 법률과 행정법규에 근거하여 당해 부문의 권한 범위 내에서 제정하는 규범이다. 공안부의「도시일시거주인구관리에관한잠정규정」이 그 예가 된다. 지방규장은 성·자치구·직할시 및 성·자치구 인민정부 소재지의 시와 국무원이 비준한 대도시의 인민정부가 법률, 행정법규 등을 근거로 제정한 규범이다. 북경시가 제정한「북경시인력운송삼륜차업관리잠정조치」가 그 예다. 행정규장은 내용상 대다수가 지방의 행정업무와 직접 관계되는 규범이다.

---

8) 자치조례는 종합성의 특징을 가지며 민족자치지방의 정치, 경제 및 문화에 관한 내용을 포괄적으로 규정하며 자치지방의 기관, 단체 및 공민의 활동에 대한 통일적인 행위규범으로 작용한다. 즉 자치조례는 주로 자치구역의 기구나 조직 또는 그 운용에 관한 조례이고, 단행조례는 특정한 사항에 적용되거나 특정지역 또는 특정한 범위의 사람에 대하여 적용되는 조례이다. 胡錦光·韓大元,「中國憲法」, 法律出版社 2004年, p.398.

9) 2003년 국무원의 기구개혁 이후의 각 부문, 위원회는 다음과 같은 28개 部, 委員會, 行, 署가 있다. 외교부, 국방부, 국가발전 및 개혁위원회, 교육부, 과학기술부, 국방과학기술공업위원회, 국가민족사무위원회, 공안부, 국가안전부, 감찰부, 민정부, 사법부, 재정부, 인사부, 노동 및 사회보장부, 국토자원부, 건설부, 철도부, 교통부, 정보산업부, 수리부, 농업부, 상무부, 문화부, 위생부, 국가인구 및 가족계획위원회, 중국인민은행, 심계서.

7) 국제조약, 입법해석 등

중국이 참가 또는 체결한 국제협약, 각종 조약 및 국가간의 협정 등 국내 행정관리에 관련된 내용은 국가행정기관, 공민, 법인 또는 외국인 사이의 행정법관계를 규율하는 행위준칙이 되며 이 역시 법원이 된다.

이 외에도 국가기관이 행한 법률해석, 즉 최고국가권력기관인 전국인민대표대회상무위원회가 행한 입법해석, 최고인민법원이 내린 심판해석과 최고인민검찰원의 검찰해석, 최고국가행정기관인 국무원이 행한 행정해석 역시 법원이 된다.

상술한 중국법의 기본적인 존재 형식은 이해하면서 다음에서 논하고자 하는 규범성문건에 대하여 주의할 필요가 있음을 지적하고자 한다. 규범성문건은 형식적으로는 위에서 열거한 바와 같은 정식의 입법형식[10]에 속하는 것이 아니지만 중국의 법제를 이해하는 데 빼 놓을 수 없는 중요한 사항이다.

2. 법의 존재형식상의 효력순위

「중화인민공화국입법법」의 관련 규정에 의하면, 중국의 입법체계는 본 장의 마지막 부분 <표 1>과 같이 나타낼 수 있고, 관련 규정을 근거로 법적 효력의 우선순위를 간단히 요약하면 다음과 같다. ① 헌법은 최고의 규범적 효력을 가진다. ② 법률의 효력은 행정법규나 지방성법규 및 규장에 우선한다. 다만 전국인민대표대회상무위원회의 법률해석은 법률과 동등한 효력이 있다. ③ 행정법규의 효력은 지방성법규와 규장에 우선한다. ④ 지방성법규의 효력은 본급 및 하급 지방정부의 규장에 우선한다. ⑤

---

10) 학자에 따라서는 정식의 입법을 유명규범이라하고 규범성문건과 같이 정식의 입법이 아닌 경우를 무명규범이라 하기도 한다. 朱芒, "論行政規定的性質,"「中國法學」 2003年 1期.

자치조례와 단행조례가 법에 의하여 법률, 행정법규 또는 지방성법규에 대하여 변경을 가한 경우에는, 당해 자치지방[11] 범위에서는 자치조례와 단행조례의 규정을 적용한다. ⑥ 경제특구의 법규가 전국인민대표대회의 수권에 근거하여 법률, 행정법규, 지방성법규에 대하여 변경을 가한 경우에 당해 경제특구에서는 경제특구법규의 규정을 적용한다. ⑦ 국무원 부문규장 간에나 부문규장과 지방정부규장 간에는 동등한 효력이 있고 각자의 권한 범위 내에서 우선적으로 시행한다. ⑧ 성, 자치구 인민정부가 제정한 규장의 효력은 당해 행정구역 내의 대도시 인민정부가 제정한 규장에 우선한다.[12]

이와 더불어 주의할 점은 법원성을 가진 법 규범은 행정기관이 제정한 모든 비법원성의 규범성문건에 우선한다. 상·하급 행정기관이 제정한 비법원성의 규범성문건 사이의 효력에서 상급기관의 문건이 하급기관의 문건에 우선한다. 다만 예속관계에 있지 않는 행정기관이 제정한 비법원성 규범성문건 사이에는 효력의 우선관계는 존재하지 않는다는 점이다.

III. 규범성문건의 개념

본문에서 논하고자 하는 규범성문건은 행정기관 또는 권한의 위임을 받은 조직이 법정 권한 범위 안에서 제정한 결정, 명령 등과 같은 행위규칙으로 행정법규와 규장 이외의 것을 말한다. 규범성문건은 일반적으로 결정, 명령, 지시, 행정조치 등의 명칭을 가지는 문건으로서 「국가행정기관공문처리판법」에서는 명령, 결정, 지시, 공고, 통고, 통지, 통보, 보고, 청시(請示), 비복(批復), 함(函), 회의기요(會議記要) 등의 명칭으로 예시되고

---

11) 5개 자치구에는 내몽골자치구, 신강위구르자치구, 광서장족자치구, 영하회족자치구 및 서장자치구가 있다.
12) 법의 효력순위에 대하여는 중화인민공화국입법법 제78조에서 제86조를 참조.

있다.

참고로 중국 호남성인민정부의 「호남성규장규범성문건비안심사판법」의 규정에 의하면 규범성문건은 각급 인민정부 및 그 소속부문이 법정권한과 절차에 따라 제정한 것으로 공민, 법인 및 기타조직의 권리의무에 관련되거나 영향을 주는 것으로서 일정한 기간 내에 반복적으로 적용되는 것으로서 보편적인 구속력을 가진 규정, 판법, 규칙, 실시세칙, 결정명령 등으로 사회 일반에 대하여 통제를 가하는 문건이라고 설명된다.

상술한 호남성정부판법의 내용을 참고로 하면 규범성문건이 성립되기 위한 조건은 대략 다음과 같음을 이해할 수 있다. 첫째, 국가행정기관 또는 그 권한의 위임을 받은 조직이 제정한 문건일 것. 둘째, 국가행정기관 또는 권한의 위임을 받은 조직이 법정권한과 절차에 따라 제정한 것일 것. 셋째, 공민이나 법인 또는 기타조직에 대하여 보편적인 구속력을 가질 것. 넷째, 법률, 행정법규나 규장이외의 규범성 문건이다. 이러한 조건에 부합하면 규범성문건이며 이러한 조건에 부합하지 않으면 규범성문건이 아니라고 볼 수 있다. 따라서 내부업무규범, 부서 차원의 문건, 인사관련문건, 하급기관의 상급기관에 대한 보고문건, 구체적 사항에 대한 통보나 통지는 규범성문건이 아니라고 보면 된다.

규범성문건의 제정주체는 국가행정기관과 권한의 위임을 받은 조직에 한정된다. 기타 어떠한 개인이나 조직도 규범성문건을 제정할 수 없다. 국가행정기관이 아니거나 권한의 위임을 받지 못한 조직이나 단체가 제정한 규범은 규범성문건이 아니다. 이와 관련하여 행정입법권의 법적근거를 이해할 필요가 있다.

규범성문건의 제정근거는 우선 헌법 및 기타 법률이다. 헌법 제89조에서는 국무원은 행정조치를 규정할[13] 수 있고 결정과 명령을 발할 수 있다고 규정한다. 또 헌법 제90조에서는 국무원 각 부문이나 각 위원회는

---

13) 주의할 점은 행정조치를 규정한다고 할 경우의 행정조치는 규범성문건을 의미하고, 만약 다른 법규범에서 행정조치를 취할 수 있다고 한다면 이때의 행정조치는 구체적 행정행위를 말한다.

명령 또는 지시를 발할 수 있다고 규정한다. 지방정부조직법 제59조에서는 현급 이상의 지방 각급인민정부는 행정조치를 규정할 수 있고 결정과 명령을 발할 수 있다고 규정한다. 또한 동법 제61조에서는 향·진 인민정부는 결정과 명령을 발할 수 있다고 규정한다. 이 외에도 법률이나 법규의 수권이 있으면 규범성문건을 제정할 수 있다. 예컨대 국무원의 직속기구(국가공상국, 환경보호총국, 세무총국, 세관총서 등)나 가도판사처(街道辦事處)[14] 역시 규범성문건을 제정할 수 있다.

규범성문건은 여러 가지 형태로 나타나며, 구체적인 경우 그 성질도 달리한다. 그러나 이들 규범성문건은 공통된 특징을 가진다. 전형정인 특징은 일반적인 행위규칙이라는 점이다. 대상에 있어서 불특정의 주체에 대하여 법적 효력을 가지며 행정주체와 행정상대방을 강제할 수 있다는 점이다. 이러한 점에서 규범성문건은 추상적 행정행위의 성질을 가지는 것이다. 그러나 추상적 행정행위의 성질을 가진다고 하여도 엄격히 말하면 규범성문건의 제정은 행정입법이 아니다. 가장 큰 이유는 입법법의 규율 대상이 아니라는 점과 제정절차상 행정입법절차와 다르기 때문이다. 행정법규의 제정요건과 지방정부규장의 제정요건을 이해함으로써 규범성문건과의 차이를 이해할 수 있다.

우선 최고행정기관인 국무원의 규범성문건 제정과 관련하여 먼저 이해할 필요가 있는 것은, 국무원이 행정법규를 제정하는 절차는 입법법과 행정법규제정절차조례에 의한다. 제정절차를 간단히 요약하면, 국무원 상무회의 또는 국무원 전체회의의 심의를 거쳐, 국무원총리가 서명하고, 국무원령으로 공포한다. 국무원이 공포하는 행정법규는 조례, 규정, 판법(辦法) 등 법정 명칭을 사용한다. 국무원이 제정한 규범이 행정법규제정절차조례가 정한 이러한 요건을 갖춘 경우에는 행정법규가 되고, 이러한 요건을 갖추지 못한 경우에는 규범성문건으로 이해할 수 있다.

지방인민정부의 경우에는, 지방정부의 규장은 입법법과 규장제정절차

---

14) 우리의 동사무소에 해당함.

조례의 규정에 따라 제정하고, 그 절차는 지방인민정부상무회의 또는 전체회의의 토론을 거쳐 결정하고, 지방인민정부의 수장이 서명하여 지방정부령으로 공포한다. 이러한 제정절차상 요건을 갖춘 문건이 지방정부규장이 되며 이러한 제정절차상의 요건을 갖추지 못하면 규범성문건이 된다고 볼 수 있다.

Ⅳ. 규범성문건의 분류

규범성문건의 분류에 대하여 현재 법규에서 규정하고 있는 것은 없다. 행정법학계에서 주로 창조성문건, 해석성문건 및 지도성문건으로 구분된다.[15] 다음과 같이 간략히 요약할 수 있다.

창조성규범성문건은 행정기관이 법률, 법규 또는 규장의 구체적 규정이 없는 경우 법정 권한에 근거하여 당해 지방이나 부문의 권한 범위 내에 공포하는 규범성문건이다.[16] 창조성규범성문건은 다시 직권에 의한 창조성규범성문건과 수권에 의한 창조성규범성문건으로 구분되기도 한다. 직권에 의한 창조성규범성문건은 행정기관이 법률이 규정한 고유직권에 근거하여 제정하는 규범성문건으로 행정주체가 그 직권에 근거하여 자체적으로 제정하는 문건이다.

이는 주로 법률, 법규, 규장이 없는 영역에 적용되며, 다만 주의할 점은 입법법과 행정처벌법에서는 일정한 제한을 두고 있는 것이다. 입법법은 공민의 신체적 자유와 관련된 창조성문건의 제정을 금지하고 있고, 행정처벌법에서는 행정처벌영역의 창조성문건의 제정을 금지하고 있다. 수권

---

15) 姜明安, 「行政法與行政訴訟法」, 北京大學出版社·高等教育出版社 2005年, pp.212-217.
16) 창조성규범성문건의 예로는 마안산시의 「외자유치장려에 관한 약간 규정」, 덕양시의 「문묘광장이전보상판법」, 광원시의 「시가지역의 개(犬) 관리 강화에 관한 통지」 등이다.

에 의한 창조성규범성문건은 행정법규의 보충적인 기능과 상급 규범성문 건의 보충적인 기능을 하며, 헌법과 각종 조직법 이외의 법률, 법규, 규장 또는 상급 규범성문건의 개별적인 수권에 의하여 제정하는 규범성문건이 다. 이 수권규정을 위반하여 제정하면 무효 또는 취소의 대상이 된다.

한편, 창조성문건의 인정에 대하여 학계의 의견은 일치하지 않는다. 그 하나는, 규범성문건은 오직 법률이나 법규 또는 규장의 규정에 근거하여 제정할 수 있고 법률이나 법규 또는 규장이 없는 경우에는 제정할 수 없 다는 주장이다. 그 주된 이유는 규장의 경우에도 입법법에 의하면 상위 규범인 법률이나 법규에 근거하여 제정하여야 하는 바, 하물며 입법에 속 하지도 않는 규범성문건을 자의로 제정한다는 것은 인정할 수 없다는 것 이다. 반대의 입장은, 지방정부는 당해 지역의 사회, 경제 및 문화적 필요 에 따라 법정 권한 내에서 규범성문건을 제정할 것이 요구되고, 현실적으 로도 이러한 규범성문건의 수가 적지 않다[17]는 주장이다.

해석성규범성문건은 행정기관이 법률, 법규 또는 규장의 실시를 위하 여 법규나 규장에 대하여 내리는 해석으로서 법규나 규장에 대한 이해와 집행의 통일을 기하기 위하여 제정하는 것이다. 참고할 점은 중국에서 법 률의 해석권은 전국인민대표대회상무위원회가 행사한다는 점이다. 국무 원이나 최고인민법원은 법률해석의 요구를 할 수 있을 뿐이다. 해석성규 범성문건은 법정해석성규범성문건과 자주해석성규범성문건으로 구분할 수 있다. 법정해석성규범성문건은 법정해석권을 가진 행정기관이 법규와 규장에 대하여 해석을 하고, 이로 인하여 형성된 규범성문건이다.[18]

---

17) 2000년 절강성정부가 제정한 규범성문건의 경우 행정법규에 근거한 것이 0, 성 인 민대표대회 및 그 상무위원회의 지방성법규, 성정부의 규장에 근거한 것이 3.7%, 법률에 근거한 것이 11.1%, 국무원 등 중앙의 문건에 근거한 것이 40.7%, 절강성 행정관리부문의 필요에 의하여 제정된 것이 44%에 해당한다. 周漢華, 「行政復議 司法化: 理論, 實踐與改革」, 北京大學出版社 2005年, p.197.

18) 해석성규범성문건의 예로는 공안부의 「치안관리처벌조례의 약간문제에 관한 해석」, 대외경제무역부의 「외자기업법실시세칙의 약간조항에 관한 해석」, 국가 세무총국의 「외상투자기업납세연도문제에 관한 비복(批復)」, 국가공상국의 「연

행정법규에 대한 해석권은 국무원이 행사하고, 규장에 대한 해석권은 규장의 제정기관이 행사한다. 자주해석성규범성문건은 행정기관이 소속기관 및 공무원의 법규나 규장 또는 규범성문건에 대한 이해나 인식의 통일을 위하여 제정하는 규범성문건이며, 자주해석성규범성문건의 해석주체는 법정해석권 없는 행정기관이다. 자주해석의 대상은 행정법규나 규장에 한하지 않고 규범성문건에 대한 해석도 포함된다. 자주해석성규범성문건은 행정기관의 내부인원에 대하여만 효력이 있다.

지도성규범성문건은 행정기관이 불특정 다수인에게 서면의 형식으로 행정지도를 하는 경우 형성되는 규범성문건이다. 지도성규범성문건은 행정지도와 관련된다. 행정지도는 행정기관의 지도, 권고, 건의, 장려 등의 비강제적 행정행위의 형식이며 가장 큰 특징은 형식상 강제성을 갖지 않는다는 것이다. 그러나 이에 따라 행정기관의 책임소재 역시 모호한 점이 문제로 된다. 행정지도에 대한 복종이나 불복종은 당사자가 결정하지만 이때 행정기관의 지도, 권고, 건의, 장려성문건 등이 곧 지도성규범성문건이다.

V. 규범성문건의 필요성과 기능

현실적으로 규범성문건은 여러 가지 문제점을 가지고 있다. 특히 일부 지방에서는 위법성이 존재하는 규범성문건을 행정관리의 근거로 삼아 공민의 합법적인 권익을 침해하고, 규범성문건의 형식으로 부당하게 비용을 분담시키거나 징수하며, 자의적으로 벌금을 부과하는 등의 행위를 자행하고 있다는 점이다. 이러한 문제점이 존재함에도 불구하고 중국에서 규범성문건의 존재를 부정하지 못하는 이유는 규범성문건의 현실적인 필

속적으로 실시되는 위법 계약행위에 관한 법률 적용 문제의 통지」 등이다.

요성 또는 그 순기능 때문이다.

1. 규범성문건의 필요성

우선 규범성문건의 필요성에 대하여는 다음과 같은 점이 제시되고 있다.

첫째, 규범성문건의 제정과 공포는 법률, 행정법규 및 규장의 집행에 필요하기 때문이다. 예컨대 상위법이 어떤 특정한 상황에 대하여 구체적으로 규정하지 않고 하위 기관에 수권을 하는 경우 이의 집행을 위하여 규범성문건의 제정이 필요한 것이다. 식품위생법 제27조 제3항이 규정에 의하면 위생허가증의 발급과 관리방법은 성, 자치구, 직할시 인민정부의 위생행정부문이 제정한다고 규정하고 있다. 이 규정에 의하여 당해 위생행정부문이 구체적인 기준이나 관리 방법 등을 제정하는 것이 그 예가 된다.

둘째, 각급 행정기관이 법정권한에 의하여 당해 지역이나 당해 부문의 사정을 고려하여 제정하는 규범성문건은 당해 지역의 사회적 경제적 발전을 위하여 불가피한 것이다. 중국은 규장의 제정권한을 가진 행정기관 외에도 4만 여 개소가 넘는 향급 지방인민정부가 있고,[19] 12만 개소가 넘는 지방인민정부 소속의 행정부문이 있다. 그들이 관리하는 구체적인 행정사무는 공통점도 있고 차이점도 있다. 지리적 환경이나 자연환경의 차이, 경제적 발전의 차이, 문화의식이나 민족, 종교 또는 풍속의 차이가 있다. 따라서 해당 지역의 행정기관은 당해 지역의 사정에 적합한 규범성문건을 제정하여 실시하지 않을 수 없는 상황이라 할 것이다.

셋째, 규범성문건의 제정과 실시는 다른 한편으로 법치행정의 필요에 의한 것이다. 규범성문건의 제정을 통하여 법정직무를 이행함으로써 과

---

19) 2002년의 자료에 의하면 국무원과 성급정부 31개, 시급인민정부 332개, 현급 인민정부 2,860개, 향급 인민정부 4만 4,822개가 있다.

거의 전통적인 관리방식을 개선할 수 있다는 점에서 규범성문건의 필요
성이 인정된다. 예컨대 과거 상관의 의지에 따라 업무를 행하던 불합리를
개선할 수 있고, 결정의 투명성이나 집행의 공정성을 확보할 수 있으며,
특히 집행기관의 재량권을 자체적으로 통제할 수 있다는 점에서[20] 규범
성문건의 필요성이 인정된다.

2. 규범성문건의 기능

규범성문건의 문제점은 별도로 하고 그 순기능은 대개 다음과 같은 몇
가지 점에서 이해할 수 있다.

첫째, 규범성문건은 하급 행정기관이 행정행위를 하는 근거(의거)가 된
다. 규범성문건이 일단 제정되면 해당 행정기관은 반드시 이를 따라야 하
고 법정절차를 거치지 아니하고는 자의로 취소, 변경 또는 폐지할 수 없
다. 「지방각급인민대표대회와 지방각급인민정부조직법」 제59조 제1항에
서 규정하는 바, 즉 "현급 이상의 지방 각급 인민정부는 상급 국가행정기
관의 결정과 명령을 집행하고, 행정조치를 규정하며, 결정과 명령을 발포
한다."에서도 명확히 이해할 수 있다.

둘째, 규범성문건은 행정관리의 상대방에 대하여 강제력을 가진다. 즉

---

20) 예컨대 국무원이 1989년 공포한 「방사성동위원소와방사선장치방호조례」 제31
조는, 본 조례를 위반한 단위(單位) 또는 개인에 대하여, 현급 이상의 위생행정부
문은 그 상황의 경중에 따라 경고 또는 개선, 작업의 정지나 영업의 정지 또는
벌금이나 위법소득의 몰수할 수 있고, 공안부문과 협조하여 그 허가등기증의 취
소를 행하는 행정처벌을 할 수 있다고 규정한다. 이 규정을 구체적으로 집행하기
에는 어려움이 있었지만 위생부문은 상응하는 규장을 오래도록 제정하지 않았
다. 이에 1997년 상해시 위생국은 「방사성동위원소와방사선장치방호조례 위반
에 관한 행정처벌의 분류(잠행)」이라는 규범성문건을 제정하여 국무원의 조례
내용을 더욱 구체화하였고, 관련 행정처벌의 자유재량을 일정한 범위 내에서 제
한하도록 하였다.

규범성문건은 강제기능을 가진다. 규범성문건이 공포되면 공민, 법인 또는 기타 조직은 이를 준수하여야 한다. 행정관리의 상대방이 이를 위반하면 행정기관을 강제조치를 취하여 해당 의무의 이행을 강제할 수 있다.

셋째, 규범성문건은 행정심판사건을 심리하는 근거가 될 수 있다. 행정심판법 제7조, 제26조에 의하면 구체적 행정행위의 근거가 된 규장 이외의 규범성문건이 법규에 위반된다고 인정하는 경우에 당사자는 구체적 행정행위에 대한 행정심판을 청구함과 동시에 당해 규범성문건의 합법성 심사를 청구할 수 있다. 그러나 여기서 더 나아가, 일반적으로 행정심판사건을 심리하는 경우 행정심판기관은 합법적인 규범성문건을 근거로 하여 구체적 행정행위를 심사할 수 있다고 이해한다.

넷째, 규범성문건은 행정소송에서 인용될 수 있다. 최고인민법원의 행정소송법사법해석 제62조 제2항은, "인민법원의 행정사건 심리는, 판결서상 합법 유효한 규장 및 기타 규범성문건을 인용할 수 있다."고 규정한다. 이로써, 제한적이긴 하지만 합법하고 유효하다는 것을 전제로 할 때 행정소송에서 규범성문건을 인용하여 재판할 수 있다. 인용이 의미하는 개념이 불확실 하기는 하지만 합법성을 전제로 재판의 근거로 삼을 수 있다고 이해할 수 있는 것이다.

Ⅵ. 규범성문건의 재판상 법원성(法源性) 인정 여부

1. 재판상 법원성의 인정 여부

우선 재판상 법원성을 가지는 전형적인 규범성문건으로는 국무원이 행정법규에 대하여 내린 해석, 지방각급 인민대표대회 또는 그 상무위원회가 내린 지방성법규에 대한 해석 등이 있다. 예컨대 국무원의 행정법규에 대한 해석은 행정법규제정절차조례 제31조 제3항의 규정에 의하여 법원성이 인정된다. 동 조례에서 행정법규에 대한 해석은 행정법규와 동등한 효력이 있다고 규정하기 때문이다. 지방성법규의 제정기관이 내린 지방성법규에 대한 해석도 마찬가지로 지방성법규와 동일한 효력이 있다. 법원성이 인정되는 경우에는 재판의 근거가 된다.

재판상 법원성을 갖지 못하는 규범성문건을 논하기 위하여, 우선 규범성문건보다 효력상 우선적 지위에 있는 행정규장과 관련하여 논할 필요가 있다. 규범성문건으로서 행정규장에 대한 해석성문건, 즉 행정규장을 제정한 행정기관이 규장에 대하여 내린 해석이 법원성을 가지는가에 대하여 의견이 일치하지 않는다. 규장제정절차조례 제33조의 규정에 의하면, 규장에 대한 해석은 규장과 동일한 효력이 있다고 규정하지만. 중국의 학계에서는 규장에 대하여 재판상 법원성을 인정하자는 견해와 부인하는 견해가 대립하고 있다. 다만 재판상 법원성을 인정하면 행정기관의 규범성문건에 법원(法院)이 복종하는 현상이 발생하게 된다. 행정소송법에서는 법률, 행정법규에 대하여는 법원성을 인정하고 있지만 행정규장이나 규장에 대한 해석 등의 규범성문건에 대하여는 법원성을 인정하지 않는다.

그러나 주의할 점은 국가기관이 제정한 법원성이 없는 또는 법원성을 갖지 못하는 문건이나 행정관례도 행정행위나 때로는 재판의 "의거"[21]가 될 수 있다는 점이다. 즉 규범성문건은 합법성을 전제로 재판의 "의거"가 될 수 있다. 만약 위법한 것으로 인정되는 경우에는 이를 판결에 원용할 수 없다. 또한 법관이 위법한 규범성문건을 취소하거나 무효를 선언할 권한이 없다는 점에도 주의할 필요가 있다. 다만 재판에서 인민법원은 규범

---

21) "근거"라는 뜻으로 이해할 수 있지만, 원문 규정에서 의거라 규정하고 있기 때문에 "의거"라고 해석하였다. 여기서 "의거"라는 용어를 사용한 것은 "참조"라는 개념과 구별되는 개념으로 사용하기 위한 것이다. 의거라 표현함으로써 우선 행정기관 내부에서 규범성문건은 행정기관과 공무원을 구속한다는 점에는 의문이 없고, 다만 법원에 대하여는 제한이 있다.

성문건에 대한 합법성을 내부적으로 심사할 수 있다는 점에 유의하면 될 것이다.

2. 재판상 법원성을 갖지 못하는 규범성문건의 효력

앞에서 이해한 바와 같이 성문법체계에는 헌법, 법률, 행정법규, 및 지방성법규가 있고, 지방성법규를 근거로 한 지방정부규장과 행정법규를 근거로 한 부문규장이 있다. 지방성법규를 근거로 한 지방정부규장과 행정법규를 근거로 한 부문규장은 서로 대등한 관계에 있다. 헌법에 대한 해석권과 법률에 대한 해석권은 전국인민대표대회상무위원회가 가진다. 행정법규에 대한 해석권은 국무원이 행사하며, 지방성법규의 해석은 지방성법규의 입법권을 가진 주체가 행사하고, 부문규장에 대한 해석권은 국무원의 각 부문이 행사한다. 이 가운데 법원성을 가지는 규범성문건을 제외하고 비법원성 규범성문건의 효력에 대하여는 다음과 같이 논할 수 있다.

1) 국무원이 제정한 비법원성 규범성문건의 효력

국무원이 제정한 비법원성의 규범성문건의 효력이 헌법과 법률보다 하위에 있다는 것은 말할 것도 없다. 헌법이나 법률에 저촉되는 경우 전국인민대표대회상무위원회는 헌법 제67조 제7호의 규정에 의하여 이를 취소한다. 또한 국무원이 제정한 비법원성 규범성문건의 효력은 행정법규나 지방성법규보다 하위에 있다. 헌법과 입법법의 관련규정에 의하면, 국무원이 제정한 비법원성 규범성문건은 부문규장의 제정의 근거가 되며, 부문규장은 법률이나 행정법규에 저촉될 수 없을 뿐만 아니라, 국무원이 제정한 비법원성 규범성문건과 저촉될 수 없다. 따라서 국무원이 제정하는 비법원성 규범성문건의 효력은 부문규장보다 우선한다. 그러나 주의할 점은 국무원이 제정하는 비법원성 규범성문건의 효력은 지방규장보다는 하위에 있다. 이유는 당해 지방규장의 효력 범위 내에서는 지방규장의 규정을 우선하기 때문이다.

2) 규장의 제정주체가 제정한 비법원성 규범성문건의 효력

규장의 제정주체가 제정한 비법원성 규범성문건의 효력에 관한 문제는 다음과 같이 서술할 수 있다. 즉「국가행정기관공문처리판법」제25조 제1호의 규정에 의하면, 행정규장의 제정주체가 제정한 비법원성 규범성문건의 효력은 헌법, 법률, 행정법규 및 지방성법규의 하위에 있고, 상급 행정주체가 제정한 행정규장의 하위에 있다. 또한 하급 행정주체가 제정한 규장보다 하위에 있으며, 이는 당해 지역의 범위 내에서는 그 지역의 규장을 우선하기 때문이다.

3. 상위규범에 위반하는 규범성문건에 대한 처리

비법원성의 규범성문건이 헌법, 법률, 법규, 규장 또는 상급 규범성문건에 저촉되는 경우에는 관련 규정에 의하여 변경 또는 취소된다. 즉, 첫째, 국무원은 헌법 제89조 제13호 및 제14호의 규정에 근거하여, 행정기관이 제정한 모든 비법원성 규범성문건에 대하여, 부적당하다고 인정하는 경우 취소 또는 변경할 수 있다. 둘째, 현급 이상 지방 각급인민정부는 지방조직법 제59조 제3호의 규정에 의하여 소속 행정주체(소속 각 업무부서 및 하급인민정부)가 제정한 규범성문건에 대하여, 부적당하다고 인정하는 경우 변경 또는 취소할 수 있다. 셋째, 기타 영도관계에 있는 행정주체 간에 있어서 영도기관은 하급 행정기관이 제정한 규범성문건이 부적당하다고 인정되는 경우 변경 또는 취소할 수 있다. 영도관계에 있지 않고 단순한 지도관계에 있는 경우에는 직접 변경 또는 취소할 수 없다. 넷째, 행정심판에서는 심판기관으로서의 상급 행정주체는 행정심판법 제27조의 규정에 의하여 직권의 범위 내에서 구체적 행정행위의 근거가 되는 규범성문건을 변경 또는 취소할 수 있다. 다섯째, 비법원성 규범성문건을 제정한 행정주체 역시 스스로 변경 또는 취소할 수 있다. 다만 신뢰보호원칙에 대한 고려가 필요하다는 점은 유의할 필요가 있다. 여섯째, 지방 각급 인민대표대회와 그 상무위원회는 지방조직법 제8조 제11호, 제9조 제9호 및 제44조 제8호의 규정에 의하여 당해 인민정부가 제정한 규범성문건이 부적당하다고 인정되는 경우에는 변경 또는 취소할 수 있다.

VII. 행정구제법상 규범성문건의 문제

1. 행정심판법과 규범성문건의 문제

1) 행정심판법[22] 상 행정심판의 범위

규범성문건이 행정심판의 대상이 되는지를 이해하기 위하여 우선 중국행정심판법에서 규정하는 행정심판의 대상 범위를 이해할 필요가 있다. 행정심판의 범위는 행정심판기관이 행정심판사건을 수리하는 범위를 말한다. 또한 행정상대인의 행정심판을 통한 권리구제를 청구할 수 있는 범위를 말한다. 중국의 행정심판법 제6조의 규정에 의하면 행정심판의 범위는 다음과 같다.

우선 구체적 행정행위로 다음에 해당하는 사건에 한하여 행정심판을 제기할 수 있다. 즉, ① 경고, 벌금, 위법소득의 몰수, 불법재물의 몰수, 조업정지명령, 허가증의 압류 또는 취소, 면허증의 압류 또는 취소, 행정구류 등 행정처벌의 결정에 불복하는 사건, ② 신체의 자유를 제한하거나 압류, 압수, 재산동결 등 행정강제조치에 불복하는 사건, ③ 허가증, 면허

---

22) 중국의 행정복의법(行政復議法)을 말함.

증, 자격증 등 증서의 변경, 중지, 취소의 결정에 불복하는 사건, ④ 토지, 지하자원, 수류, 삼림, 산령, 초원, 황무지, 모래사장, 해역 등 자연자원의 소유권 확인 또는 그 사용권의 결정에 불복하는 사건, ⑤ 행정기관이 합법적인 경영자주권을 침해하는 것으로 인정되는 사건, ⑥ 농촌도급계약을 변경 또는 폐지하여 그 합법권익이 침해된 것으로 인정하는 사건, ⑦ 위법한 자금모집, 재물의 징수, 비용할당 또는 기타 위법한 의무이행을 요구하는 사건, ⑧ 법정조건에 부합하는 허가증, 면허증, 자격증 등 증서를 신청하거나 행정기관에 심사 비준이나 등기 신청을 하였으나 행정기관의 처리가 없는 경우, ⑨ 행정기관에 신체보호의 권리, 재산의 권리, 교육을 받을 권리에 대한 직무의 이행을 신청하였으나 행정기관의 이행이 없는 사건, ⑩ 행정기관에 무휼금의 지급신청, 사회보험금 또는 최저생활비의 신청을 하였으나 행정기관의 법에 따른 지급이 없는 사건, ⑪ 행정기관의 기타 구체적 행정행위가 그 합법권익을 침해한 것으로 인정되는 사건이다.

행정심판의 대상에서 제외되는 행위로는 국방이나 외교행위 등 국가행위에 불복하는 사건, 행정기관이 민사규분에 대하여 행하는 화해, 인사처리 등 행정기관 내부의 행위, 행정법규와 규장 등 추상적 행정행위가 해당한다. 추상적 행정행위에 대하여는 행정심판법 제7조에서 규정하고 있는 바와 같이 행정심판의 대상에서 제외된다.

2) 규범성문건이 행정심판의 대상인지 여부

행정심판법 제7조의 규정에 의하면, 행정상대인은 구체적 행정행위의 근거가 되는 규정이 위법하다고 인정하는 경우에는, 행정심판기관에 구체적 행정행위에 대한 심판을 청구함과 동시에 당해 "규정"에 대한 심사를 청구할 수 있다. 동 조항에서 말하는 "규정"은 세 종류가 있는 바, ① 국무원 각 부문의 규정, ② 현급 이상의 지방 각급 인민정부 및 그 업무부문의 규정, ③ 향·진 인민정부의 규정을 말한다.[23] 우선 국무원 각 부문의 규정은 국무원의 부, 위원회, 직속기구가 법률, 행정법규, 결정, 명령 및 본 부문의 규장에 근거하여, 그 직권 범위 내에서 제정한 규범성문건을 말한다. 현급 이상 지방 각급인민정부 및 그 업무부문이라 함은 성급 인민정부 및 그 직능부문, 성·직할시24) 인민정부 및 그 직능부문 및 현급 인민정부(시의 구, 현급의 시를 포함)를 말하고, 이들 인민정부 및 그 직능부문이 제정한 규범성문건이 행정심판의 대상이 된다. 향·진 인민정부는 기층인민정부로서 본급 인민대표대회의 결의 또는 상급인민정부의 결정이나 명령을 집행하기 위하여 그 직권 범위 내에서 규범성문건을 제정할 수 있다. 향·진 인민정부가 제정한 행정규정에 대하여 행정상대인은 행정심판법상 심사를 청구할 수 있다.

주의할 점은 국무원부문의 규장과 지방인민정부의 규장은 행정심판의 대상에 속하지 않는다는 것이다.25) 이 외에, 국무원이 제정한 행정법규, 결정 및 명령에 불복하는 경우에는 입법법의 규정26)에 따라 처리한다는

---

23) 헌법, 입법법, 지방각급인민대표대회 및 지방각급인민정부조직법에서 규정한 행정법규, 지방성법규 및 규장을 소위 "유명규범"이라 한다면 행정법규나 지방성법규 또는 규장 이외의 규범성문건은 "무명규범"이라 할 수 있다. 행정심판법 제7조에서 말하는 규정은 행정법규나 규장을 제외한 "무명규범"을 심사의 대상으로 한다. 朱芒, 「功能視角中的行政法」, 北京大學出版社 2004年, p.63.
24) 현재 북경, 천진, 상해 및 중경을 직할시로 하고 있다.
25) 행정심판법 제7조 제2항
26) 전국인민대표대회전문위원회가 행정법규, 지방성법규, 자치조례와 단행조례를 심사하면서 헌법 또는 법률에 저촉된다고 인정하는 경우에는, 제정기관에 서면으로 심사의견을 제시할 수 있고, 또한 법률위원회가 관련 전문위원회와 공동으로 심사회의를 개최하여 제정기관으로 하여금 회의에 참석하여 상황을 설명하도록 요구할 수 있고 다시 제정기관에 대하여 서면으로 심사의견을 제시할 수 있다. 제정기관은 2개월 이내에 개정 여부에 대한 의견을 제시하여야 하며, 전국인민대표대회상무위원회 법률위원회와 관련 전문위원회에 회신하여야 한다. 행정법규, 지방성법규, 자치조례와 단행조례가 헌법 또는 법률에 저촉된다고 인정하는 경우에도 제정기관이 여전히 개정을 하지 않는 경우에는, 위원장회의에 서면의 심사의견과 취소의안을 상정할 수 있고, 위원장회의에서 상무위원회에 상정하여 심의할 것인지 여부를 결정한다. 기타 지방성법규, 자치조례와 단행조례, 규장의 심사에 대하여는 법제통일의 원칙에 입각하여 비안을 접수하는 기관이 규정한다. 입법법 제91조 및 제92조 참조.

점이다.

　규범성문건은 불특정의 다수를 대상으로 한다. 따라서 특정한 행정상대인이 그 위법을 주장하여 행정심판을 청구하는 경우에는 다음의 조건에 부합하여야 한다. 첫째, 행정심판을 청구하는 대상인 규범성문건은 반드시 행정주체가 행한 구체적 행정행위의 근거가 되어야 한다. 당해 규범성문건이 구체적 행정행위의 근거가 되지 않은 경우에는 행정심판의 대상이 될 수 없다. 둘째, 행정상대인은 당해 구체적 행정행위에 대하여 행정심판을 제기함과 동시에 근거가 되는 규범성문건에 대하여 심판을 청구하여야 한다. 행정심판법에서 구체적 행정행위와 동시에 규범성 문건에 대한 심사를 제기하도록 한 것은 행정상대인으로 하여금 규범성문건에 대하여 단독으로 행정심판을 제기하지 못하도록 제한하기 위한 것이다.

2. 행정소송법상 규범성문건에 대한 검토

1) 행정소송법상 수리범위

　행정소송법 제11조에서 행정소송의 수리범위에 대하여 규정한 바, 인민법원은 9가지 열거된 경우에 한하여 사건을 수리하고 있다. 즉 ① 구류, 벌금, 허가증과 면허증의 취소, 영업 또는 생산의 정지, 재산의 몰수 등 강제조치에 불복하는 경우, ② 신체의 자유를 제한하거나 재산에 대한 압류, 동결 등 강제조치에 불복하는 경우, ③ 행정행위가 법규가 정한 경영자주권을 침해하는 경우, ④ 법에 의한 허가신청을 행정기관이 거부하거나 불허를 결정한 경우, ⑤ 재산권에 대한 보호를 신청하였으나 행정기관이 거부하거나 불허를 결정한 경우, ⑥ 행정기관이 법정의 연금이나 위자료 등을 지급하지 않는 경우, ⑦ 행정기관이 위법하게 의무의 부담을 요구하는 경우, ⑧ 행정기관이 기타의 신체권이나 재산권을 침해하는 경우, ⑨ 법률, 법규의 규정에 따라 행정소송을 제기할 수 있는 경우이다.

　이와 동시에, 행정소송법 제12조는 행정소송을 제기할 수 없는 배제규정을 두고 있다. 즉 ① 국방 외교 등 국가행위, ② 행정법규, 규장 또는 행정기관이 제정한 구속력 있는 결정, 명령 등 추상적 행정행위, ③ 행정기관이 공무원에 대하여 행한 인사에 관한 결정, ④ 법 규정에 의하여 행정기관이 최종적으로 재결한[27) 구체적 행정행위이다.

행정소송의 대상 범위에 대하여 열기(列記)주의를 취하고 있음을 알 수 있다. 개괄(槪括)주의식 규정에 비하여 공민의 권리구제 범위에는 상당한 차이가 있고, 각각의 열거 규정에 대한 명확한 정의도 필요하다. 행정소송법 제12조에서 규정한 행정소송의 배제조항 역시 여러 가지 문제점을 안고 있지만, 본문과 관련하여서는 행정기관이 제정 공포한 구속력 있는 결정이나 명령이 행정소송의 대상에 속하지 않는다는 점에 유의할 필요가 있다.

2) 행정소송법상 재판의 근거가 되는 법규 등의 범위

행정소송은 구체적 행정행위의 합법성을 심사하는 사법활동이다. 행정소송법 제52조는, "인민법원이 심리하는 행정사건은 법률, 행정법규 및 지방성법규를 의거로 한다."고 규정한다. 이 규정에 따라 행정소송에서는 법률과 법규에 따라 재판을 행하게 되고, 기타 어떠한 기관이 제정한 규범성문건도 행정사건을 심리하는 근거가 될 수 없다. 헌법, 법률, 행정법규, 지방성법규나 자치조례 등이 재판의 근거가 된다는 것은 명확하다. 다만 다음과 같은 점을 지적해 둘 필요가 있다.

우선 헌법의 적용과 관련하여 염두에 둘 것이 있다. 헌법은 국가의 근본법으로서 국가의 기본적인 법질서와 가치를 규정하고 최고법의 효력을 가진다고 한다. 그러나 인민법원이 재판을 하는 과정에서 사건과 관련된 개별 법률이 없는 경우, 헌법조항을 직접 근거로 하여 판결을 하는 데는 찬반 의견이 대립하고 있다. 중국에서 소위 "헌법의 사법화(司法化)"라는

---

27) 행정심판법 제30조 제2항 참조(성, 자치구, 직할시 인민정부가 토지, 광산, 수류, 삼림, 산령, 초원, 황무지, 모래사장, 해역 등 자연자원의 소유권 또는 사용권을 확인하는 행정심판결정을 하는 경우 이를 최종 재결로 한다).

문제로 요약되는데, 헌법의 사법화라는 것을 간단히 논하면, 사건의 전제가 되는 법률이 존재하지 않는 경우 직접 헌법조문을 인용하여 헌법을 위반함을 이유로 판결을 내릴 수 있느냐 하는 것이다. 헌법의 직접효력을 인정하는 견해는 소위 헌법의 사법화를 인정하자고 주장한다. 반대로, 헌법에서 규정된 권리라 하더라도 구체적인 개별 법률이 존재하여 당해 권리를 보호하는 경우에만 인민법원이 당해 법률을 근거로 재판을 할 수 있다는 입장으로 이 주장은 헌법 조문의 간접효력을 인정하는 입장이다. 법원의 입장은 통일된 것은 아니지만 최근 일부 판결에서는 헌법 조문의 직접효력을 인정하는 것이 있다.

법률, 행정법규, 지방성법규나 자치조례 등을 제외하고도, 재판의 의거가 되는 것으로서, 국제조약과 사법해석이 있다. 국제조약은 중국이 제정에 참여하였거나 비준, 동의, 접수, 승인한 각종 다국간 양국 간의 조약을 포함한다. 국제조약은 일반적으로 입법기관을 통하여 체결하거나 사전 동의 또는 사후 심의의 통과, 법률의 수권에 의한 체결 등의 방식으로 이루어지고, 이를 국내적으로 공포한 후에 비로소 법적 효력이 있고 국내법의 구성부분이 된다. 또한 최고인민법원의 사법해석은 각급 인민법원이 소송사건을 심리하는 근거가 된다. 최고인민법원의 행정소송법사법해석 제62조 제1항에 의하면, 인민법원이 심리하는 행정사건에서 최고인민법원사법해석을 적용한 경우에는 판결서에 이의 인용을 적시하여야 한다고 한다.

상술한 내용과 관련하여 요약하면 결국 행정소송법 제52조의 규정에 의하면 규장이하의 규범성문건은 행정소송법에서 말하는 재판의 근거가 되는 법규의 범위에 속하지 않는다. 신뢰보호원칙, 비례의 원칙, 절차원칙 등 법의 일반원칙의 경우에도 개별 법률이 이를 규정하고 있지 않는 경우에는 직접 재판의 근거가 되지 않는다고 이해하면 될 것이다.

3) 재판에서 규장의 "참조"에 대한 의미

인민법원이 행정사건을 심리하는 경우 법률, 행정법규, 지방성법규를

"의거"로 하는 이외에, 규장을 "참조"할 수 있다. 행정소송법 제53조의 규정에 의하면, 인민법원은 행정사건을 심리하면서 국무원 부, 위원회가 법률과 국무원의 행정법규, 결정, 명령에 근거하여 제정 발포한 규장을 "참조"할 수 있다. 이 "참조"라는 것의 의미는 인민법원이 행정사건을 심리하는 경우 법 적용에 있어서 하나의 새로운 방식을 의미한다. "참조"라는 개념은 행정사건을 심리할 경우 규장의 상관 내용을 참고·참작할 수 있다는 것이다. 법률이나 법규에 비하여 규장은 성질상, 제정의 근거, 법적지위, 효력 등에서 명확한 차이가 있기 때문에, "의거"와 "참조"라는 개념을 구별하여 행정소송상 인민법원에 대하여 규장의 적용에 대한 선택권을 부여한 것이다.28)

규장의 적용은 행정소송과 행정심판에서 차이가 있다. 행정심판법상 행정규장은 행정심판기관이 행정심판사건을 심사하는 데 "의거"가 된다. 그러나 행정소송에서는 참조할 수 있을 뿐이다. 따라서 행정심판에서는 행정심판기관이 규장을 근거로 하여 구체적 행정행위의 합법성과 합리성 여부를 판단할 수 있다. 참조의 대상인 행정규장은 일반적으로 인민법원에 대하여 구속력이 없고, 법률이나 법규에 부합하지 않는 규장에 대하여 인민법원은 적용을 거부할 수 있다는 점이다.

4) 규장보다 하위에 있는 규범성문건의 적용여부

규장보다 하위에 속하는 기타 규범성문건은 주로 다음과 같이 표현할

---

28) 중국학자에 따르면 인민법원이 규장을 "참조"할 수 있도록 선택권을 부여한 것은 첫째, 규장은 행정기관의 추상적 행정행위에 속하므로 규장을 구체적 행정행위의 합법성을 심사하는 근거로 삼게 하는 경우, 행정기관의 추상행정행위로서 행정기관의 구체적 행정행위를 판단하게 된다는 것이고, 둘째, 현재 규장은 여러 가지 문제점이 있는 바, 예컨대 입법기술상이 문제, 규장 간의 상호 모순, 규장과 상위규범과의 충돌, 입법절차상의 자의성 등의 문제로 규장은 행정사건을 심리하는 데 근거가 될 수 없다고 한다. 그렇다면 사실 국무원이 제정한 행정법규 역시 행정기관이 제정한 추상적 행정행위 이므로 이를 근거로 구체적 행정행위의 위법성을 심리하는 것도 문제가 없는 것은 아니라고 생각한다.

수 있다. 첫째, 법률 또는 행정법규의 제정권이 없는 국가권력기관(예컨대 지방인민대표대회)이 제정한 규범성문건. 둘째, 행정법규 또는 규장을 제정할 권한이 없는 행정기관이 제정한 보편적 효력을 가지는 결정이나 명령. 셋째, 군사기관, 재판기관, 검찰기관이 제정한 규범성문건. 넷째, 정당의 문건 등이다.

행정소송법의 규정에 의하면, 규장이하의 규범성문건은 구체적 행정행위의 합법성을 심사하는 "의거"도 아니며, 또한 구체적 행정행위의 합법성을 심사하는 데 있어서 "참고"사항도 아니기 때문에, 엄격히 말하면 행정소송상 그 존재의 여지를 고려할 필요가 없다.

그러나 행정소송상 그 존재의 여지를 고려할 필요가 없다고 하더라도 문제는 재판의 실무에서 완전히 무시할 수 없다는 현실이다. 이는 현 상황에서 규장 이하의 각종 규범성문건이 수 없이 존재하고 있고 이 또한 중요한 기능을 하고 있기 때문이다.

중국에서는 현재 법제의 선진화가 한창 진행되는 과정에 있고, 앞으로도 규장 이하의 규범성문건은 여전히 종래와 같은 기능을 발휘할 것이므로, 이러한 현실에서 인민법원이 구체적 행정행위의 합법성을 심사하는 과정에서 사실상 무시할 수 없는 것이다. 이때 규범성문건이 법률, 법규, 규장과 저촉하지 않는다면 그 합법성을 인정하게 될 것이고, 이에 근거한 구체적 행정행위는 보호될 것이다.[29] 사실, 이러한 문제는 중국에서 행정기관과 법원의 위상을 논의해 보는 데 좋은 주제가 될 것으로 판단되지만 본서에서는 구체적인 논의를 생략한다.

---

29) 법원이 국가행정주관부문의 유효한 행정해석을 참조하여 적용한 경우가 있다.
姜明安, 「行政訴訟案例評釋」, 中國民主法制出版社, 1993年, pp.153-157.

VIII. 결어

중국학자들의 규범성문건에 대한 일반적인 지적은 대개, 규범성문건에 대한 통일적인 제정 절차규범이 없다는 점, 정식의 법원(法源)이 아님에도 불구하고 합법성을 전제로 행정상대방을 강제한다는 점, 지방이익이나 부처이기주의에 편성하여 위법한 규범성문건이 제정되고 있다는 점, 제정에 있어서 필요한 공청회나 청문회가 실시되지 못하는 등 민주성이 결여되어 있다는 비판이 있다.30)

또한 규범성문건의 감독상의 문제로는 우선 인민대표대회상무위원회의 감독에서 수 많은 규범성문건을 일일이 심사할 필요는 없지만 일일이 심사하는 것도 불가능할 뿐만 아니라, 행정수장이 서명하여 공포하면 효력이 발생하고 인민대표대회에 비안(備案)을 요구하는 규정도 없다. 따라서 인민대표대회상무위원회의 어느 부문에 심사를 요청할 것인지, 어느 부문이 처리할 것인지 등 구체적인 심사기준이나 검토절차가 불명하다.

각급 행정기관의 사후적 비안과 관련해서 상급기관 또는 동급 정부에 비안을 요청한 사안에서, 예컨대 모 현 정부의 법제부문이 기타부문이 제정한 규범성문건의 심사를 하는 경우를 가정하면, 당해 현 정부의 법제부문의 지위가 기타 부문(공안, 공상, 세무, 재정 등의 부서)에 비하여 열세인 점을 고려하면, 또한 일상적인 업무에서 법제부문이 기타부문의 많은 협조를 받는 입장에서 보면 공정한 심사를 기대하기 어렵다. 통제의 능력면에서도 그 내용의 방대함과 법제부문의 전문성 부족으로 심사의 부실화가 예상되고 형식적인 심사에 그치기 쉽다.31)

그러나 위와 같은 문제점에 대한 이해도 필요하지만 무엇보다 행정심판 및 행정소송과 관련하여 규범성문건의 문제점을 이해하는 것도 필요

---

30) 王保成, "一般行政規範性文件質量監控制度研究,"「憲法學 行政法學」, 中國人民大學書報資料中心 2004年 1期, p.49;「周漢華, 行政復議司法化: 理論, 實踐與改革」, pp.177-178.

31) 王保成, 앞의 논문 p.50.

하다. 행정심판법의 관련 규정을 통하여 살펴본 바와 같이, 행정심판에서는 행정기관의 구체적 행정행위의 근거가 된 규정이 합법적인지 여부를 판단하기 위하여 심판을 청구할 수 있지만, 주의할 것은 행정심판 단계에서도 불합리한 규범성문건의 근거규정에 대하여는 심사를 청구할 수 없다는 것이다.

또한 행정상대인이 규범성문건의 위법성을 주장하는 행정심판을 제기한 후 행정심판기관이 관련 규범성문건의 합법을 인정하는 재결을 한 경우, 행정상대인이 이에 불복하여 사법적 구제를 원하는 경우에도 법원은

〈표 1〉 입법체계도32)

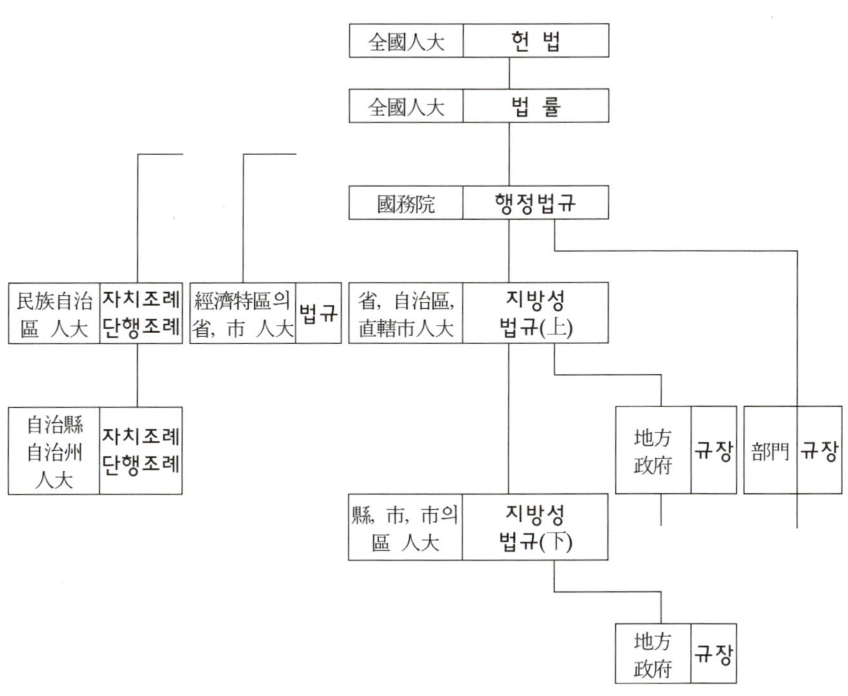

---

32) 「中華人民共和國立法法」의 규정을 근거로 필자가 작성함.

행정소송법의 규정으로 인하여 규범성문건에 대하여 더 이상 간여할 수 없다는 점이다. 이 점에서 행정심판법상의 규범성문건에 대한 심사제도는 형식에 그치고 있다는 것이다.[33]

결국 중국에서 말하는 규범성문건은 불특정 다수를 대상으로 반복적으로 적용되는 규범으로서 추상적 행정행위에 속하지만, 행정소송법 제12조에서 규정하고 있는 바와 같이 행정기관이 제정한 구속력 있는 결정이나 명령 등 추상적 행정행위는 소송의 대상에서 근본적으로 배제되고 있다. 따라서 당해 규범성문건이 직접 행정상대인의 권익을 침해하더라도 행정소송을 통하여 당해 문건을 취소하거나 무효로 할 수 없다. 이러한 점을 이용하여 행정기관은 굳이 추상적 행위의 형식으로 할 필요가 없는 사안에 대하여도 추상적 행위의 형식을 취하는 경우가 문제로 되는 것이다.

참고로 본문에서 구체적으로 논하지 않지만 국가배상법상의 행정배상에서도 공무원의 구체적 위법행위와 관련된 손해에 대해서는 손해배상을 하지만, 규범성문건에 의한 행정행위로 손해를 입은 경우에 손해배상은 기대할 수 없다는 점이다.

---

33) 楊解君, 「走向法治的缺失言說」, 法律出版社 2000年, p.155.

|참고문헌|

1. 韓大元 外 14人,「現代中國法槪論」, 朴英社 2002年.

2. 姜明安,「行政法與行政訴訟法」, 法律出版社 2003年.

3. 姜明安,「行政法與行政訴訟法」, 北京大學出版社·高等敎育出版社 2005年.

4. 楊建順·李元起,「行政法與行政訴訟法敎學參考書」, 中國人民大學出版社 2003年.

5. 吳愛明,「當代中國政府」, 中國人民大學出版社 2005年.

6. 姜明安,「行政訴訟案例評釋」, 中國民主法制出版社 1993年.

7. 朱芒,「功能視角中的行政法」, 北京大學出版社 2004年.

8. 周漢華,「行政復議司法化:理論, 實踐與改革」, 北京大學出版社 2005年.

9. 胡錦光·韓大元,「中國憲法」, 法律出版社 2004年.

10. 袁曙宏·宋功德,「WTO與行政法」, 北京大學出版社 2002年.

11. 陳泉生,「行政法的基本問題」, 中國社會科學出版社 2001年.

12. 鄭二根, "中國 行政法의 現況과 課題,"「北韓法硏究」第6號, 북한법연구회 2003년.

13. 楊解君,「走向法治的缺失言說」, 法律出版社 2000年.

14. 楊海坤, "中國走向憲政之路,"「憲法學 行政法學」, 人民大學資料中心 2002年 2期.

15. 王保成, "一般行政規範性文件質量監控制度硏究,"「憲法學·行政法學」, 人民大學資料中心 2004年 1期.

세무심판제도

I. 서론

중국의 행정구제에 관한 일반법으로는 행정소송법, 국가배상법, 행정심판법 등이 있다. 이러한 법률은 모두 입법기관인 전국인민대표대회 또는 전국인민대표대회상무위원회에서 제정한 것이다.

행정구제에 관한 제도 가운데 행정심판법에 의한 행정심판제도는 행정상대인이 행정주체의 구체적 행정행위가 그 법적인 권익을 침해하였다고 인정하여 행정심판기관에 대하여 재심을 청구하고, 행정심판기관이 법정절차에 따라 당해 구체적 행정행위에 대하여 위법성 또는 부당성을 심사하여 궁극적으로는 행정상대인의 권리를 구제하고 행정기관 스스로 위법 부당한 행정행위에 대하여 시정을 가하는 제도라 할 수 있다.

세무행정기관이 행하는 세무행정행위 역시 행정행위에 속하기 때문에 행정심판법으로써 행정상대인에 대한 구제나 그 행위의 잘못을 시정할 수 있다. 그러나 중국의 경우는 국가세무총국이 별도로 세무행정심판에 관한 규칙을 제정하여 일반적인 행정심판과는 다른 제도를 운용하고 있다는 점이 특징이다. 세무심판은 물론 일반적인 행정심판과 공통적인 특징도 많이 있지만, 세무심판제도가 다른 특징을 갖게 된 주된 이유는 무엇보다 세수가 국가재정수입의 주된 원천이라는 점이나 세금의 징수에는 효율성이 요구된다는 점을 근거로 하고, 따라서 별도의 전문적인 행정심판절차가 필요하다고 인식되고 있다.

중국에서는 이처럼 별도의 세무심판제도를 운용하고 있지만, 일반적인 행정행위와 마찬가지로 세무행정기관의 행위 역시 일정한 개연성, 즉 납세자에 대한 과세처분 이나 세금 징수과정 등에서 위법 또는 부당한 행위를 완전히 배제할 수 없는 것도 사실이다. 다만 별도의 전문적인 세무심판제도를 운용함으로써 위법 또는 부당한 세무행정행위로부터 공민의 권리를 보호한다는 것과 세무행정기관이 자기 시정의 기회를 갖는다는 데 의의가 있다.

세무심판제도가 갖는 이러한 제도적 의의를 바탕으로 하여, 중화인민공화국행정심판법 및 중화인민공화국세수징수관리법 등 관련 법규에 근거하여 2004년 2월 24일 「세무행정심판규칙(잠행)」을 새로이[1] 제정하였다. 이 세무행정심판규칙(잠행)[2]은 국가세무총국[3]이 제정한 규범으로서 입법체계상으로는 부문규장[4]에 속하는 규범이다. 국가세무총국이 세무행정규칙(잠행)을 제정 시행함에 따라 기존의 행정심판법과는 다른 심판절차가 진행되므로 그 구체적인 내용과 몇 가지 문제점을 검토해 보는

---

1) 본 세무행정심판규칙(잠행) 이전에 세무행정심판규칙(시행)이 있었으나 이 (시행)의 심판규칙은 1993년 제정된 것으로서, 1999년 행정심판법의 제정과 2001년 세수징수관리법의 개정에 따라 국가세무총국이 2004년 세무행정심판규칙(잠행)을 새로이 제정하게 되었고, 따라서 (시행)의 심판규칙은 폐지되었다.

2) 법규에 잠행(暫行)으로 표시된 것은 임시적(interim)으로 시행하는 입법을 의미한다. 잠행보다 전 단계로는 시행(試行)이 있고 (시행)이라는 표기가 된 법규는 시험적으로 시행(trial implementation)하여 본다는 의미로 이해할 수 있다.

3) 세무에 관한 업무를 주관하는 국무원의 직속기구이다(국가세무총국: www. chinatax. gov. cn).

4) 국무원 소속의 각 부, 위원회, 중국인민은행, 심계서 및 행정관리직능을 가진 직속기구가 법률이나 국무원의 행정입법, 결정, 명령에 근거하여 제정하는 규장이다.

것도 의의가 있을 것으로 본다.

II. 세무심판의 주요 내용

이하에서는 각 항목에 대한 집중적이고 상세한 검토는 생략하고, 중국의 세무심판을 이해하기 위하여 필요한 전반적인 내용을 소개하기로 한다.

1. 세무심판의 개념

중국에서 세무심판[5]은 납세자와 기타 당사자가 세무기관의 구체적 행정행위가 그 합법권익을 침해하였다고 판단하여 법에 따라 상급 세무기관 또는 본급 인민정부에 당해 구체적 행정행위[6]의 심사를 청구하고, 심판기관이 당해 구체적 행정행위의 적법성과 정당성에 대하여 심사하고 재결을 내리는 제도를 말한다. 즉, 납세자나 기타 당사자가 세무기관의 구체적인 행정행위가 그 합법권익을 침해하였다고 인정하는 경우에는 법에 따라 세무심판기관에 세무심판을 신청할 수 있다. 납세자와 기타 당사자가 세무심판에 불복하는 경우에는 행정소송법의 규정에 따라 인민법원에 행정소송을 제기할 수 있다. 행정소송이 세무 분쟁에 대하여 필요적 심판전치주의를 취한다는데 주의할 필요가 있다.

세무심판제도의 원활한 운용을 위하여 각급 세무기관은 법제업무기구를[7] 설치하고 있으며 세무심판 업무를 행하는 전문 인력을 배치하여 심

---

5) 세무행정심판(稅務行政復議)을 말한다.
6) 중국의 행정심판법이나 행정소송법에서는 '처분'이라는 용어를 쓰지 않고 '구체적 행정행위(具體行政行爲)'로 규정하고 있다. 행정심판법 제1조, 제2조 및 행정소송법 제2조 참조.

판활동이 합법, 공정, 공개, 신속 및 편리의 원칙 아래 이루어지도록 한다. 또한 심판기관, 심판기관의 업무인원과 피신청인이 세무심판의 과정에서 행정심판법이나 세무심판규칙을 위반하는 경우에는 관련 규정에 따라 법적 책임을 져야 한다.

2. 세무심판의 범위

세무행정심판규칙(잠행) 제8조의 규정에 의하면, 다음과 같은 구체적 행정행위의 불복에 대하여 세무심판기관은 그 신청을 수리한다.
① 세무기관이 행하는 징수행위로서, 이는 납세주체, 과세대상, 과세범위, 감세, 면세, 환급, 세율의 적용, 세액산출의 근거, 납세단계(intermediate links of taxation), 납세기간, 납세장소, 징수방식 등의 구체적 행정행위와 세금의 징수, 체납금의 징수, 원천징수의무자, 세무기관의 위탁을 받은 기관이 행한 공제와 대납행위를 포함한다.
② 세무기관이 행한 세수보전조치로서, 이는 은행 또는 기타 금융기관에 서면 통지하여 납세자의 예금을 동결하거나, 납세자의 상품, 화물 또는 기타 재산을 압류 봉인하는 행위를 포함한다.
③ 세무기관이 신속히 세수보전조치를 해제하지 않음으로 인하여 납세자나 기타 당사자의 합법권익에 손해를 가한 경우이다.

---

7) 세무기관의 세수법제업무기구는 세무심판 사항을 처리하며 다음과 같은 직무를 수행한다. 세무심판 청구의 수리, 관련 기구와 인원에 대한 증거 조사, 문건과 자료의 조사, 세무심판 대상인 구체적 행정행위에 대한 적법성과 적정성의 심사, 심판결정의 입안, 관련 규정에 의한 심판청구의 처리 또는 이송, 규정과 권한에 따라 행정심판법과 세무심판규칙에 위반한 행위에 대한 처리의 건의, 심판결정에 불복하여 행정소송을 제기한 사항에 대한 대응, 하급 세무기관의 세무심판 업무에 대한 검사나 감독, 세무심판사건의 배상 사항에 대한 처리, 세무심판, 행정소송 및 배상 등 사건의 통계, 보고 및 기록 업무 등이다. 세무행정심판규칙(잠행) 제4조 참조.

④ 세무기관의 강제집행조치로서, 이는 은행 또는 기타 금융기관에 서면 통지하여 납세자, 원천징수의무자, 납세보증인의 계좌에서 세금을 인출하는 경우, 압류 봉인한 납세자, 원천징수의무자, 납세보증인의 상품, 화물 또는 기타 재산을 경매 또는 환가하는 행위가 해당된다.

⑤ 세무기관의 행정처벌행위로서 벌금, 재물이나 위법한 소득의 몰수, 수출환급세의 지급정지가 해당된다.

⑥ 세무기관이 법에 따른 처리를 하지 않거나 회답을 하지 않는 경우로서, 감세, 면세 또는 관세 환급을 하지 않는 경우 및 세제상 혜택을 적용해 주지 않는 경우 등이다. 또한 세금을 환급해 주지 않는 경우, 세무등기증의 발급이나 영수증을 판매하지 않는 행위, 납세완납증명이나 납세증명을 발행하지 않는 행위, 부가세 일반납세자로 인정하지 않는 행위, 연장 신고나 세금의 납부 연기를 비준하지 않는 경우 등도 해당한다.

⑦ 세무기관이 행한 부가세 일반납세자 자격을 취소한 행위.

⑧ 세무기관이 행한 영수증의 몰수행위 또는 영수증 판매를 정지하는 등의 행위.

⑨ 세무기관이 납세자에게 납세보증인을 요구하거나 납세보증의 유효성을 인정하지 않는 행위.

⑩ 세무기관이 법에 따른 제보 장려금을 지급하지 않는 경우.

⑪ 세무기관이 출입국관리기관에 통지하여 출국을 저지하는 행위.

⑫ 세무기관이 행한 기타의 구체적 행정행위

상술한 12가지 사항 외에도, 납세자와 기타 당사자는 세무기관의 구체적 행정행위의 근거가 되는 ① 국가세무총국 및 국무원 각 부문의 규정, ② 기타 각급 세무기관의 규정, ③ 지방 각급 인민정부의 규정, ④ 지방 각급 인민정부 부문의 규정이 "위법"하다고 인정하는 경우에는[8] 구체적 행

---

8) 상술한 4가지 규정에는 규장이 포함되지 않는다는 점에 주의할 필요가 있다.

정행위에 대한 심판을 청구를 하면서 동시에 세무심판기관에 대하여 당해 규정에 대한 심사를 청구할 수 있다.[9]

3. 세무심판의 관할

세무기관의 구체적 행정행위에 불복하는 경우에는 그 직속의 상급 세무기관에 세무심판을 신청할 수 있다.[10] 각급 세무기관별로 상술하면 다음과 같다.

첫째, 성, 자치구, 직할시 지방세무국의 구체적 행정행위에 불복하는 경우에는 국가세무총국 또는 성, 자치구, 직할시 인민정부에 심판을 청구할 수 있다.

둘째, 국가세무총국의 구체적 행정행위에 불복하는 경우에는 국가세무총국에 심판을 청구할 수 있다. 심판결정에 불복하는 경우에는 인민법원에 행정소송을 제기할 수 있고, 또한 국무원에 재결을 신청할 수도 있다. 이때 국무원의 재결을 종국재결로 한다.

셋째, 기타 세무기관이나 조직 등의 구체적 행정행위에 불복하는 경우에는 다음과 같이 심판을 청구한다.

① 시(市) 세무국의 구체적 행정행위에 불복하는 경우에는 성(省) 세무국에 세무심판을 청구한다.

② 세무소, 각급 세무국의 검사국이 행한 구체적 행정행위에 불복하는 경우에는 그 주관 세무국에 심판을 청구한다.

---

9) 헌법, 입법법, 지방각급인민대표대회및지방각급인민정부조직법에서 규정한 행정법규, 지방성법규 및 규장을 소위 "유명규범(有名規範)"이라 한다면 행정법규나 지방성법규 또는 규장 이외의 규범성문건은 "무명규범(無名規範)"이라 할 수 있다. 행정심판법 제7조나 세무행정심판규칙(잠행) 제9조에서 말하는 규정은 행정법규나 규장을 제외한 "무명규범"을 심사의 대상으로 한다. 朱芒, 『功能視角中的行政法』, 北京大學出版社, 2004, p.63.

10) 세무행정심판규칙(잠행) 제10조, 제11조 및 제12조.

③ 원천징수의무자에 대한 원천징수 행위에 불복하는 경우에는 당해 원천징수의무자를 주관하는 직속 상급 세무기관에 심판을 청구한다. 세무기관의 위탁을 받은 기관이 행한 징수행위에 불복하는 경우에는 위탁한 세무기관의 직속 상급 세무기관에 심판을 청구한다.

④ 국가세무국(검사국, 세무소)과 지방세무국(검사국, 세무소), 세무기관과 기타 행정기관이 합동으로 조사한 세무사건은 각 기관의 권한에 따라 협상을 거쳐 각자 구체적 행정행위를 하여야 하고, 구체적 행정행위를 공동으로 할 수는 없다.

국가세무국(검사국, 세무소)과 지방세무국(검사국, 세무소)이 공동으로 한 구체적 행정행위에 불복하는 경우에는 국가세무총국에 심판을 청구한다. 세무기관과 기타 행정기관이 공동으로 한 구체적 행정행위에 불복하는 경우에는 그 직속의 상급 행정기관에 심판을 청구한다.

⑤ 철폐된 세무기관이 철폐 이전에 한 구체적 행정행위에 불복하는 경우에는 그 권한을 계속하여 행사하는 세무기관의 상급 세무기관에 심판을 청구한다.

상술 ②, ③, ④, ⑤에 해당하는 경우에 신청인은 구체적 행정행위의 발생지의 현급 지방 인민정부에 심판청구를 할 수 있고, 신청을 접수한 현급 지방 인민정부는 법 규정에 따라 이송한다.[11]

4. 세무심판의 신청

세무심판을 제기하는 납세자와 기타 당사자를 심판청구인으로 하며, 납세자, 원천징수의무자, 납세담보인 및 기타 당사자를 포함한다. 세무심판의 청구권이 있는 공민이 사망한 경우에는 그 근친속이 심판을 청구할 수 있다. 공민이 행위무능력자 또는 한정능력자인 경우에는 그 법정대리

---

11) 행정심판법 제12조, 세무행정심판규칙(잠행) 제12조.

인이 대리할 수 있다. 심판청구권이 있는 법인 또는 기타 조직이 합병, 분리 또는 종료된 경우에는 그 권리를 승계한 법인 또는 기타 조직이 심판을 청구할 수 있다.

심판의 대상이 되는 구체적 행정행위와 이해관계 있는 기타 공민, 법인 또는 조직은 제3자로서 심판에 참가할 수 있다. 구체적 행정행위의 상대방은 아니지만 그 구체적 행정행위로 인하여 그 권리가 직접 박탈, 제한되거나 의무가 부과되는 경우의 제3자는, 행정관리 상대방의 세무심판 청구가 없는 경우에 단독으로 심판을 청구할 수 있다.

납세자와 기타 당사자가 세무기관의 구체적 행정행위에 불복하여 세무심판을 제기한 경우, 구체적 행정행위를 한 세무기관이 피신청인이 된다. 신청인, 제3자는 대리인에게 위탁하여 심판에 대신 참가하게 할 수 있고, 피신청인은 위탁대리인으로 하여금 심판에 대신 참가하게 할 수 없다.

납세자, 원천징수의무자 및 납세담보인이 다음과 같은 행위에 대하여 소송을 제기하고자 하는 경우에는 반드시 세무심판을 거쳐야 한다. 즉, 세무기관이 행하는 징수행위로서, 이는 납세주체, 과세대상, 과세범위, 감세, 면세, 환급, 세율의 적용, 세액산출의 근거, 납세단계(intermediate links of taxation), 납세기간, 납세장소, 징수방식 등의 구체적 행정행위와 세금의 징수, 체납금의 징수, 원천징수의무자, 세무기관의 위탁을 받은 기관이 행한 공제와 대납행위를 포함하며,12) 또한 세무기관이 법에 따른 처리를 하지 않거나 회답을 하지 않는 경우로서 감세, 면세 또는 관세 환급을 허가하지 않는 경우, 세제혜택을 적용하지 않는 경우, 세금을 환급해 주지 않는 경우13)에도 먼저 세무심판을 거쳐야 한다. 세무심판의 결정에 불복하는 경우에는 인민법원에 행정소송을 제기할 수 있다.

세무심판 전치주의를 규정한 경우로서 세무심판을 청구하는 때에는 반드시 세무기관이 법률이나 행정법규에 근거하여 확정한 세액과 기간에

---

12) 세무행정심판규칙(잠행) 제8조의 1호
13) 세무행정심판규칙(잠행) 제8조 제6호의 1, 2, 3규정.

따라 세금을 납부하거나 세액 및 체납금을 해결하거나 또는 상응하는 담보를 제공하여야 하고, 실제로 세금이나 체납금을 납부한 이후 또는 제공한 담보가 구체적 행정행위를 한 세무기관의 인정을 받은 날로부터 60일 이내에 세무심판을 신청할 수 있다.[14)]

세무기관이 행한 기타의 구체적 행정행위에 불복하는 경우에는 세무심판을 청구할 수도 있고, 직접 인민법원에 소송을 제기할 수도 있다. 신청인은 세무기관의 구체적 행정행위를 안날로부터 60일 이내에 심판을 청구할 수 있다. 불가항력 또는 피신청인에 의한 장애 등 정당한 이유로 법정 신청기간을 넘긴 경우에, 그 심판청구의 법정 기간은 장애가 제거된 날로부터 계속하여 계산한다.

신청인이 심판을 청구하여 심판기관이 이를 수리한 경우, 법정 심판기간 내에는 인민법원에 행정소송을 제기할 수 없다. 신청인이 인민법원에 행정소송을 제기하여 인민법원이 이를 수리한 경우에는 세무심판을 청구할 수 없다.

5. 세무심판의 수리

세무심판기관은 세무심판의 청구를 접수한 날로부터 5일 이내에 심사를 행하여 수리여부를 결정하여야 한다. 규정에 부합하지 않는 신청은 불수리의 결정을 하고 서면으로 신청인에게 고지한다.

다음의 경우에 해당하면 심판기관은 불수리의 결정을 한다.[15)] 즉, ① 심판의 수리범위에 속하지 않는 경우, ② 신청기간을 경과한 경우, ③ 피신청인과 심판대상이 불명확한 경우, ④ 다른 법정 심판기관에 심판을 청구하여 그 기관이 이미 수리한 경우, ⑤ 인민법원에 소송을 제기하여 인민

---

14) 세수징수관리법 제88조, 세무행정심판규칙(잠행) 제14조.
15) 세무행정심판규칙(잠행) 제20조.

법원이 이미 수리한 경우, ⑥ 신청인이 납세문제에 대하여 세무기관과 다툼이 있어 규정에 따른 세금, 체납금의 납부를 하지 않거나 담보의 제공이 없는 경우 또는 담보가 효력이 없는 경우, ⑦ 신청인의 자격이 없는 경우가 해당한다.

당해 심판기관의 수리 사항에 속하지 않는 경우, 심판기관은 신청인에게 해당 심판기관에 신청하도록 고지하여야 한다. 심판기관이 심판의 신청을 접수한 후 법정 기간 내에 불수리의 결정을 하지 않는 경우에는 이를 수리하는 것으로 본다. 규정에 부합하는 세무심판의 신청은 심판기관의 법제업무기구가 접수한 날로부터 수리한 것으로 본다. 세무심판 신청의 수리는 서면으로 신청인에게 고지하여야 한다.

심판전치주의 규정에 따라 세무심판을 청구하여야 하고 심판결정에 불복하면 인민법원에 행정소송을 제기하도록 한 구체적 행정행위의 경우에서, 심판기관이 불수리의 결정을 하거나 수리 후 심판기간을 넘겨 통보가 없으면 납세자와 기타 당사자는 불수리의 결정을 통지받은 날로부터 또는 심판기간의 만료일로부터 15일 이내에 인민법원에 행정소송을 제기할 수 있다. 규정에 따라 심판청구기간을 연장한 경우에는 연장이 만료되는 날을 세무심판 청구 만료일로 한다.

납세자와 기타 당사자가 세무심판을 청구하고, 심판기관이 정당한 이유 없이 수리하지 아니하고, 신청인이 인민법원에 소송을 제기하지 않는 경우에, 상급 세무기관은 그 수리를 명하여야 한다. 필요시 상급 세무기관은 직접 수리할 수 있다.

세무심판의 기간 동안에 구체적 행정행위의 집행은 정지되지 아니한다.16) 다만 다음의 경우에 해당하면 집행을 정지할 수 있다. 즉, ① 피신청인이 집행의 정지가 필요한 것으로 인정하는 경우, ② 심판기관이 집행의 정지가 필요하다고 인정하는 경우, ③ 신청인이 집행의 정지를 신청하

---

16) 집행부정지원칙은 행정심판법 제21조, 세무행정심판규칙(잠행) 제24조 및 행정소송법 제44조에서 확인할 수 있다.

고 심판기관이 그 요구가 합리적이라고 판단하여 집행의 정지를 결정하는 경우, ④ 법률이 집행의 정지를 규정하는 경우이다.

심판기관은 다음의 경우에 해당하면 심리를 중지한다.[17] 즉, ① 신청인이 사망하여 그 승계인이 세무심판에 참가할 것인지 여부를 표명하도록 기다려야 하는 경우, ② 신청인이 행위능력을 상실하여 법정대리인을 확정하지 못한 경우, ③ 일방 당사자로서의 행정기관, 법인 또는 기타 조직이 종료되어 그 권리 의무의 승계인을 확정하지 못한 경우, ④ 불가항력으로 심판기관이 사건의 상황을 조사 또는 이해할 수 없는 상황의 경우, ⑤ 구체적 행정행위의 근거에 대하여 법에 따른 처리를 하는 경우, ⑥ 사건의 결과가 반드시 다른 사건의 심사결과를 근거로 해야 하는 경우로서 다른 사건이 아직 심리가 종결되지 않은 경우, ⑦ 신청인이 피신청인에 대하여 법정 직무의 이행을 요구하고 피신청인이 이를 이행하는 중인 경우, ⑧ 기타 심판을 중지해야 하는 경우 등이다.

심판의 중지는 서면으로 당사자에게 고지하여야 한다. 심판의 정지사유가 소멸된 후에는 즉시 절차를 진행하여야 한다.

다음의 경우에 해당하면 심판은 종료된다.[18] 즉, ① 신청인이 규정에 따라 심판의 청구를 취소한 경우, ② 다른 심판기관 또는 인민법원이 먼저 수리한 것으로 판명된 경우, ③ 신청인이 사망하여 승계인이 없거나 승계인이 세무심판의 권리를 포기한 경우, ④ 신청인으로서의 법인 또는 기타 조직이 종료되어, 그 권리 의무의 승계인이 심판권을 포기한 경우이다. 신청인의 사망의 경우에는, 그 승계인의 심판 참가여부의 표명을 기다려야 한다. 신청인이 행위능력을 상실하여 법정대리인을 확정하지 못하고, 심판을 중지한지 60일이 경과하여도 여전히 심판의 승계인이 없는 경우에는 심판을 종료하며, 다만 정당한 이유가 있는 경우에는 제외한다. ⑤ 세무심판의 신청을 수리한 후 합리적인 조건에 부합하지 않는 것으로

---

17) 세무행정심판규칙(잠행) 제25조.
18) 세무행정심판규칙(잠행) 제26조.

판명된 경우도 해당된다.

세무심판의 종료는 서면으로 당사자에게 고지하여야 한다. 세무심판의 청구를 수리함에 있어, 심판기간은 신청인에 대하여 어떠한 비용도 징수할 수 없다.

6. 세무심판의 증거에 관한 내용

세무심판에서 증거는 서증, 물증, 시청각자료, 증인의 증언, 당사자의 진술, 감정결론, 검사조서, 현장조서 등을 포함한다.

세무심판에서 피신청인은 자신이 행한 구체적 행정행위에 대한 입증책임을 진다. 심판기관은 심판사건을 심사하는 경우, 반드시 증거가 증명하는 사실을 근거로 하여야 한다. 심판기관은 사건의 구체적 상황에 따라 다음과 같이 증거의 적법성을 심사한다.[19] 즉, ① 증거가 법정 형식에 부합하는지, ② 증거의 취득이 법률, 법규, 규장 및 사법해석과 기타 규정의 요구에 부합하는지, ③ 증거의 효력에 영향을 미치는 기타 위법사항이다.

심판기관은 사건의 구체적 상황에 따라, 다음과 같은 내용을 중심으로 증거의 진실성을 심사한다. 즉, ① 증거 성립의 원인, ② 증거 발견시의 객관적 상황, ③ 증거가 원본, 원물인지, 사본 또는 복제품과 원본 원물이 부합하는지, ④ 증거제공자나 증인과 당사자의 이해관계 여부, ⑤ 증거의 진실성에 영향을 주는 기타 요인 등이다.[20]

다음과 같은 자료는 증거로 채택할 수 없다. 즉, ① 법정절차에 위반하여 수집한 증거, ② 도촬(盜撮), 도록(盜錄), 도청(盜聽) 등의 수단으로 취득한 타인의 합법권익을 침해하는 증거자료, ③ 유혹, 사기, 협박, 폭력 등 부정당한 수단으로 획득한 증거자료, ④ 당사자가 정당한 이유 없이 입증

---

19) 세무행정심판규칙(잠행) 제30조.
20) 세무행정심판규칙(잠행) 제31조.

기간을 도과하여 제시하는 증거, ⑤ 당사자가 정당한 이유 없이 원본, 원물의 제공을 거부하는 경우로서, 다른 증거가 없는 경우, 또는 상대방 당사자가 인정하지 않는 증거의 사본 또는 복제품, ⑥ 진위를 판별할 방법이 없는 증거자료, ⑦ 의사를 정확하게 표시할 수 없는 증인이 제공하는 증언, ⑧ 합법성과 진실성을 갖추지 못한 기타 증거자료이다.[21]

심판기관의 법제업무기구가 규정에 따라 관련 조직과 인원에 대하여 조사하고 채집한 증거 및 문건과 자료를 열람하여 취득한 관련 자료는, 피신청인의 구체적 행정행위를 지지하는 증거로 사용할 수 없다. 또한 심판과정에서 피신청인은 스스로 신청인과 기타 관련조직 또는 개인에 대하여 증거를 수집할 수 없다.

신청인과 제3자는 피신청인이 제출한 서면답변, 구체적 행정행위를 한 증거, 근거 및 기타 관련 자료를 열람할 수 있고, 국가기밀이나 상업비밀 또는 개인의 프라이버시에 관련되는 것 외에는 심판기관이 이를 거절할 수 없다.

7. 세무심판의 결정과 이행

세무심판은 서면심사를 원칙으로 한다. 다만 당사자의 요구가 있거나 심판기관 법제업무기구가 필요하다고 판단하는 경우에는 신청인, 피신청인 및 제3자의 의견을 청취하여야 하고, 관련 조직 및 인원에게 상황을 알릴 수 있다.

심판기관은 피신청인이 행한 구체적 행정행위가 근거한 사실 증거, 법적 절차, 법적 근거와 설정한 권리 의무내용의 적법성과 적정성에 대하여 전면적인 심사를 한다. 심판기관 법제업무기구는 심판의 청구를 수리한 날로부터 7일 이내에 심판청구서 사본 또는 심판청구조서사본을 피신청

---

21) 세무행정심판규칙(잠행) 제32조.

인에게 발송하여야 한다. 피신청인은 심판청구서 또는 심판청구조서의 사본을 받은 날로부터 10일 이내에 서면으로 답변하여야 하고, 당초 구체적 행정행위를 한 증거, 근거 및 기타 관련 자료를 제출하여야 한다.

심판기관은 심판의 결정을 하기 전에 신청인의 취소가 있는 경우에는 그 청구를 취소할 수 있다. 취소 후에는 동일한 기본사실 또는 이유로 재차 심판을 청구할 수 없다. 신청인이 세무심판을 청구하면서 세무행정심판규칙의 규정에 따라 동시에 관련 규정에 대한 심사를 신청한 경우에, 심판기관이 당해 규정에 대한 처리 권한이 있는 경우에는 30일 이내에 이를 처리하여야 한다. 처리 권한이 없는 경우에는 7일 이내에 법정절차에 따라 처리 권한이 있는 기관이 처리하도록 이송하여야 하고, 처리 권한이 있는 기관은 60일 이내에 이를 처리하여야 한다. 처리기간 동안에 구체적 행정행위에 대한 심사는 중지된다.

심판기관이 구체적 행정행위를 심사할 경우, 그 근거가 부적법하다고 인정하는 경우에, 당해 기관이 처리 권한이 있는 경우에는, 30일 이내에 처리하여야 한다. 처리 권한이 없는 경우에는 7일 이내에 법정절차에 따라 처리 권한 있는 국가기관이 처리하도록 이송하여야 한다. 처리기간 동안 구체적 행정행위에 대한 심사는 중지된다.

심판기관의 법제업무기구는 피신청인이 한 구체적 행정행위의 적법성과 적정성을 심사하여야 하고, 의견을 제출하며, 심판기관 책임자의 동의를 얻어, 다음과 같이 결정을 한다.[22] 즉, ① 구체적 행정행위의 인정사실이 명확하고, 증거가 정확하며, 적용근거가 명확하며, 절차가 적법하고 내용이 적정한 경우에는 유지결정을 한다. ② 피신청인이 법정직무를 이행하지 않은 경우에는 일정 기간 내 이행을 하도록 결정한다. ③ 주요사실이 불명하고, 증거가 부족한 경우, 적용근거에 착오가 있는 경우, 법정절차를 위반한 경우, 직권의 일탈 또는 남용의 경우, 구체적 행정행위가 명백히 부당한 경우에는 취소, 변경[23] 또는 당해 구체적 행정행위의 위

---

22) 행정심판법 제28조, 세무행정심판규칙(잠행) 제41조.

법을 확인하는 결정을 한다. 취소 또는 당해 구체적 행정행위의 위법을 확인하는 결정을 하는 경우에는 피신청인에 대하여 일정 기간 내에 다시금 구체적 행정행위를 하도록 명령할 수 있다.

심판기관이 피신청인에 대하여 다시금 구체적 행정행위를 하도록 명령한 경우에, 피신청인은 동일한 사실과 이유로 원래의 구체적 행정행위와 동일하거나 기본적으로 동일한 구체적 행정행위를 할 수 없다. 그러나 심판기관이 원래의 구체적 행정행위가 법정절차를 위반한 것으로 취소를 결정한 경우에는 이러한 제한을 받지 않는다.

피신청인이 규정에 따른 서면답변을 제출을 하지 않는 경우, 당초에 행한 구체적 행정행위의 증거, 근거 및 기타 관련 자료를 제출하지 않는 경우에는 당해 구체적 행정행위는 증거나 근거가 없는 것으로 보며, 당해 구체적 행정행위의 취소를 결정한다.

신청인은 세무심판을 청구할 경우 동시에 행정배상청구를 할 수 있고, 심판기관은 국가배상법의 규정에 부합하는 경우로서 배상을 하여야 할 사안인 경우에는 구체적 행정행위의 취소, 변경 또는 위법확인의 결정을 하면서 동시에 배상의 결정을 하여야 한다. 신청인이 심판을 청구하면서 행정배상을 청구하지 않은 경우로, 심판기관이 구체적 행정행위가 확정한 세금, 체납금, 벌금 및 재산의 압류 등 강제조치를 취소, 변경 또는 위법하다는 확인결정을 하는 때에는, 동시에 피신청인에게 세금, 체납금, 벌금의 반환 또는 재산에 대한 압류등 강제조치의 해제, 또는 상응하는 배상을 명하여야 한다.

심판기관은 세무심판의 청구를 수리한 날로부터 60일 이내에 심판결정을 하여야 한다. 사안이 복잡하여 규정된 기간 내에 심판결정을 할 수 없는 경우에는 심판기관 책임자의 비준을 거쳐 기간을 연장할 수 있으며, 이 때에는 신청인과 피신청인에게 고지하여야 하며, 기간을 연장하는 경

---

23) 이론상 변경결정을 함에 있어서는 당사자에게 유리한 변경도 가능하고 당사자에게 불리한 변경도 가능하다. 행정심판법의 내용으로 보면 심판기관은 해당 구체적 행정행위에 대하여 전면적인 심사가 가능하기 때문이다.

우에도 최장 30일을 초과할 수 없다. 심판기관이 심판결정을 하면 심판결정서를 제작하고 날인하여야 한다. 심판결정서는 송달 즉시 법적 효력이 발생한다.

피신청인이 세무심판결정을 이행하지 않거나 정당한 이유 없이 심판결정의 이행을 지연하는 경우에는 심판기관 또는 상급 행정기관이 기간 내에 이행할 것을 명령하여야 한다.

신청인이 기한을 넘겨 소송을 제기하지도 않고 심판결정도 이행하지 않는 경우, 또는 종국재결인 심판결정을 이행하지 않는 경우에는 다음과 같이 처리한다.[24] 즉, ① 구체적 행정행위의 유지결정의 경우, 구체적 행정행위를 한 세무기관이 강제집행하거나 인민법원에 강제집행을 신청한다. ② 변경결정의 경우에는, 심판기관이 강제집행하거나 인민법원에 강제집행을 신청한다.

8. 관세와 관련한 심판의 경우

납세자와 세관 사이에 납세쟁의가 발생한 경우에는, 먼저 세금을 납부한 뒤에 세무심판을 청구할 수 있다. 세무심판결정에 불복하는 경우에는 인민법원에 소송을 제기할 수 있다. 관세법에서도 납세자와 세관 사이에서 발생한 납세에 관한 쟁의는 행정심판전치주의를 취하고 있다.[25]

반덤핑조례의 규정에 따라 반덤핑세를 징수할 것인가의 결정이나 징수, 환급, 신 수출경영자에 대한 징세의 소급에 관한 결정에 대하여 불복하는 경우, 또는 반덤핑세를 계속하여 징수할 것인가에 대한 심판결정에 불복하는 경우, 보조금지조례의 관련 규정에 따라 반보조세를 징수할 것인가에 관한 결정 및 징수의 소급에 관한 결정에 불복하는 경우, 또는 반

---

24) 행정심판법 제33조, 세무행정심판규칙(잠행) 제45조.
25) 관세법(中華人民共和國海關法) 제64조.

보조세를 계속하여 징수할 것인가에 대한 심판결정에 불복하는 경우에는 세무심판을 신청하거나 인민법원에 행정심판을 청구할 수 있다. 이처럼 반덤핑조례나 보조금지조례의 경우에는 세무심판이나 행정소송 중에 선택할 수 있다.[26)

9. 세무관련 행정배상의 문제

공민, 법인 또는 기타 조직은, 그 합법권익이 세무기관 또는 세무기관 업무인원의 구체적 행정행위로 인하여 손해를 입은 경우, 국가배상을 청구할 권리가 있다. 공민, 법인, 또는 기타 조직이 손해배상만 단독으로 청구한 경우에는 당해 세무기관이 우선적으로 해결하여야 한다. 세무기관의 처리에 불복하는 경우에는 인민법원에 소송을 제기할 수 있다.

세무기관 또는 세무기관 업무인원의 구체적 행정행위로 손해가 발생한 경우에는 당해 세무기관 또는 세무기관 업무인원 소속의 세무기관이 배상책임을 진다. 세무기관은 배상을 한 후, 고의 또는 중대과실이 있는 업무인원에 대하여 배상비용의 전부 또는 일부를 변상하도록 명하여야 한다.

III. 세무심판제도의 문제점

1. 필요적 심판전치주의에 대한 문제

중국의 세수징수관리법이나 세무심판에서는 납세자, 원천징수의무자

---

26) 중화인민공화국반덤핑조례 제53조, 중화인민공화국보조금지조례 제52조.

및 납세담보인과 세무기관 사이에 납세에 관한 쟁의27)가 발생한 경우에는 먼저 세금이나 체납금을 납부 또는 해결하고 행정심판을 제기할 수 있고, 행정심판에 불복하는 경우에는 인민법원에 소송을 제기할 수 있다. 즉 납세상의 쟁의에 대하여 소송을 제기하는 경우 심판전치주의를 채택하고 있다.

심판전치주의에 대하여 학계에서는 긍정론과 부정론이 있다. 이들 주장은 대체로 당사자의 권리, 세무분쟁의 효율성, 심판의 공정성과 관련이 된다. 긍정론의 입장은 절차의 간이 신속, 세무기관의 전문성, 세무기관에 대한 시정의 기회를 부여한다는 점, 징세행위의 합리성을 심사할 수 있다는 점, 법원의 소송부담을 덜어줄 수 있다는 점이다. 부정론의 입장은 심판기관의 독립성을 담보하기 어려워 공정한 심판을 기대하기 어렵다는 점이 부각된다. 특히 행정기관 내부의 법제기구는 독립적인 기관이 아니고 행정기관의 내부기구에 불과하다는 것이 문제로 제기된다.28) 공정성의 확보가 어려운 이러한 이유로 심판전치주의는 법원의 소송에 비하여 세무심판이 당사자에게 불리한 것이다.

특히 앞에서 살펴본 바와 같이 세무기관이 행하는 징수행위로서 납세주체, 과세대상, 과세범위, 감세, 면세, 환급, 세율의 적용, 세액산출의 근거, 납세단계, 납세기간, 납세장소, 징수방식, 세금의 징수, 체납금의 징수, 위탁을 받은 기관이 행한 공제와 대납행위, 세무기관이 법에 따른 처리를 하지 않거나 회답을 하지 않는 경우로서 감세, 면세 또는 관세 환급을 허가하지 않는 경우, 세제혜택을 적용하지 않는 경우, 세금을 환급해 주지 않는 경우에는 소송에 앞서 우선적으로 세무심판을 거쳐야 한다.29)

---

27) 납세에 관한 쟁의는 납세자, 원천징수의무자 또는 납세담보인이 세무기관이 확정한 납세주체, 과세대상, 과세범위, 감세, 면세 및 세금환급, 적용 세율, 산출근거, 납세기간, 납부장소, 세금징수방식 등 구체적 행정행위에 대한 이의로 인하여 발생하는 쟁의를 말한다. 세수징수관리법실시세칙 제100조의 이러한 규정은 협의상의 세무쟁의라 할 수 있고, 광의로는 세수강제조치와 세무행정처벌 등을 포함하는 개념이다.

28) 劉劍文·熊偉, 『稅法基礎理論』, 北京大學出版社, 2004, pp.486-487.

다만 상술한 내용 이외 사항에 대한 불복이나 벌금에 대한 불복은 당사자가 세무심판을 선택할 수 있다. 그러나 상술한 필요적 심판전치주의를 취하는 경우에도 세금이나 체납금의 납부 또는 충분한 담보를 전제로 한다는 점에 주의할 필요가 있다. 국가 재정수입이나 효율성의 문제가 있겠지만 당사자에 따라서는 세액이 과다하여 세금이나 담보를 제공할 수 없어 세무심판 조차도 청구할 수 없는 경우가 생길 수 있다. 이렇게 된다면 사법적 구제는 사실상 기대할 수 없는 것이다. 중국 헌법 제41조 등 관련 규정에 비추어 볼 때 위헌의 소지가 충분한 규정이라 판단할 수 있다.

2. 규정에 대한 심사청구의 문제

전술한 바와 같이 납세자와 기타 당사자는 세무기관의 구체적 행정행위가 근거한 국가세무총국 및 국무원 각 부문의 규정, 기타 각급 세무기관의 규정, 지방 각급 인민정부의 규정, 지방 각급 인민정부 부문의 "규정"이 위법하다고 인정하는 경우에는 구체적 행정행위에 대한 심판을 청구를 하면서 동시에 세무심판기관에 대하여 당해 "규정"에 대한 심사를 청구할 수 있다.

여기서 말하는 규정(規定)은 중국의 법체계상 규범성문건에 속한다. 규범성문건의 제정은 정식의 입법행위에 속하지 않으며 정식의 행정입법에도 속하지 않는다. 규범성문건은 행정기관 또는 권한의 위임을 받은 조직이 법정 권한 범위 안에서 제정한 결정, 명령 등과 같은 행위규칙으로 행정법규와 규장 이외의 것을 말한다. 규범성문건은 일반적으로 결정, 명령, 지시, 행정조치 등의 명칭을 가지는 문건으로서 「국가행정기관공문처리판법」에서는 명령, 결정, 지시, 공고, 통고, 통지, 통보, 보고, 청시(請示),

---

29) 필요적 심판전치주의를 취하는 이러한 항목은 1986년 국무원이 제정한 「세수징수관리잠행조례」를 지금까지 유지하고 있는 것으로 판단된다.

비복(批復), 함(函), 회의기요(會議記要) 등의 명칭으로 예시되고 있다.30)

상술한 내용에서 자세히 살펴보면 "국무원 각 부문의 규정"에 대하여
는 심사를 청구할 수 있지만 "국무원의 규정"은 언급이 없다는 점을 발견
할 수 있고31) 법률, 행정법규, 지방성법규, 자치조례와 단행조례 및 "규장
(規章)"은 심사청구의 대상에 포함되지 않는다는 것도 알 수 있다. 행정심
판법이나 세무행정심판규칙(잠행)에서 구체적 행정행위와 동시에 규정(규
범성문건)에 대한 심사를 제기하도록 한 것은 규정에 대하여 단독으로 심
판을 청구하지 못하도록 제한하기 위한 것으로 판단된다. 또한 문제는 규
정이 위법하다고 인정하는 경우에는 심판을 청구할 때 동시에 심사를 청
구할 수 있지만, "불합리한 규정"의 경우는 심사를 청구할 수 없다는 점
이다. 더 나아가 세무심판기관이 규정의 합법성을 인정하는 재결을 한 후
에 당사자가 이에 불복하여 사법적 구제를 원하는 경우에도 행정소송법
의 규정32)에 의하여 법원이 수리할 수 없는 상황이 된다는 것을 문제점
으로 지적할 수 있다.

3. 세무행정심판규칙(잠행) 자체의 법원성(法源性) 문제

세무행정심판규칙(잠행暫行)은 국무원의 직속기구인 국가세무총국이 행
정심판법과 세수징수관리법에 근거하여 제정한 것으로,33) 중국법의 체제
상 부문규장에 속한다. 부문규장은 법률이나 행정법규의 하위에 있다.34)

---

30) 규범성문건에 대한 상세한 내용은 拙稿, "중국법의 規範性文件에 대한 考察"(『공
    법학연구』 제6권 제3호, 한국비교공법학회, 2005년 출판)을 참고하시기 바랍니다.
31) 楊海坤·章志遠, 『中國行政法基本理論研究』, 北京大學出版社, 2004, p.530.
32) 행정소송법 제11조, 제12조.
33) 세무행정심판규칙(잠행) 제1조.
34) 부문규장은 예컨대, 인민대표대회 상무위원회에서 제정한 「인구와 계획생육법
    (가족계획법으로 이해할 수 있다)」의 하위에 국무원이 제정한 행정법규인 「계
    획생육기술복무관리조례」가 있고, 부문규장으로 국가인구 및 계획생육위원회가

그런데 주의할 점은 행정소송법 제53조의 규정에 의하면, 인민법원은 행정사건을 심리하면서 국무원의 부문이나 위원회가 법률과 국무원의 행정법규, 결정 또는 명령에 근거하여 제정 발포한 규장을 "참조"할 수 있을 뿐이다. 이 "참조"라는 개념은 행정사건을 심리할 경우 규장의 상관 내용을 참고 또는 참작할 수 있다는 것이다. 법률이나 행정법규에 비하여 규장은 성질상, 제정의 근거, 법적지위, 효력 등에서 명확한 차이가 있기 때문에, "의거"와 "참조"라는 개념을 구별하여 행정소송상 인민법원에 대하여 규장의 적용에 대한 선택권을 부여한 것이다.[35] 즉 규장은 인민 법원에 대하여 구속력이 없고, 법률이나 행정법규에 부합하지 않는 규장에 대하여는 그 적용을 거부할 수 있는 것이다.

다만, 행정소송과는 달리, 규장은 행정심판기관이 행정심판사건을 심사하는 경우에는 "의거(依據)"가 된다. 따라서 세무심판에서는 세무심판기관이 세무행정심판규칙(잠행)을 근거로 하여 구체적인 세무행위의 적법성과 합리성을 판단할 수 있는 것이다.

4. 국무원의 종국재결권 행사에 관한 문제

중국의 행정심판에서도 일재종국(一裁終局)의 원칙을 취한다. 즉 행정

제정한 「계획생육통계업무관리판법」이 있는 것과 같다.
35) 인민법원에 대하여 규장을 "참조"할 수 있도록 선택권을 부여한 것은 첫째, 규장은 행정기관의 추상적 행정행위에 속하므로 규장을 구체적 행정행위의 합법성을 심사하는 근거로 삼게 한다면 행정기관의 추상행정행위로서 구체적 행정행위의 합법성을 판단하게 된다는 것이고, 둘째, 규장은 예컨대 입법기술상이 문제, 규장 간의 상호 모순, 규장과 상위규범과의 충돌, 입법절차상의 자의성 등의 문제가 있기 때문에 행정사건을 심리하는데 근거가 될 수 없다고 한다. 필자로서는, 그렇다면 더 나아가 국무원이 제정한 행정법규 역시 행정기관이 제정한 추상적 행정행위이므로 이를 근거로 구체적 행정행위의 위법성을 심리하는 것도 문제가 있다고 판단한다.

심판은 한 차례의 심판에 그치고, 한번 내린 심판의 결정에 대하여 재차 행정심판을 청구할 수 없다는 것이다. 재결에 불복하는 경우에는 일반적으로 인민법원에 행정소송을 제기할 수 있을 뿐이다. 다만 별도의 법률규정이 있는 경우에 한하여 그 법률규정에 의하여 일재종국원칙에 대한 예외가 인정된다.[36] 세무심판의 관할과 관련하여, 국가세무총국의 구체적 행정행위에 불복하는 경우에는 국가세무총국에 심판을 청구할 수 있다. 심판결정에 불복하는 경우에는 인민법원에 행정소송을 제기할 수 있고, 또한 국무원에 재결을 신청할 수도 있다.

여기서 소송을 제기하지 않고 국무원에 재결을 신청한 경우에는 국무원의 재결을 종국재결로 인정한다는 점에 주의할 필요가 있다. 소송을 제기하지 않고 국무원에 재결을 신청한 경우에는 더 이상 법원에서 다툴 수 없다는 것이다. 이러한 규정의 주요 배경은 국무원이 법원에 비하여 우월한 지위에 있다는 것으로써 이해할 수 있을 것이다. 이처럼 행정기관이 사실상의 우월적 지위에서 일부 사건에 대하여 종국적 재결권을 행사하는 현상[37]이 나타나는 것이다. 사법적 권위의 회복과 사법공정을 실현하기 위하여 근본적인 정치제도의 개선을 예상할 수밖에 없고, 이러한 문제가 해결되는 과정에서는 반드시 국가기관의 법적지위에 관한 문제 및 법원과 기타 행정기관과의 관계에 대한 문제가 해결되어야 할 것이다.

사법기관(법원)에 의한 종국재결의 원칙은 행정사건을 심사하는 기본적인 원칙이 되고, 행정기관에 의한 종국재결을 인정하는 것은 예외적인 경우로 한정되어야 한다는 점에는 의심의 여지가 없다. 다만 이러한 예외적인 경우는 엄격한 제한을 받아야 하는 것이다. 사법심사는 행정의 내부적인 감독 시스템인 행정심판에 비하여 공정성을 더욱더 확실히 담보할 수 있다는 점을 상기할 때 국무원에 의한 종국적인 재결의 인정은 사실상 사법적 종국재결의 원칙과는 배치되는 것이라 할 수 있다.[38]

---

36) 姜明安, 『行政法與行政訴訟法』, 北京大學出版社 高等敎育出版社, 2005, p.418.
37) 국무원의 종국재결권이 인정되는 경우는 이 외에도 행정심판법 제30조, 공민출입국관리법 제15조, 외국인출입국관리법 제29조 등에서 확인할 수 있다.

IV. 결어

외국의 법제를 국내에 소개하는 경우에는 여러 가지 측면에서 고민을 하지 않을 수 없다. 중국의 법제도 마찬가지라 할 것이다. 중국법제 자체의 내용을 논술하는 것도 중요하지만, 어떠한 법제를 소개하면 우리에게 좀더 유용할 것인가 하는 점이 무엇보다 고려된다.

중국에서 말하는 소위 사회주의 법제건설은 매우 빠른 속도로 진행되고 있다. 각 법 영역에서 해당 법규정이 매우 활발하게 제정, 개정 또는 폐지되고 있다. 이러한 법제 상황의 변화 가운데서 본문은 중국의 세무심판제도에 대한 내용을 검토하고, 이를 바탕으로 하여 일반적인 행정심판과 다른 몇 가지 특징적인 내용에 한정하여 중요한 문제점을 검토하였다. 물론 본문에서 나타난 내용만이 전부는 아니다. 세무관련 분쟁에서는 본문에서 논한 것 이외에도 세무심판의 범위에 대한 문제나 청구사건을 심리하는 기구의 중립성에 대한 문제 또는 세무사건과 관련한 국가배상의 문제 등 여러 가지 문제점에 대한 검토가 필요할 것이지만 본서에서는 별도로 깊이 있게 논하지 못하는 아쉬움이 남는다. 이러한 문제들은 다른 기회를 통하여 상세히 논하고자 한다.

잘 아시다시피 우리의 많은 기업이나 개인이 중국에서 사업 활동을 하고 있다. 각 사업 활동은 세무행정기관과 밀접한 관련이 있다. 특히 세무행정기관을 떠난 기업 활동이나 영리 활동은 상상하기 어렵다고 할 것이다. 세무행정기관과의 법률상 관계가 성립되면 즉 세무행정법률관계가 성립되면 차후 구제절차에서는 위에서 상술한 세무행정심판제도를 예상할 수 있는 것이다. 이러한 중국의 사후적 행정구제 장치인 세무행정심판제도는 중국에 진출한 우리 기업이나 개인 역시 소홀히 할 수 없는 제도라 할 것이다. 따라서 우리는 이러한 제도적 내용이나 문제점을 잘 주시

---

38) 劉俊沈, "行政終局裁決權質疑," 「憲法學 行政法學」 2005年 2期, 中國人民大學資料中心, 2005, p.32.

하면서, 특히 중국에서 우리 국민의 법적인 권리가 세무기관으로부터 부당하게 침해당하지 않도록 대비할 필요가 있는 것이다.

|참고문헌|

1. 韓大元 外 14人,「現代中國法槪論」, 서울: 朴英社, 2002.
2. 楊海坤·章志遠,「中國行政法基本理論硏究」, 북경: 北京大學出版社, 2004.
3. 姜明安,「行政法與行政訴訟法」, 북경: 北京大學出版社 高等教育出版社, 2005.
4. 朱芒,「功能視角中的行政法」, 북경: 北京大學出版社, 2004.
5. 周漢華,「行政復議司法化」, 북경: 北京大學出版社, 2005.
6. 劉劍文·熊偉,「稅法基礎理論」, 북경: 北京大學出版社, 2004.
7. 何香凝,『稅務實務』, 中國金融出版社, 2005.
8. 劉佐·劉鐵英,「中國涉外稅收指南」, 북경: 法律出版社, 2004.
9. 陳剛·何文燕·鄭二根 外 5人,「中國司法救濟制度」, 부산: 세종출판사, 2005.
10. 劉俊沈, "行政終局裁決權質疑,"「憲法學 行政法學」2005年 2期, 북경: 中國
    人民大學資料中心, 2005.
11. 鄭二根, "중국법의 規範性文件에 대한 考察,"「공법학연구」제6권 제3호, 한
    국비교공법학회, 2005.
12. 國務院法制辦公室,「法律法規司法解釋全書」, 북경: 中國法制出版社, 2005.

행정심판기관의 종국재결권

I. 서론

중국법에 대한 연구는 그 자체로도 가치가 있는 것이지만 개인, 조직 또는 국가간 광범위한 범위에서 교류가 이루어지고 있는 이상 우리 개인, 조직 또는 국가의 이익과도 밀접한 관계가 된다고 할 수 있다. 중국법의 각 영역에 대한 충분한 연구와 이해로 특히 중국 내에서 정당하고 합법적인 사회활동이나 경제활동을 하면서 불가피하게 일어나는 법적분쟁을 원만히 해결하고 나아가 우리 국민의 권리가 전면적으로 보호되도록 하는데 도움이 되어야 한다는 것은 아무리 강조해도 지나치지 않다.

본문에서 제기하는 문제는 행정소송법과 개별 법률에서 행정심판기관에 대하여 종국재결권을 인정하고 있다는 내용을 소개하는 것이다. 행정심판기관에 대한 종국재결권의 인정은 법률의 규정에 의하여 행정심판기관이 최종적인 재결권을 행사한다는 것이다. 즉 법률의 명확한 수권에 근거하여 행정기관은 어떤 특정한 사건에 대하여 최종적인 결정을 할 권한을 가지고 행정상대인이 불복하는 경우에도 법원에 소송을 제기할 수 없고, 법원도 이에 대한 합법성을 심사할 권한이 없다. 어떤 특정한 문제에 대하여 사법기관의 간섭을 배제하고 이러한 범위에서 행한 행정심판기관의 재결행위는 합법적으로 종국적인 행위가 된다.

중국의 정치제도나 국가기관의 권력구조상 국무원이하 각 지방정부는 최고인민법원 또는 각급 지방인민법원에 비하여 강력한 권한을 행사한다. 행정행위에 대하여는 사실 국무원뿐만 아니라 다른 행정기관 역시 가능한 법원의 개입을 원하지 않는 것이 사실이고, 오히려 행정기관은 스스로 종국재결권의 확대를 바라는 입장에 있다는 점도 간과할 수 없는 사실이다. 본문에서는 이러한 점들을 염두에 두면서 행정심판기관에 종국재결권을 인정하는 근거, 종국재결권 행사의 주체, 종국재결권의 인정과 관련된 법리와 아울러 이에 대한 평가를 해 보는 것으로 한다.

II. 행정심판기관의 종국재결권의 근거

중국법에서 행정심판기관에 대하여 종국재결권을 인정하는 명문의 규정은 행정소송법과 행정심판법 및 개별 법률에서 찾아 볼 수 있다. 소송법적 근거와 개별 법률에서 인정하고 있는 경우로 나누어 약술한다.

1. 종국재결권의 인정에 대한 소송법적 근거

행정심판기관에 대하여 종국재결권을 인정하는 근거가 되는 행정소송법상의 규정은 행정소송의 수리범위에 대한 규정에서 찾아 볼 수 있다. 특히 행정심판기관에 대하여 종국재결권을 인정하는 규정이 행정소송법상 명문화되어 있기 때문에 개별 법률에서 인정하고 있는 종국재결권에 대하여 소송법적으로 재확인하고 있다는 의미도 된다. 먼저 중국 행정법에서 행정소송의 수리범위와 배제범위에 대한 이해가 필요할 것으로 보고 간단히 약술한다.

행정소송의 수리범위는 인민법원이 행정사건을 수리할 수 있는 사건의 범위를 말한다. 어떠한 행정 분쟁에 대하여 공민, 법인 또는 기타 조직이 인민법원에 행정소송을 제기할 수 있는가 하는 것이며, 법원이 어떠한 행정 분쟁 사건을 대상으로 심사하는가 하는 문제이다. 법원이 관할하는 행정사건의 범위를 확정하는 경우에는 일반적으로 개괄식, 열거식 및 절충식의 방식이 채택되고 있다. 중국의 행정소송법은 절충식 규정의 형식을 취하고 있다고 할 수 있다. 행정소송법 제2조는 공민, 법인 또는 기타 조직이 행정기관과 행정기관 업무인원의 구체적 행정행위가 그 합법권익을 침해하였다고 인정하는 경우에는 본 법에 따라 인민법원에 소송을 제기할 권리가 있다고 규정한다. 이는 행정소송법의 수리범위에 대한 개괄식 규정의 부분이다. 이와 아울러 행정소송법 제11조는 인민법원의 수리범위[1]를 구체적으로 열거하고 있다. 이러한 점에서 일반적으로 절충식으로 이해되고 있다.

행정소송법 제12조에서는 다시 사법심사의 배제범위를 4가지로 규정하고 있다. 행정소송법 제12조의 규정에 따라 행정심판기관이 행한 종국적 재결은 더 이상 행정소송으로 다투어질 수 없는 것이 되는 것이다. 구체적으로 법원의 사법심사가 배제되는 범위는 다음과 같다.

---

1) 제11조가 규정한 행정소송의 수리범위는 ① 구류, 벌금, 허가증과 면허증의 취소, 영업정지명령, 재물몰수 등의 행정처벌에 불복하는 경우, ② 신체의 자유에 대한 제한 혹은 재산의 봉인, 압류, 동결 등 행정강제조치에 불복하는 경우, ③ 행정기관이 법률이 규정한 경영자주권을 침범하는 것으로 인정하는 경우, ④ 법정 조건에 부합하는 허가증과 면허증의 신청에 대하여 행정기관이 처리를 거절하거나 회답이 없는 경우, ⑤ 행정기관에 신체권, 재산권 보호의 법정 직무이행을 신청하였으나 행정기관이 이행을 거절하거나 회답을 하지 않는 경우, ⑥ 행정기관이 법에 따라 무휼금을 지급하지 않을 경우, ⑦ 행정기관이 위법하게 의무의 이행을 요구 할 경우, ⑧ 행정기관이 기타 신체권이나 재산권을 침해한 것으로 인정하는 경우이다. 또한 상술한 8개항의 규정 외에 인민법원은 법률이나 법규가 행정소송을 제기 할 수 있도록 규정한 경우에는 이를 수리한다.

첫째, 국가행위이다. 국가행위는 정부행위라고도 한다. 국가행위는 국무원이나 국무원 총리 등이 헌법과 법률의 수권에 의하여 국가를 대표하여 실시하는 국방 및 외교 등에 관한 사무를 말한다. 국가행위가 인민법원의 사법심사를 받지 않는 이유는 국가행위가 주로 국가주권을 실현하는 것이고, 고도의 정치성을 가지며, 국가이익과 직접적인 관계를 가지며, 법률문제가 아니라 정치적 문제로서 사법권의 한계를 초월하는 것이기 때문이다. 그러나 국가행위가 사법적 감독을 받지 않는 것이 곧 국가행위가 어떠한 제약도 받지 않는다는 것은 아니다. 국가행위에 대한 문제는 행정적 또는 정치적 방법으로 해결한다는 것이다.

둘째, 추상적 행정행위이다. 추상적 행정행위는 행정기관이 행정법규, 규장 또는 일반적 구속력을 가지는 결정이나 명령을 정하는 행위이다. 그 특징은 적용대상의 불확정성 및 반복적 적용가능성이다. 추상적 행위가 사법적인 감독을 받지 않는 것은 국가적 성질과 의행합일(議行合一)[2]의 정치체제에 따라 결정된 것이다. 헌법의 규정에 의하면 추상적 행정행위에 대한 심사권은 국가권력기관과 상급 행정기관에 속한다. 구체적으로는 전국인민대표대회상무위원회가 헌법과 법률에 저촉하는 국무원이 제정한 행정법규, 결정 또는 명령에 대하여 취소권을 가진다. 현급 이상의 각 지방 인민대표대회상무위원회는 본급 인민정부가 제정한 부적당한 규장, 결정, 명령 및 기타 규범성문건에 대한 취소권을 가진다. 재판기관으로서의 인민법원은 행정입법에 대한 취소권이 없다. 따라서 행정기관의 추상적 행정행위에 대하여는 소송을 제기할 수 없는 것이다.

셋째, 내부적 행위이다. 행정기관의 내부 인원에 대한 상벌, 임면 등의

---

2) 의행합일(議行合一)의 정치체제는 의회와 행정은 하나라는 것으로 요약된다. 전국인민대표대회는 국가의 최고권력기관이며 전국의 인민을 대표하여 국가주권을 통일적으로 행사한다. 따라서 전국인민대표대회는 모든 행정기관의 상위에 있고 나아가 국가행정기관, 심판기관, 검찰기관은 모두 전국인민대표대회에 의하여 구성되며, 전국인민대표대회에 대하여 책임을 지며, 전국인민대표대회의 감독을 받는다. 許崇德, 「中國憲法」, 中國人民大學出版社 1999, p.53.

결정은 국가공무원의 법적 지위와 관련되는 결정이다. 이러한 행위는 행정기관의 내부적 행위로서 공민, 법인 또는 기타 조직의 합법권익에 영향을 주지 않으며, 따라서 인민법원은 이와 관련된 사건은 수리하지 않는다.

넷째, 법률이 행정기관을 최종적인 재결기관으로 정한 행위이다. 법률[3]이 행정기관으로 하여금 최종적으로 재결토록 한 구체적 행정행위는, 말하자면 국가최고권력기관이 행정기관으로 하여금 최종적으로 재결하도록 수권한 구체적 행정행위를 말한다. 이러한 구체적 행정행위에 대하여 소송을 제기하는 경우에 인민법원은 이를 수리하지 않는다. 법률이 행정기관으로 하여금 최종적으로 재결토록 한 구체적 행정행위는 행정유보사항에 속하고 이러한 행정유보사항은 사법적 심사를 받지 않는다는 것이다. 행정소송법 제12조에서 이와 같은 규정을 함으로써 행정심판기관에 의한 종국재결권의 행사가 다시 한번 확인되고 합법화 되는 것이다.

2. 기타 실정법적 근거

개별법에서 행정심판기관에 의한 종국재결권을 규정하고 있는 경우는 구체적으로 행정심판법 제14조의 규정, 행정심판법 제30조 제2항의 규정, 외국인출입국관리법 제29조 및 중국공민출입국관리법 제15조의 규정이 해당한다. 개별 법 조문의 구체적인 내용은 종국재결권 인정의 유형에서 별도로 논한다.[4]

---

3) 최고인민법원의 행정소송법에 관한 사법해석 제5조의 규정에 의하면, "행정소송법 제12조 제4호가 규정한 법률이 행정기관을 최종재결하도록 규정한 구체적 행정행위"에서, 이때 "법률"은 전국인민대표대회 및 그 상무위원회가 제정한 규범성문건을 가리킨다.

4) 참고로, 과거 상표법 제21조에서는 상표평심위원회가 종국재결을 하도록 규정하고, 특허법 제43조 제3항에서는 특허복심위원회가 종국재결을 하도록 규정하였으나, WTO 가입을 앞두고 2000년 8월과 2001년 9월에 각각 해당 법률을 개정함으로써 이러한 내용이 폐지되었다.

III. 행정심판의 관할과 종국재결권 행사의 주체

1. 행정심판의 관할 주체

행정심판5)에서 종국재결을 할 수 있는 행정심판기관과 관련하여, 우선 중국의 행정심판법상 인정되는 행정심판기관을 이해할 필요가 있다. 우선 행정심판기관은 법률의 규정에 의하여 행정심판의 청구를 수리할 권한이 있고 피신청 행정행위에 대하여 적법성과 합리성을 심사하며, 그에 대한 결정을 내리는 기관이다. 이러한 개념을 근거로 정의하면 행정심판기관은 다음과 같이 해석된다.

첫째, 행정심판기관은 행정기관이다. 둘째, 행정심판기관은 행정심판권을 가지는 행정기관이다. 그러나 모든 행정기관이 행정심판권을 가지는 것은 아니며, 예컨대 행정심판법은 향·진 인민정부에 대하여 행정심판권을 부여하지 않고 있다. 셋째, 행정심판기관은 자기의 명의로 행정심판권을 행사하며, 그 행위의 결과에 대하여 법적 책임을 질 수 있는 행정기관이다. 따라서 행정심판기관은 반드시 행정주체에 한한다.6)

행정심판법상 행정심판기관은 다음과 같이 분류된다. 첫째, 피신청의 구체적 행정행위를 한 행정주체가 행정심판기관이 되는 경우이다. 예컨대 성, 자치구, 직할시 인민정부 또는 국무원 소속부문의 행정행위로 행정심판사건이 발생한 경우에는 성, 자치구, 직할시 인민정부 또는 국무원 소속부문이 행정심판기관이 된다. 시간적인 절약이나 효율성은 이해할 수 있지만 자기와 관련된 사건을 스스로 심판한다는 점에서 공정성에는 문제가 있는 것이다. 둘째, 피신청의 구체적 행정행위를 한 행정주체의 직속 상급 행정기관이 행정심판기관이 되는 경우이다. 이는 일반적인 경

---

5) 본서에서 "행정심판"으로 번역하고 있으나 중국에서는 "行政復議"라 한다.
6) 姜明安, 「行政法與行政訴訟法」, 北京大學出版社·高等敎育出版社 2005, p.432.

우의 행정심판기관으로 상급기관의 영도권[7]과 감독권을 이용함으로써
행정심판의 공정성을 어느 정도 확보할 수 있다는 점이 있다. 셋째, 피신
청의 구체적 행정행위를 한 행정주체가 속하는 인민정부가 행정심판기관
이 되는 경우이다. 예컨대 모 파출기관이 행한 구체적 행정행위에 대하여
파출기관을 관할하는 시 인민정부가 행정심판을 하는 경우와 같다.

상술한 내용을 행정심판법의 규정에 따라 좀더 구체적으로 살펴보면
다음과 같다.[8]

① 현급 이상의 지방 각급 인민정부에 소속하는 부문기관의 구체적 행
정행위에 불복하는 경우, 신청인의 선택에 의하여, 해당 부문기관의
본급 인민정부에 행정심판을 신청할 수 있고, 또한 직속 상급 주관
부문에 행정심판을 청구할 수 있다.

② 세관, 금융, 국세, 외환관리 등 수직적 영도를 행하는 행정기관과 국
가안전기관의 구체적 행정행위에 대한 불복하는 경우에는 직속 상
급의 주관부문에 행정심판을 청구한다.

③ 지방 각급 인민정부의 구체적 행정행위에 대하여 불복하는 경우에
는 상급 지방인민정부에 행정심판을 청구한다.

④ 성, 자치구 인민정부가 법에 따라 설치한 파출기관에 소속한 현급
지방인민정부의 구체적 행정행위에 대한 불복은 해당 파출기관에[9]
행정심판을 청구한다.

⑤ 국무원 각 부문 또는 성, 자치구, 직할시 인민정부의 구체적 행정행
위에 대한 불복은, 당해 구체적 행정행위를 행한 국무원의 부문 또
는 성, 자치구, 직할시 인민정부에 행정심판을 청구한다. 행정심판

---

7) 영도(領導)라 하면 포괄적인 지배 관리로 이해할 수 있다.

8) 행정심판법 제12조에서 제15조.

9) 파출기구는 성급 인민정부의 파출기구인 행정공서(行政公署), 성 관할의 시 인민
정부가 설치한 파출기구인 구공소(區公所), 시 또는 구 인민정부가 설치한 파출
기구인 가도판사처(街道辦事處, 동사무소에 상당)가 있다. 파출기구는 인민정부
에 상당하는 정도는 아니지만 그 직권의 상대적인 독립성을 고려하여 행정심판
법에서는 파출기구에도 행정심판의 청구를 할 수 있도록 규정하고 있는 것이다.

결정에 불복하는 경우에는 인민법원에 행정소송을 제기할 수 있다. 또한 국무원에 재결을 신청할 수 있고, 국무원은 행정심판법의 규정에 따라 최종적인 재결을 행한다. 국무원이 최종재결하면 인민법원에 소송을 제기할 수 없다.

⑥ 현급 이상의 지방인민정부가 설치한 파출기관이 행한 구체적 행정행위에 대한 불복은 해당 파출기관을 설치한 인민정부에 대하여 행정심판을 청구한다.

⑦ 정부의 부문이 설치한 파출기구가 법률, 법규, 규장에 의하여 자기의 명의로 행한 구체적 행정행위에 대한 불복은 해당 파출기구를 설립한 부문 또는 해당 부문의 본급 인민정부에 행정심판을 청구한다.

⑧ 법률, 법규의 수권에 의한 조직이 행한 구체적 행정행위에 대한 불복은, 해당 조직을 직접 관리하는 지방인민정부, 지방인민정부의 부문 또는 국무원의 부문에 행정심판을 청구한다.

⑨ 둘 또는 둘 이상의 행정기관이 공동명의로 행한 구체적 행정행위에 대한 불복은, 해당 행정기관의 공동 상급 행정기관에 행정심판을 청구한다.

⑩ 소멸된 행정기관이 소멸 전에 행한 구체적 행정행위에 대한 불복은, 그 직권을 계속적으로 행사하는 행정기관의 상급 행정기관에 행정심판을 청구한다.

아울러 공민, 법인, 또는 기타 조직이 행정심판을 신청하여 행정심판기관이 수리한 경우 또는 법률이나 법규의 규정에 의하여 마땅히 행정심판기관에 우선적으로 행정심판을 청구해야 하고 행정심판 결정에 불복할 경우에 다시 인민법원에 행정소송을 제기할 수 있도록 한 경우[10]에, 법정 행정심판기간 내에는 인민법원에 행정소송을 제기할 수 없다. 또한 공민, 법인 또는 기타 조직이 인민법원에 소송을 제기하여 인민법원이 이를 수리한 경우에는 다시 행정심판을 청구할 수 없다.

---

10) 예컨대, 「중화인민공화국세수징수관리법」 제88조.

2. 종국재결권 행사의 주체

현행법에서 인정되고 있는 종국재결권의 행사주체는 다음과 같이 두 경우로 논할 수 있다. 즉 당해 구체적 행정행위를 명한 행정주체가 바로 종국재결권을 행사하는 경우와 당해 구체적 행정행위를 명한 행정기관의 직 상급기관이 종국재결권을 행사하는 경우이다.

첫째, 피신청의 구체적 행정행위를 행한 행정주체가 바로 종국재결권을 행사하는 주체가 되는 경우이다. 행정심판법 제30조 제2항의 규정에 따라 국무원 또는 성, 자치구, 직할시 인민정부가 행정구획에 대한 획정, 조정 또는 토지징용에 관한 결정을 하거나 성, 자치구, 직할시 인민정부가 토지, 광산, 유수(水流), 삼림, 산령(山嶺), 초원, 황무지, 모래사장, 해역 등 자연자원의 소유권 또는 사용권을 확인하는 행정심판재결을 하는 경우 국무원, 성 인민정부, 자치구 인민정부, 직할시 인민정부는 종국재결권을 행사하는 주체가 된다.

둘째, 피신청의 구체적 행정행위를 한 행정주체의 직속 상급 행정기관이 행정심판기관이 되는 경우이다. 예컨대 행정심판법 제14조의 규정에 의하여 성, 자치구, 직할시 인민정부 또는 국무원 소속부문의 행정행위로 행정심판사건이 발생한 경우에는 국무원의 부문이나 성, 자치구 또는 직할시 인민정부가 행정심판기관이 된다. 이때 국무원 부문이나 성, 자치구, 직할시 인민정부의 행정심판재결에는 불복하지만 행정소송을 제기하지 않고 국무원에 다시 재결을 신청하여 이때 국무원이 내리는 결정은 종국적 재결이 되고, 이때 국무원은 종국재결권을 행사하는 주체가 된다. 또한 출입국관리법의 규정에 의하여 공안기관이 구류처분을 하고 이에 불복하지만 행정소송을 제기하지 않고 직속 상급 공안기관에 신소를 제기하는 경우로서 이때 직 상급 공안기관이 재결을 하면 그 직속 상급 공안기관은 종국재결권을 행사하는 주체가 된다.

IV. 종국재결권의 인정에 관한 법리

1. 종국재결권을 인정하는 이론적 배경

행정행위가 공민의 권리나 의무에 관계되고 행정심판기관에 종국재결권이 인정되는 경우에는 합리적인 이유가 존재하여야 할 것이다. 중국 법제에서 어떠한 이론적 배경으로 행정심판기관에 의한 종국재결권이 인정되는가를 살펴볼 필요가 있다.

우선, 학계에서는 다음과 같은 이유로 행정심판기관의 종국재결권을 긍정하고 있다. 첫째, 어떠한 행정행위가 국가의 중요한 기밀과 관계되는 경우에 인정된다는 것이다. 소송으로 진행하는 경우에 국가적 이익이 문제로 되는 경우를 염두에 둔 것으로 이해할 수 있다.[11] 둘째, 어떤 행정행위가 행정상대인의 이익을 침해할 가능성이 없거나 침해 가능성이 극히 희박한 경우이다.[12] 셋째, 어떠한 행정행위가 전문성이나 기술성이 매우 강하고 복잡하여 법관에 의한 심사가 무익한 경우이다. 행정행위의 고도의 전문성 또는 복잡성으로 인하여 법원의 심사능력에 한계가 있는 경우 사법심사를 통한 구제는 무의미한 것이라는 점이 주된 이유다.[13] 넷째, 어떠한 행정행위에 대하여는 사법절차와 대등한 행정절차를 통한 보장이 있고 행정계통 내부에 공정성을 충분히 담보할 구제수단이 마련된 경우이다. 행정기관 내부에 신뢰할 수 있는 구제제도가 마련된 경우에는 행정상대인이 다시 행정소송을 제기하는 번거로움을 면할 수 있고 행정효율성의 확보 또는 사회적 비용을 절감할 수 있다는 것이다.[14] 다섯째, 전쟁 등 불가항력으로 인하여 행정구제수단 이외의 사법구제가 불가능한 경우

---

11) 羅毫才, 「中國司法審査制度」, 北京大學出版社 1993, p.315.
12) 姜明安, 「行政法與行政訴訟法」, 北京大學出版社 · 高等教育出版社 2005, p.480.
13) 姜明安, 「行政訴訟法學」, 北京大學出版社 2001, p.91.
14) 桨發邦, 「行政訴訟法教程」, 中國人民公安大學出版社 1990, p.167.

를 그 이유로 상정할 수 있다.[15)]

이러한 여러 가지 이유는 물론 종국재결권의 인정에만 국한되는 이유는 아닐 것이다. 행정심판제도의 필요성을 강조하는 내용이지만 일반적으로 중국 법학계에서는 종국재결권을 인정하는 이유로도 제시되고 있는 것이다. 필자의 개인적 견해로는 상술한 내용도 이유가 되겠지만 이러한 제도를 인정하는 기본적인 배경은 인민대표대회와 의행합일이라는 중국의 정치제도로 말미암아 사실상 행정기관이 사법기관에 비하여 우월적인 지위에 있다는 데 그 원인이 있는 것으로 보인다.

2. 종국재결권 인정의 유형

현행법 규정에서 행정심판기관의 종국재결권 인정에 관한 유형은 두 가지로 분류된다. 하나는 행정상대인이 행정심판이나 행정소송을 선택적으로 청구할 수 있는 상황으로 행정상대인이 일단 행정심판을 통하여 구제를 신청하면 그 이후에는 사법적 구제를 청구할 수 없다. 예컨대, 외국인출입국관리법 제29조와 중국공민출입국관리법 제15조의 규정에 의하면, 공안기관의 구류 또는 벌금의 처분을 받은 자가 그 처벌에 불복하는 경우에는 처벌통지서를 받은 날로부터 15일 이내에 상급 공안기관에 신소할 수 있고, 상급 공안기관이 이에 대한 최종재결을 하며, 또한 직접 인민법원에 행정소송을 제기할 수 있다.

또한 행정심판법 제14조의 규정에 의하면 국무원 부문 또는 성, 자치구, 직할시 인민정부의 구체적 행정행위에 불복하는 경우에는 당해 구체적 행정행위를 한 국무원의 부문이나 성, 자치구, 직할시의 인민정부에 행정심판을 청구할 수 있고, 행정심판결정에 불복하는 경우에는 인민법원에 행정소송을 제기할 수도 있고, 또한 국무원에 재결을 신청할 수도

---

15) 姜明安,「行政法與行政訴訟法」, 北京大學出版社·高等敎育出版社 2005, p.480.

있다. 국무원에 재결을 신청한 경우에 국무원은 행정심판법의 규정에 따라 종국적인 재결을 한다.

행정심판기관의 종국재결의 다른 한 유형은 행정상대인은 오직 행정심판을 통하여 구제를 받을 수 있고, 법원의 사법적 결정을 통한 구제가 불가능한 경우이다. 이는 법률이 행정심판기관에 대하여 어떤 행정 분쟁에 대한 최종적인 결정권을 부여한 것이므로, 당사자가 불복하는 경우에도 오직 종국재결을 한 행정심판기관 또는 그 상급기관에 신소[16]할 수 있을 뿐이고, 인민법원에 행정소송을 제기할 수 없는 경우이다. 예컨대 행정심판법 제30조 제2항의 규정에 의하면, 국무원 또는 성, 자치구, 직할시 인민정부의 행정구역에 대한 획정, 조정 또는 토지징용의 결정이나 성, 자치구, 직할시 인민정부의 토지, 광산, 유수(水流), 삼림, 산령(山嶺), 초원, 황무지, 모래사장, 해역 등 자연자원의 소유권 또는 사용권을 확인하는 행정심판재결을 종국재결로 한다.

상술한 바와 같이 행정심판기관에 종국재결권이 인정되는 유형의 사건에 해당하는 경우에는 행정소송을 통한 구제의 길이 없는 것이다. 이와 아울러 일부 학자는 필요적 행정심판전치주의[17]를 취하고 있는 경우를

---

16) 행정법에서 신소(申訴)는 국가 관련 기관의 위법 또는 부당한 처분에 대하여 공민이 국가기관에 대하여 사실과 이유를 진술하고 재차 처리하도록 요구하는 것이다. 법률이 명문으로 금지하지 않는 한 서면 또는 구두의 방식으로 모든 국가기관에 제기할 수 있다. 인민대표대회상무위원회에 대한 신소, 행정감찰기관에 대한 고발, 행정주관부문에 대한 신소 등을 예로 들 수 있고, 사법절차에서도 신소는 인정된다. 姜明安, 「行政法與行政訴訟法」, 2005年版, p.405이하 참조.

17) 예컨대 「중화인민공화국세수징수관리법」 제88조의 규정에 의하면 납세자, 원천징수의무자, 납세담보인과 세무기관 사이에 발생하는 분쟁의 경우, 반드시 먼저 세무기관의 납세결정에 따라 납부하거나 세액 및 체납금을 해결 또는 상응하는 담보를 제공한 후 행정심판을 청구할 수 있다. 이 행정심판의 결정에 불복하는 경우에는 법에 따라 인민법원에 소송을 제기할 수 있다. 이러한 규정에 따라 세무분쟁에 관한 행정소송의 제기는 반드시 행정심판을 거쳐야 한다. 납세의무자가 감당할 수 없는 거액의 세금이나 담보제공이 필요한 경우에는 행정심판마저도 청구할 수 없는 경우가 발생하는 것이다. 이렇게 되면 행정소송을 통한 구제는 무의미한 것이 된다는 것이다. 劉俊沈, "行政終局裁決權質疑," 「憲法學 行政

예로 들어 법규가 사실상 행정심판기관에 의한 종국재결을 인정하는 것으로 보고 있다. 즉 법규의 명문상으로는 종국재결이라고 하지 않지만, 그 실질적인 내용은 행정상대인이 오직 행정심판기관의 재결에 의하여 구제받을 수밖에 없는 경우가 해당한다는 것이다. 우리나라에서도 과거 필요적 행정심판전치주의가 국민의 재판을 받을 권리를 침해한다는 것으로 문제가 되어 해당 법률이 개정되었던 것을 생각하면 이러한 주장도 설득력이 있다고 본다.

3. 행정심판기관의 종국재결과 사법최종재결원칙의 관계

행정소송의 기본원칙에서 사법최종재결의 원칙은 일반적인 경우에 행정심판기관의 재결과 인민법원의 판결의 효력에 대한 우선 순위를 논하는 것이다. 사법최종재결의 원칙이 요구하는 바는, 동일한 행정사건에 대한 행정심판기관의 재결은 반드시 인민법원의 재판에 복종해야 한다는 것을 내용으로 한다.

행정소송법 제37조 제1항의 규정에 의하면, 인민법원의 사건 수리범위에 속하는 행정사건에 대하여 공민, 법인 또는 기타 조직은 먼저 상급 행정기관이나 법률 법규가 수권한 행정기관에 행정심판을 신청할 수 있고, 심판에 불복하는 경우에는 인민법원에 소송을 제기할 수 있다. 또한 직접 인민법원에 소송을 제기할 수도 있다. 동법 제37조 제2항에서는, 법률이나 법규가 먼저 행정기관에 행정심판을 하도록 규정한 경우, 심판에 불복하여 다시 인민법원에 소송을 제기하는 경우는 당해 법률이나 법규의 규정에 의한다고 규정하고 있다. 행정소송법 제37조의 규정에 의하여 행정심판을 거쳐 불복하여 행정소송을 거치는 경우 행정소송의 판결을 종국

法學」, 中國人民大學資料中心 2005년 제2기, p.33. 또한 행정심판전치주의의 부정적인 측면에 대하여는 천병태, 「행정구제법」, 삼영사 2004년, p.114 참조.

적인 판단으로 한다는 것이다. 행정 분쟁의 당사자는 사법재판에 복종하여야 한다는 것으로 더 나아가서는 법원의 판결이 확정력, 기속력 및 집행력을 가진다는 것을 의미한다.

행정심판기관에 의한 종국재결은 앞서 서술한 바와 같이 행정사건이 행정심판을 경과하면 더 이상 행정소송을 제기할 수 없고, 당해 종국결정은 최종적으로 법적 효력을 가진다. 일반적으로 행정심판기관의 종국재결을 인정하는 주된 이유는 사실 법원의 재판이 부적당한 경우 예컨대 행정기관의 재량이나 국방 외교 등 국가행위에 관련된다. 다만 이러한 종국재결권의 인정은 예외적인 것이라 할 수 있다. 예컨대 미국 행정법에서도 원칙적으로 모든 행정행위는 사법심사를 받을 수 있는 것으로 이해되고, 다만 사법심사를 할 수 없는 행정행위는 예외적으로 인정되는 것과 같다.

미국 행정법상 이러한 예외는 두 가지가 있음을 알 수 있다. 즉 법률규정이 사법심사를 할 수 없도록 규정한 경우와 사안의 성질상 법원의 판단에 적합하지 않는 경우이다. 즉 행정행위는 원칙상 법원이 심사할 수 있는 것으로 가정한다. 이러한 원칙을 "심사가능성의 추정(presumption of reviewablity)"이라 부르고, 사법심사를 배제하는 경우는 엄격한 규정을 두어 명시적으로 배제한다는 것이다.18)

상술한 예를 보면 사법최종재결의 원칙은 행정사건을 심사하는 기본적인 원칙이 되고, 행정심판기관에 의한 종국재결을 인정하는 것은 예외적인 경우에 한정된다. 이러한 예외적인 경우는 엄격한 제한을 받고 있는 것이다. 사법심사는 행정의 내부적인 감독 시스템인 행정심판에 비하여 공정성을 보다 더 확실히 담보할 수 있다는 점을 상기할 때 행정심판기관에 의한 종국적인 재결의 인정은 사실상 사법최종재결의 원칙과는 배치되는 것이라 할 수 있다.

---

18) 王名揚, 「美國行政法 (下)」, 中國法制出版社 1997, p.604.

4. 부작위와 강제집행의 신청에 관한 문제

행정심판기관에 의하여 종국재결이 이루어지면 이에 불복하더라도 인민법원에 소송을 제기할 수 없다. 그러나 상대인이 행정기관의 구체적 행정행위에 불복하여 행정심판을 제기하여도 종국재결을 할 심판기관이 수리하지 않거나 법정의 심판기간 내에 심판하지 않는 경우에도 행정소송을 제기할 수 없는 것인가 하는 것이 문제로 될 수 있다.

권리 있는 곳에 구제가 있어야 한다는 것은 법치행정의 기본원리이다. 종국재결의 심판을 하지 않는 경우에도 행정소송의 수리범위에서 제외한다면 상대인은 권리구제의 기회를 갖지 못하게 되고, 권리 있는 곳에 구제가 있어야 한다는 법 원리에도 반하게 되는 것이다. 이와 같은 이유로 종국재결을 할 행정심판기관이 종국재결을 하지 않는 경우에는 행정상대인에게 행정소송을 제기할 기회를 부여하여야 마땅한 것이라고 판단되지만, 중국법에서는 현재 이에 대한 명시적인 규정이 없다는 것을 지적할 수 있다.

다음은 종국재결에 따라 행정기관이 인민법원에 강제집행을 신청할 수 있는가 하는 것이 문제로 될 수 있다. 행정소송법 제66조에 의하면 공민, 법인 또는 기타 조직이 구체적 행정행위에 대하여 법정기간 내에 소송을 제기하지 않거나 또는 그 구체적 행정행위의 내용을 이행하지 않는 경우에는, 행정기관이 인민법원에 강제집행을 신청할 수 있고, 또는 법에 따라 강제집행을 할 수 있다. 이때 행정심판기관이 종국재결을 내린 경우에 구체적 행정행위를 한 행정기관이 인민법원에 강제집행을 신청할 수 있는가 하는 문제에 대하여 행정소송법에는 명확한 규정이 없다. 다만 학계에서는 두 가지 의견이 대립되고 있다.[19]

하나는 행정심판기관이 내린 종국재결 사건은 인민법원에 강제집행을

---

19) 蔡小雪, "行政復議與行政訴訟的銜接," 「行政復議司法化: 理論實踐與改革」, 北京大學出版社 2005, p.338.

신청할 수 없다는 주장이다. 그 주된 이유는, 인민법원은 행정기관이 강제집행을 신청하는 구체적 행정행위에 대하여 반드시 합법성에 대한 심사를 하여야 하고, 다만 합법적인 구체적 행정행위일 경우에 법원은 강제집행을 할 수 있다. 행정소송법이 행정심판기관의 종국재결을 사법심사에서 배제한 것은 인민법원이 종국재결에 대한 합법성 심사를 할 수 없다는 것을 의미한다. 이처럼 법원이 합법성 심사를 할 수 없다면 종국재결 사건에 대한 합법성 여부도 심사를 할 수 없고 따라서 강제집행 역시 행할 수 없는 것이다.

이와 반대되는 의견은, 인민법원에 종국재결에 따른 강제집행을 신청할 수 있다고 주장한다. 그 이유는 두 가지로 제시된다. 첫째, 행정심판법의 제정 이후 국무원이 내린 심판결정, 국무원 또는 성급 인민정부의 행정구획에 대한 획정이나 조정 또는 토지징용에 관한 결정, 성급 인민정부의 자연자원의 소유권 또는 사용권의 확인에 대한 심판결정을 종국재결로 하였다. 이러한 구체적 행정행위는 주로 강제집행을 내용으로 하지만 관련 법규에서는 행정기관의 강제집행권을 규정하지 않았다. 인민법원에 강제집행을 신청하여도 인민법원이 집행을 하지 않는다면 종국재결은 무의미한 것이 되고 따라서 법질서의 안정에도 합당하지 못하다는 이유에서 강제집행을 인정해야 한다는 것이다.

인민법원의 강제집행이 가능하다는 두 번째 이유는, 최고인민법원의 행정소송법관련사법해석 제87조의 규정에 의하면, 법률이나 법규가 행정기관에 강제집행권을 수여하지 않은 경우로 행정기관이 인민법원에 강제집행을 신청한 경우 인민법원은 이를 수리하도록 규정하고 있다는 것이다. 또한 법률이나 법규가 행정기관이 강제집행을 할 수도 있고, 또한 인민법원에 강제집행을 신청할 수도 있도록 규정한 경우에, 행정기관이 인민법원에 강제집행을 신청하면 인민법원이 이를 수리할 수 있다고 규정한다.

이러한 규정에 따라 법률이나 법규의 규정이 종국재결의 행정기관에 강제집행권을 부여하지 않은 경우, 또는 법률이나 법규가 행정기관이 강

제집행할 수도 있고, 또한 인민법원에 강제집행을 신청할 수 있도록 규정
한 경우에 인민법원이 그 신청을 수리하는 것은 법적 근거를 가지게 되
는 것이다. 실무상으로 강제집행을 신청할 수 있도록 하고 있다는 점에
주의할 필요가 있다.

V. 종국재결권의 인정에 대한 평가

1. 공민의 권리구제 측면에서 본 평가

권리의 침해를 받는 경우에 반드시 사법기관을 통한 구제장치가 마련
되어야 한다는 점에서 생각할 수 있다. 이는 법치주의의 중요한 내용이라
할 수 있다. 권리의 침해 여부에 대한 분쟁이 있는 경우에는 당연히 법원
에 의한 심사가 보장되어야 하며, 사법상의 권리에 대한 분쟁은 물론이고
공법상의 권리 역시 법원에 의한 재판이 보장되어야 하며, 이는 모든 공
민이 법원에 재판을 청구할 권리를 가진다는 것을 의미하기도 한다. 이러
한 권리는 자의적으로 박탈할 수 없는 것이다.

중국의 행정소송법 제2조에서 공민, 법인 또는 기타 조직이 행정기관
및 행정기관 업무인원의 구체적 행정행위가 그 합법권익을 침해하였다고
인정하는 경우에는 인민법원에 소송을 제기할 권리가 있다고 규정한 뒤,
동법 제12조 제4호에서 행정심판기관에 종국적인 재결권을 인정함으로
써 일종의 면죄부를 부여하는 것은 문제점이 있다. 이러한 면죄부는 비단
사법에 의한 구제의 원리에 반할 뿐 아니라 사실상 기타 권력적 감독을
배제함으로써 행정기관에 의한 종국재결권의 남용을 초래할 가능성도 있
다. 특히 행정기관의 효율성 추구와 이로 말미암아 행정권에 대한 사법권
의 불필요한 간섭을 배제하기 위하여 행정심판기관에 종국재결권을 인정

하게 되면, 위법적인 구체적 행위로 인하여 손해를 입을 경우에도 사법기관을 통한 시정의 기회를 상실하게 되는 것이다.

2. 법원(法院)의 정치적 지위에서 본 평가

법치의 실현 여부는 법원의 공신력과도 관련된다고 할 수 있으며, 법원에 대한 공신력은 어떤 의미에서는 국가의 정치제도상 법원의 지위나 기능과 관련이 있다고 할 수도 있다. 사실 엄격히 말하면, 중국에서 사법기관인 법원은 인민민주전정(독재)의 도구로 이해되며, 이 때문에 사법은 정치성이 가장 강한 것으로 평가되기도 한다. 헌법에서는 비록 법원에 대하여 "한 개 정부와 두 개의 원(一府兩院)"20)에 해당하는 것으로 정치적 지위를 부여하지만 현실적 상황은 공산당의 위원회, 정부, 인민대표대회와 정치협상회의에 의해 모든 결정이나 정책이 좌우되고, 인민법원은 정부 속의 한 부문에 속하는 처지가 되고,21) 영도의 대상이나 감독의 대상으로 전락한 상황이다. 이러한 이유로 법원은 중립적인 판단기관으로서의 충분한 기능을 발휘할 수 없고 더욱이 사법적 권위를 기대할 수 없다는 비판이 가능하게 된다.22)

상술한 이유로 국무원은 법원에 비하여 우월한 지위를 가지게 되고, 이에 따라 행정심판기관이 일부 사건에 대하여 종국적 재결권을 행사하는 현상으로 나타나는 것이다. 사법적 권위의 회복과 사법공정을 실현하기 위해서는 근본적인 정치제도의 개선을 예상할 수밖에 없는 상황이고, 이러한 문제가 해결되는 과정에서는 반드시 당과 법률의 관계, 국가기관의 법적지위에 관한 문제 및 법원과 기타 행정기관과의 관계 등이 해결

---

20) 한 개의 부(府)는 국무원, 두 개의 원(院)은 인민법원과 인민검찰원을 의미한다.
21) 예컨대, 법원의 예산을 정부가 편성하고, 법관의 급여제도나 급여기준 또는 퇴직제도를 국가가 규정하도록 하는(중화인민공화국법관법 제36조, 제42조) 등.
22) 孫謙·鄭成良, 「司法改革報告」, 法律出版社 2004, p.244.

되어야 할 것이다. 행정심판기관에 대한 종국재결권을 계속하여 인정할 것인가 하는 것도 동시에 고려되어야 할 사항인 것이다.

3. 세계무역기구 가입에 따른 의무이행의 측면에서 본 평가

중국은 2001년 세계무역기구(WTO)의 성원국이 되었다. 세계무역기구에서 말하는 사법심사제도는 세계무역기구의 사법심사의 원칙적 규정과 함께 각 성원국 정부의 약속에 관련된 제도를 포함한다. 중국은 세계무역기구의정서 제1부분 총칙의 제2조 무역제도의 실시 (D)항에서 다음과 같은 규정을 두고 있다.[23]

즉, ① 중국은 심판정(심판기관), 연락소 및 절차를 설립 지정 또는 유지하고, 1994년의 「관세및무역에관한일반협정」의 관련 규정이 지정하는 법률, 법규 및 일반적으로 적용되는 사법결정과 행정결정의 실시에 관계되는 모든 행정행위의 신속한 처리를 하도록 한다. ② 이러한 심사절차에는 심사를 받는 당해 행정행위에 영향을 받는 개인, 기업 또는 기타 조직에 상소의 기회를 부여하는 것을 포함하며, 상소로 인하여 불이익을 받지 않을 것임을 포함한다. 이러한 승낙의 내용에 입각하면[24] 심사기관인 심판정은 반드시 공정성이 확보되는 판단기관이어야 하며, 법률이나 법규를 집행하는 행정기관과는 독립된 기구이어야 한다.

---

23) 劉俊沈, "行政終局裁決權質疑,"「憲法學 行政法學」, 中國人民大學資料中心 2005年2期, p.36.

24) 세계무역기구 협정은 GATT의 규정을 그대로 이어 받은 후 서비스무역, 지적재산권 관련 협의, 분쟁해결에 관한 양해 등의 규정을 추가한 것이다. GATT 규정 제10조는 성원국에 대하여 무역에 관한 법규의 공포, 공정하고 합리적인 법규의 집행을 요구하고 있을 뿐만 아니라 행정작용의 심사와 시정을 위하여 성원국에 대하여 사법기구, 중재기구, 행정법원 또는 관련 절차의 설치나 수립을 요구하고 있다. 「1989 Documents Supplement to Legal Problems of International Economic Relations」, West Publishing Co in U.S.A, 1989, pp.14-15.

즉 당해 행정행위와 이해관계가 없는 공정한 기구에 의한 심사가 요구되는 것이다. 또한 최초의 상소권을 행정기관에 하도록 하였다면 반드시 사법기관에 다시 구제를 신청할 기회를 부여하여야 한다. 따라서 행정기관의 행위에 대하여 행정심판을 청구할 수도 있고 또한 선택적으로 사법기관에 소송을 제기할 수도 있어야 한다. 이러한 점에서 행정심판기관에 대한 종국재결권의 인정은 재검토될 필요가 있는 것이다.

4. 행정심판의 심급(審級)과 관련한 평가

중국의 행정심판에서도 일재종국(一裁終局)의 원칙을 취한다. 즉 행정심판은 한 차례의 심판에 그치고 한번 내린 심판재결에 대하여 재차 행정심판을 청구할 수 없다는 것이다. 재결에 불복하는 경우에는 일반적으로 인민법원에 행정소송을 제기할 수 있을 뿐이다. 중국법상 행정심판의 일재종국제도의 내용을 요약하면 다음과 같다. 첫째, 행정상대인이 행정기관의 구체적 행정행위에 불복하는 경우에는 오직 한차례의 행정심판청구권을 행사할 수 있다. 둘째, 행정심판기관은 당해 구체적 행정행위에 대하여 한 차례의 행정심판결정을 할 수 있는 것이다. 셋째, 별도의 법률규정이 있는 경우에 한하여 그 법률규정에 의하여 일재종국원칙에 대한 예외가 인정된다.

행정심판에서 일재종국의 형식을 취하는 것은 다음과 같은 이유가 제시된다.25) 첫째, 행정 분쟁의 신속한 해결이다. 행정심판제도의 설치가 어떠하든 간에 이러한 제도는 행정 계통의 내부적 자기 시정과 관련되는 제도이고, 이러한 자기 시정과 관련된 제도는 그 제도 자체의 결함으로 인하여 구체적인 행정행위에 대하여 그야말로 객관적이고 공정하게 심사할 수 없는 상황이고, 동일한 내부적인 계통에서 행정심판을 반복한다고

---

25) 姜明安, 「行政法與行政訴訟法」, 北京大學出版社·高等敎育出版社 2005, p.418.

하더라도 그 자체의 결함을 완전히 보완하기는 어렵고 불필요하게 분쟁해결이 시간만 지연시킬 수 있다는 점이다. 둘째, 행정심판의 심급을 일재종국으로 하는 것은 사법최종재결의 원칙과 관련된다. 현대적 법치의 중요한 명제는 모든 법적인 분쟁은 최종적으로 법원이 해결하여야 한다는 것이다. 행정분쟁과 행정상대인의 합법적 권익은 매우 밀접한 관계가 있으므로, 당연히 법원이 최종적인 재결을 하는 것으로 예상하는 것이다.

행정심판을 인정하는 것은 결국 행정에 대하여 자기 시정의 기회를 가지도록 하는 것과, 이러한 제도를 통하여 신속한 분쟁의 해결을 도모하는 것이다. 그러나 이러한 제도적 의의도 국민의 권리구제와 법원에 의한 사법최종재결의 원칙을 전제로 하지 않을 수 없다. 행정심판법상 일재종국의 원칙을 취하는 것도 이러한 점을 고려한 것이라 판단된다. 행정심판기관에 대한 종국재결권의 인정은 결국 공민의 권리구제를 약화시킬 수 있다는 점에서 고려될 필요가 있다고 본다.

VI. 결어

중국은 특히 법제개선에도 많은 노력을 기울이고 있고 이에 따라 법률의 제정이나 개정에서도 가시적인 성과[26]가 나타나고 있다. 다만 이러한 성과에도 불구하고 해결하여야 하는 많은 과제를 안고 있는 것도 사실이다.

중국의 행정법 영역 역시 그동안 많은 발전이 있었다. 그중 구제법의 영역에서는 행정소송법, 국가배상법, 행정심판법의 제정에 이어 행정허

---

26) 예컨대, 2004년 헌법의 개정, 2001년 직업병방지법의 제정과 세수징수관리법, 저작권법 및 상표법의 개정, 2002년 안전생산법의 제정, 2003년 행정허가법, 도로교통안전법의 제정, 2004년 대외무역법의 개정 등.

가와 관련된 절차법인 행정허가법(2003)을 제정함으로써 행정법체계의 중요한 틀을 완성하였다. 기본적인 행정법체계는 완성하였지만 개별 법률에서 우리의 법제와는 내용상 여러 가지 차이가 있고, 우리는 이러한 차이에 대한 이해가 필요한 것이다.

본 장에서는 특히 행정소송법과 관련 법률에서 인정하고 있는 행정심판기관에 대한 종국적 재결권에 대하여 살펴보았다. 현행의 행정소송법 규정을 비롯하여 행정심판법, 출입국관리법에서 행정심판기관에 대하여 최종적인 재결권을 인정하고 있다는 것이다.

요약하면 행정기관의 구체적 행정행위에 대하여는 행정심판이나 행정소송을 행정상대인이 선택할 수 있지만, 출입국관리법에 의한 공안기관의 구류 또는 벌금의 처분이나 국무원의 부문 또는 성, 자치구, 직할시 인민정부의 구체적 행정행위에 불복하여 행정심판을 통한 구제를 선택한 경우에는 행정심판기관의 재결이 종국적 재결이 되고, 더 이상 행정소송을 통한 구제가 불가능하다. 특히 행정심판법 제30조 제2항의 규정에 의하면, 국무원 또는 성, 자치구, 직할시 인민정부의 행정구역에 대한 획정, 조정 또는 토지징용의 결정이나 성, 자치구, 직할시 인민정부의 토지, 광산, 유수(水流), 삼림, 산령(山嶺), 초원, 황무지, 모래사장, 해역 등 자연자원의 소유권 또는 사용권을 확인하는 행정심판재결은 인민법원에 의한 사법심사가 배제된다는 점이다.

행정심판기관에 종국적 재결을 인정하는 것은 법률의 규정에 의하지만 다른 한편으로는 행정기관에 대하여 사법심사를 배제하는 권력을 부여한다는 것을 의미하기도 하다. 결국 이러한 제도의 인정은 사법최종재결의 원칙에 어긋나고 행정상대인에 대한 충분한 권리구제라는 요구를 만족시키지 못하고 있다는 점에서 현대적인 법치행정의 원리와는 거리감이 있다고 평가할 수 있다.

|참고문헌|

1. 姜明安, 「行政訴訟法學」, 北京大學出版社 2001.

2. 姜明安, 「行政法與行政訴訟法」, 北京大學出版社·高等教育出版社 2005.

3. 楊建順·李元起, 「行政法與行政訴訟法敎學參考書」, 中國人民大學出版社 2003.

4. 鄔聖華, 「中國政府體制」, 天津社會科學院出版社 2002.

5. 孫謙·鄭成良, 「司法改革報告」, 法律出版社 2004.

6. 劉俊沈, "行政終局裁決權質疑," 「憲法學 行政法學」, 中國人民大學資料中心 2005年 2期.

7. 蔡小雪, "行政復議與行政訴訟的銜接," 「行政復議司法化: 理論實踐與改革」, 北京大學出版社 2005.

8. 劉文靜, 「WTO規則國內實施的行政法問題」, 北京大學出版社 2004.

9. 周漢華, 「行政復議司法化: 理論, 實踐與改革」, 北京大學出版社 2005.

10. 張樹義, 「循求行政訴訟制度發展的良性循環」, 中國政法大學出版社 2000.

11. 王名揚, 「美國行政法(下)」, 中國法制出版社 1997.

12. 羅毫才, 「中國司法審查制度」, 北京大學出版社 1993.

13. 林莉紅, 「行政訴訟法學敎學指導」, 武漢大學出版社 2000.

14. 粲發邦, 「行政訴訟法敎程」, 中國人民公安大學出版社 1990.

제8장

행정소송제도

I. 서론

행정소송법은 1990년 10월 1일 정식으로 시행된 이래 16년의 기간이 흘렀다. 행정소송법의 실시는 중국의 행정집행에 대한 법적인 감독의 기제로 역할을 하였고, 공권력 행사에 따른 공민의 자유나 재산권 보호에 많은 공헌을 한 것이 사실이다. 행정소송은 공민, 법인 또는 기타 조직이 국가행정기관 또는 공무원의 구체적 행정행위가 그 합법적인 재산권을 침해하였다고 인정하는 경우, 법에 따라 인민법원에 소송을 제기하고, 인민법원이 그 구체적 행정행위에 대하여 적법성 여부를 심사하고 재판을 함으로써 공민의 합법권익을 보호하고 구제하는 제도이다. 이와 아울러 2003년 3월에 시행된 최고인민법원의 「행정소송법 약간 문제의 집행에 관한 해석」은 인민법원의 수리범위를 더욱 구체적으로 규정하였다.

공민들의 행정소송에 대한 인식의 변화나 법제의 지속적인 개선에 따라 법원이 수리하는 행정소송사건의 수가 날로 증가하고 있지만, 여전히 행정기관의 단계에서 처리되는 사건의 수가 많고 행정소송제도가 아직 충분히 활용되지 못하고 있는 것도 사실로 지적된다. 본 장에서는 행정소송제도에 대한 일반적인 내용을 살펴보고 말미에 행정소송제도의 몇 가지 문제점을 제시하는 것으로 한다.

II. 행정소송의 원칙

행정소송의 원칙은 헌법과 관련 법률에 근거하여 규정한 것이며, 이는 행정소송절차의 기본적인 특징을 반영하며, 행정소송활동에 있어서 보편적 의미를 가지고, 행정사건을 해결하는데 있어서 준수하여야 할 기본원칙이다.

1. 행정소송의 일반원칙

1) 재판권의 독립행사 원칙

행정소송법 제3조는, 인민법원은 법에 따라 행정사건에 대하여 재판권을 독립하여 행사하며 행정기관, 사회단체 및 개인의 간섭을 받지 않는다고 규정한다. 이 원칙은 헌법이 규정한 인민법원의 심판권 독립행사의 기본원칙이며, 동시에 행정소송에서 준수해야 할 기본원칙이 된다. 다만 주의할 점은 중국의 행정소송에서는 우리 헌법의 규정과 같이 법관이 법률과 양심에 따라 판결을 하는 것이 아니고, 인민법원이 재판권을 독립하여 행사한다는 것이다.

2) 사실을 근거로 하고, 법률을 기준으로 하는 원칙

행정소송법 제4조는, 인민법원의 행정사건 심리는 사실을 근거로 하고 법률을 기준으로 한다고 규정한다. 사실을 근거로 하고 법률을 기준으로 하는 것은 재판에 있어서 불가분의 구성부분으로서, 사실은 법률을 적용하는 전제와 기초이며 법률은 사건을 정하는 표준과 척도이고 양자를 유기적으로 결합하는 경우에 비로소 행정사건을 정확하게 심리할 수 있다는 것이다.

3) 합의제 등의 원칙과 2심 종심제 원칙

행정소송법 제6조는, 인민법원의 행정사건심리는 법에 따라 합의, 회피, 공개재판과 2심 종심제도를 실행한다고 규정한다.

(1) 합의제원칙

행정소송법 제46조는, 인민법원이 심리하는 행정사건은 재판원으로 합의정을 구성하거나 재판원과 배심원으로 구성된 합의정을 구성한다고 규정한다. 합의정의 성원은 3인 이상의 단수로 하여야 한다고 규정한다. 민사소송법의 규정에 근거하여 민사사건은 합의제 원칙을 시행하지만, 독임제의 적용을 배제하지 않는다. 그러나 인민법원이 심리하는 행정사건은 독임제를 실시할 수 없고 모두 합의제를 실시한다.

(2) 회피원칙

행정소송법 제47조에 의하면, 당사자는 재판원이 당해 사건과 이해관계가 있다고 인정하는 경우 또는 기타 관계로 재판의 공정성에 영향을 줄 수 있다고 인정하는 경우에는, 재판원의 회피를 신청할 권리가 있다고 규정한다. 또한 재판원은 자신이 본 사건과 이해관계가 있거나 기타 관계가 있다고 인정하는 경우에는 회피를 신청하여야 한다고 규정한다. 위 두 사항은 서기, 통역인원, 감정인원 등에도 적용된다. 원장이 재판장을 담당하는 경우의 회피는 재판위원회가 결정한다. 재판인원의 회피는 원장이 결정한다. 기타 인원의 회피는 재판장이 결정한다. 당사자가 결정에 불복하는 경우에는 재심을 신청할 수 있다.

행정소송법의 규정에 의하면 회피의 방식은 두 종류가 있다. 하나는 재판원 자신의 회피이고, 다른 하나는 당사자의 신청에 의한 회피이다. 회피의 조건은 두 가지로, 우선 본 사건과 이해관계가 있는 경우이다. 사건의 처리결과가 재판인원 또는 기타 인원의 법률상의 모종 이익에 직접 관계되는 경우, 또는 모종의 법률상의 이해관계가 존재하는 경우이다. 둘째는, 본 사건과 기타의 관계에 있는 경우로서, 상술한 이해관계 외의 기타 사회적 관계가 있는 경우이다. 예컨대, 동료, 동창, 동향 등 공정한 재판에 영향을 줄 수 있는 경우로 모두 회피하여야 한다. 회피가 필요한 것인가를 결정하는 전제조건은 재판을 공정하게 진행할 수 있는지 여부이다.

(3) 공개재판

행정소송법 제45조는, 인민법원은 행정사건을 공개로 심리하고 다만 국가비밀, 개인의 사생활 및 법률이 별도로 규정한 경우에는 제외한다고 규정한다.

(4) 2심 종심제도

2심 종심제도는 행정사건을 두 단계 인민법원의 심리를 거쳐 심리를 종결하는 제도이다. 인민법원이 심리하는 행정사건은 최고인민법원이 1심 종심제를 실시하는 외에 모두 2심 종심제를 실시한다.

4) 당사자의 평등원칙

행정소송법 제7조는, 행정소송 중 당사의 법적인 지위는 평등하다고 규정한다. 이는 행정소송법의 기본원칙의 하나이며, 또한 공민은 법률상 모두 평등하다는 헌법원칙에서 파생된 것이다.

이 원칙의 기본적인 내용은 행정소송에서 원고인 행정상대인과 피고인 행정주체의 소송지위는 평등하다는 것을 말한다. 이는 다음과 같이 설명할 수 있다 첫째, 당사자 쌍방은 법률이 정한 소송권리를 평등하게 향유하고 법률이 정한 소송의무를 평등하게 부담한다. 둘째, 인민법원은 쌍방 당사자가 자신의 소송권리를 행사할 수 있도록 평등하게 대하여야 하고, 평등한 기회와 조건을 부여하여 소송권리를 충분히 행사할 수 있도록 하여야 한다. 셋째, 인민법원은 행정소송에서 쌍방 당사자에 대한 법률적용을 평등하게 하여야 한다. 넷째, 외국인, 무국적자 및 외국조직이 중국에서 행하는 행정소송은 중국인 행정상대인과 동등한 소송권리와 의무를 가진다. 다섯째, 당사자의 법적지위 평등은 행정소송의 모든 과정에서 적용되며, 제1심 절차, 제2심 절차, 재판감독절차에서 쌍방 당사자의 권리와 의무는 모두 평등하게 취급된다.

5) 본 민족의 언어나 문자를 사용하는 원칙

행정소송법 제8조는, 각 민족 공민은 본 민족의 언어, 문자를 사용하여 행정소송을 진행할 권리가 있다고 규정한다. 이는 행정소송법의 한 원칙임과 동시에 헌법이 규정한 민족평등의 원칙이 행정소송에서 구체화된 것이다. 이 원칙은 다음과 같은 내용을 가진다. 첫째, 각 민족 공민은 모두 본 민족 언어, 문자를 사용하여 행정소송을 진행할 권리가 있다. 둘째, 소수민족 집거 또는 다 민족이 공동으로 거주하는 지역에서의 인민법원은 당해 지역에서 통용되는 언어, 문자를 사용하여 심리하고 법률문서를 발부하여야 한다. 셋째, 인민법원은 행정사건을 심리할 경우, 당해 지역 민족에 통용되는 언어나 문자를 모르는 소송참가자에 대하여 통역을 제공하여야 한다.

6) 변론원칙

행정소송법 제9조는, 당사자는 행정소송에서 변론을 행할 권리를 가진다고 규정한다. 이 규정에 의하여 행정사건의 심리과정에서 당사자가 변론을 행할 권리를 가진다는 것은 행정소송법의 기본원칙이 된다.

변론원칙은 행정소송 활동의 전 과정에 적용되는 것으로서, 원고의 기소에서 피고의 답변에서 변론은 개시된다. 개정심리중의 법정변론은 당사자가 변론권을 행사하는 중요한 단계이다. 제1심 절차, 제2심 절차 및 재판감독절차에서 당사자는 변론을 행할 수 있다. 변론의 형식은 서면의 형식을 취할 수 있고 구술의 형식을 취할 수도 있다. 변론의 내용은 사건에 대한 실체적 문제일 수 있고, 절차적 문제일 수도 있다.

변론원칙은 당사자 쌍방의 소송상 법적지위의 평등을 전제로 이루어지는 것이다. 쌍방 당사자의 소송상 법적지위의 평등이 보장되는 조건에서 평등하게 변론권을 행사할 수 있는 것이다. 변론원칙은 행정소송에 있어서 인민법원의 재판활동의 민주성을 구체화하는 것이고, 행정상대인과 행정주체의 소송상 평등한 지위와 민주적 정신을 구체화한 것이다.

7) 법률감독을 행하는 원칙

행정소송법 제10조는, 인민검찰원은 행정소송에 대하여 법적 감독을 실행할 권한을 가진다고 규정한다. 행정소송의 실무에서 감독권을 어떻게 행사하여야 하고, 재판권과 감독권의 관계를 어떻게 처리하여야 할 것인가 하는 것이 행정소송법의 실시 후에 직면한 새로운 문제가 되었다.

2. 행정소송상 특별원칙

앞에서 서술한 바와 같이, 행정소송은 독립된 소송제도로서 민사소송에 비하여 독자적인 성질을 가지고 있다. 이와 관련하여 행정소송에 특별한 원칙은 다음 몇 가지로 소개할 수 있다.

1) 구체적 행정행위에 대한 합법성심사 원칙

행정소송법 제5조에서 인민법원이 심리하는 행정사건은 구체적 행정행위에 대한 합법성 여부에 대하여 심사를 하는 것으로 규정한다. 행정소송법에서 확립한 이 원칙은 행정소송제도와 기타 소송제도의 차이를 반영한 것이고, 행정소송의 특징과 입법목적을 구체화한 것이다. 인민법원의 구체적 행정행위에 대한 합법성 심사의 원칙은 다음과 같은 내용을 포함한다.

첫째, 인민법원의 행정사건 심리에 있어서 핵심은 행정주체의 구체적 행정행위에 대한 심사이다. 그 심사의 대상과 범위는 행정주체의 구체적 행정행위이고, 이는 인민법원의 사법 심사권의 한계를 긋는 것이다. 인민법원의 사법심사권은 행정주체의 구체적 행정행위에 그치고, 행정주체의 추상적 행정행위에 대하여는 심사하지 않는다. 인민법원이 심사하는 구체적 행정행위는 인민법원의 수리범위 내에 한하고, 행정주체의 내부행위 등 인민법원의 수리범위에 속하지 않는 행위는 사법심사의 범위에 속하지 않는다.

둘째, 인민법원이 심리하는 행정사건은 행정주체의 구체적 행정행위에 대한 합법 여부에 대하여 심사이다. 심사의 내용은 구체적 행정행위의 합법성이다. 구체적 행정행위의 합법성은 대체로 세 가지 측면에서 판단할 수 있다. 즉, 행정주체의 구체적 행정행위가 그 법정 권한을 초과하였는지 여부, 법률이나 법규의 규정에 부합하는지 여부, 법정의 절차에 부합하는지 여부이다. 인민법원이 행정사건을 심리하는 경우, 위법한 구체적 행정행위로 인정하는 경우는 대략 여섯 경우이다. 즉, 주요 증거의 부족, 법률이나 법규 적용의 착오, 법정절차의 위반, 직권의 초월, 직권의 남용, 법정 의무의 불이행이다.

셋째, 인민법원이 행정사건을 심리하는 경우, 구체적 행정행위의 합법성을 심사하는 근거는 법률, 행정법규와 지방성법규이다. 지방성 법규는 당해 행정구역 내에서 발생한 행정사건에만 적용된다. 인민법원이 민족자치지방의 행정사건을 심리하는 경우, 당해 민족자치지방의 자치조례와 단행조례를 근거로 하여야 한다. 또한 인민법원이 행정사건을 심리하는 경우에는 행정규장을 참조하여야 한다.

넷째, 인민법원의 행정사건 심리는, 단지 구체적 행정행위의 합법성에 대하여만 심사를 행하고, 구체적 행정행위의 적정성, 합리성에 대하여는 원칙상 심사하지 않는다. 다만 행정처벌이 현저하게 공정성을 상실한 경우, 인민법원은 법에 따라 변경을 할 수 있다.

2) 인민법원 부분관할의 원칙

인민법원 부분관할의 원칙은, 인민법원은 구체적 행정행위에 대하여만 관할권을 가지고, 추상적 행정행위에 대하여는 관할권을 갖지 않는다는 것을 의미한다. 중앙과 지방의 각급 인민정부는 국가행정기관이며, 그 권한 범위 내에서 각 사무를 조직하고 관리하는 기능을 한다. 이러한 기능을 수행하기 위하여 국가행정기관은 대략 두 가지 방식을 채택하여 관리를 행한다. 하나는 불특정한 관리대상에 대한 추상적 행정행위이고, 또 하나는 특정한 관리대상에 대한 구체적 행정행위이다. 국가 행정기관이 추상적 행정행위를 하든 구체적 행정행위를 하든지 간에 모두 위법의 가능성은 있다.

중국은 의행합일의 정치체제를 채택하고 있다. 헌법은 추상적 행정행위에 대한 감독권을 국가 최고권력기관과 상응하는 지방 각급 권력기관 및 상급 국가행정기관에 귀속시키고 있으며, 인민법원은 이러한 감독권을 갖지 못한다. 이 외에, 행정기관의 추상적 행정행위는 특정한 관리대상을 대상으로 하는 것이 아니고 행정상대인의 합법권익을 직접 침해하는 것이 아니므로 인민법원의 관할이 불필요한 것이다.

인민법원 부분관할 원칙은, 인민법원이 추상적 행정행위에 대하여 관할권을 갖지 않는다는 것과, 구체적 행정행위에 대한 관할권도 부분적이며 전부를 관할하는 것이 아니라는 것이다. 행정소송제도의 근본적인 목적은 권력기관이 사법기관에 대하여 구체적 행정사건의 해결을 통하여 행정주체의 구체적 행정관리 행위에 대하여 감독을 행하도록 하고, 행정상대인의 합법권익을 보호하고, 행정기관의 행정권 행사를 보장토록 수권한 것이다. 따라서 이론상으로는 행정주체의 구체적 행정행위가 행정상대인의 합법권익을 침해하는 경우에는 법률이 인민법원에 모든 관할권을 부여하여야 한다. 그러나 현실적으로 행정주체가 취하는 구체적 행정행위는 매우 복잡 다양하고 경우에 따라서는 구체적 행정행위라 하더라도 인민법원의 관할에 적당하지 않는 경우도 있다.

3) 조정을 적용하지 않는 원칙

행정소송법은 행정사건의 심리에서 조정을 적용하지 않는다는 원칙을 확립하고 있다. 행정소송법 제50조는 인민법원이 심리하는 행정사건은 조정을 적용하지 않는다고 규정한다.

행정소송법이 시행되기 전에는 민사소송법(시행試行)을 원용하였다. 그런데 민사소송법에는 조정을 중시하였다. 행정소송은 민사소송과 달리 법원이 행정사건을 심리하는 경우 조정을 하지 않을 것을 요구한다. 이는 행정사건이 관계되는 법률관계는 평등한 주체간의 민사관계와는 다르기 때문이다. 행정소송은 행정상대인이 행정주체의 구체적 행정행위가 그 합법권익을 침해하였다고 인정하는 경우 인민법원에 제기하는 소송이다. 행정소송에서 인민법원은 구체적 행정행위의 합법성에 대하여 심사를 하되, 사실을 근거로 하고 법률을 기준으로 하여서만 심사를 하여야 하고, 분쟁 당사자의 상호양보나 상호이해로 구체적 행정행위의 합법성 여부를 판단할 수 없는 것이기 때문이다. 또 하나는, 중국은 의행합일의 정치체제를 채택하기 때문에 국가행정기관이 향유하는 행정권은 어떠한 기관이나 개인도 이전 또는 방치할 수 없는 것으로서 즉 처분할 수 없는 것이다.

그러나 주의할 점은, 배상에 관한 부분에 대하여는 조정을 할 수 있고, 이는 조정을 적용하지 않는다는 원칙의 예외가 된다. 행정소송법 제67조 제3항은, 배상소송은 조정을 적용할 수 있다고 규정한다. 배상은 당사자 쌍방의 재산권에 관계되고, 행정권의 문제에 관계되지 않기 때문이다. 따라서 배상문제에 대하여는 인민법원이 조정을 행할 수 있고 쌍방 당사자는 합의할 수 있다.

4) 제한적 변경의 원칙

이 원칙은, 인민법원이 행정사건을 심리하는 과정에서, 행정기관의 결정에 존중하고 원칙상 이를 변경을 하지 못한다는 것이다. 행정소송법의 규정에 의하면, 인민법원은 행정사건을 심리하는 과정에서 제한적인 사법 변경권을 가진다. 변경의 범위는 행정소송법 제54조에서 규정하는 바,

즉 행정처벌이 현저히 공정성을 상실한 경우에 변경판결을 할 수 있다고 규정하고 있다. 행정소송법은 인민법원이 가지는 사법변경권의 범위를 행정처벌이 현저하게 공정성을 상실하는 경우로 한정하고 있다. 이는 헌법이 확립한 국가기관의 업무분담과 협조의 원칙에 근거하고, 행정권과 재판권은 각기 행정기관과 인민법원에 속하며, 행정기관과 인민법원은 각기 자신의 직무를 수행하는 것에서 근거한다. 인민법원이 광범위한 사법적 변경권을 가지게 되면, 행정소송범위의 점진적 확대에 따라, 더 많은 행정결정이 인민법원에 의하여 판단을 받게 될 것이다. 최종적 결정권이 대량으로 인민법원에 속하게 되면 행정기능과 사법기능의 합리적 분담을 규정하는 헌법원칙과 모순되는 것이다.

행정소송에서 인민법원에 대하여 제한적인 사법 변경권을 부여한 것은 중요한 의의를 가진다. 우선 이 원칙은 행정상대인의 소송권리를 보호할 수 있다는 점이다. 행정소송을 제기할 수 있는 기본조건은 행정상대인이 행정기관의 구체적 행정행위가 그 합법권익을 침해하였다고 인정하는 경우로서, 위법적이고 부당한 구체적 행정행위는 모두 행정상대방의 합법권익을 침해할 수 있다.

따라서 인민법원은 오직 위법한 구체적 행정행위에 대한 취소권과 부당한 구체적 행정행위에 대한 변경권을 가질 때 비로소 행정상대인의 합법권익을 유효하게 보호할 수 있다. 이 원칙은 소송의 악순환을 막을 수 있다는 점이 있다. 즉 인민법원이 유한의 사법 변경권을 갖지 않는 경우에는, 행정기관의 부적당한 행정행위에 대하여 취소를 하고 나면 행정기관이 다시금 행정행위를 하고, 이때 인민법원은 행정행위의 실시를 저지할 수 없다. 이로 인하여 행정상대인은 다시금 소송을 제기하고, 소송의 악순환이 계속될 수 있는 것이다.

5) 최종재결의 원칙

행정소송에서 최종재결의 원칙은, 동일한 행정쟁의 사건에 대한 행정기관의 재결은 반드시 인민법원의 재판에 복종하여야 하고, 사법적 결정은 종국적인 효력을 가진다는 것이다.

각국의 경우, 행정 분쟁을 해결하는 행정구제의 방식은 주로 행정심판과 행정소송이 있다. 행정소송법 제37조는 법률이나 법규가 행정기관의 행정심판을 거쳐서 심판에 불복하는 경우에만 인민법원에 소송을 제기하도록 규정한 경우를 제외하고는, 인민법원의 수리범위에 속하는 행정사건의 경우 행정심판을 거칠 것 인지 여부는 원고가 선택할 수 있도록 규정하고 있다. 이로써 행정소송법은 행정심판을 거칠 것 인가 하는 것에 대하여 선택형의 입법방식을 취하고 있다.

사법최종재결의 원칙은 다음과 같은 내용으로 한다. 먼저 법률이나 법규가 반드시 행정심판을 거치도록 규정하여 행정심판을 거치고 이에 불복하는 경우 인민법원에 소송을 제기하도록 규정한 경우에는, 인민법원은 이에 대한 관할권과 재판권을 가진다. 다음은 법률이나 법규가 당사자가 행정심판이나 행정소송을 선택할 수 있도록 규정한 경우로서, 당사자가 상급 행정기관에 행정심판을 청구하는 동시에, 인민법원에 소송을 제기한 경우에는 인민법원이 관할하여 재판을 하여야 한다. 끝으로 행정심판을 거쳐서 법정기간 내에 인민법원에 소송을 제기한 경우, 인민법원이 내린 재판을 최종재판으로 하며, 행정재결은 반드시 법원의 재판에 복종하여야 한다.

사법최종재결이 행정소송의 원칙이 된 것은, 행정소송의 특징과 헌법의 재판권에 대한 규정에서 결정된 것이다. 행정심판과 행정소송은 세계 각국의 공통된 분쟁 해결의 방식이다. 이 두 제도는 서로 대체할 수 없는 작용을 하지만, 인민법원이 행정소송의 방식을 통하여 분쟁을 해결하는 것이 독립된 지위에서 엄격한 소송절차를 통하여 행정사건을 해결하기 때문에 더욱 합리적이고 유효한 방식이라 할 수 있다.

6) 집행부정지의 원칙

행정소송에서 집행부정지원칙은, 행정상대인이 행정기관이 행한 구체적 행정행위에 불복하여 인민법원에 소송을 제기한 경우, 인민법원이 이를 수리하여 소송이 진행되는 동안 구체적 행정행위의 집행이 정지되지 않는다는 것이다. 행정소송법은 이 원칙을 명확히 하였는데, 행정소송법 제44조는 소송기간에 있어서 구체적 행정행위의 집행은 정지되지 아니한다고 규정한다.

국가행정기관은 행정권을 행사하는 주체이며, 국가를 대표하여 직권에 의하여 구체적 행정행위를 하고, 행정상대인은 임의로 이를 부정할 수 없다. 일단 쟁의가 발생하면 반드시 법정의 절차와 소송절차에 따라 제기하고, 권한 있는 국가기관이 그 합법성을 심사한다. 권한 있는 국가기관이 그 위법 또는 부당을 인정하여 취소 또는 변경하는 경우에 한하여 그 구체적 행정행위는 법적 효력을 상실한다. 또한 행정상대인이 구체적 행정행위에 불복하여 인민법원에 기소를 하고 구체적 행정행위가 집행을 정지하게 된다면 사회적으로 막대한 손실을 초래할 수 있다.

행정소송법이 이러한 원칙을 확립함으로써 순조로운 행정권 행사와 국가행정관리의 연속성을 확보할 수 있는 것이다. 그러나 집행부정지의 원칙 역시 예외가 있다. 행정소송법 제44조는 구체적 행정행위의 집행을 정지할 수 있는 경우를 규정하고 있다. 첫째, 피고가 집행의 정지가 필요하다고 인정하는 경우이다. 둘째, 원고가 집행정지의 신청을 하고, 인민법원이 당해 구체적 행정행위의 집행이 회복할 수 없는 손해를 초래할 것으로 인정하는 경우와, 집행의 정지가 사회공공의 이익을 해하지 않는 것으로 인정하여 집행정지의 재정을 하는 경우이다. 셋째, 법률이나 법규가 집행의 정지를 규정한 경우이다. 집행정지를 집행부정지원칙의 예외로 규정한 것은 매우 타당한 것으로서, 많은 국가에서도 이러한 규정을 두고 있다.

이러한 예외를 인정하는 이유는, 집행부정지원칙을 고수하여 상대인에게 회복할 수 없는 손해를 입힐 가능성이 있는 경우에는 예외를 채택함으로써 행정기관이 부담할 책임을 감소시키는 효과가 있기 때문이다.

7) 피고 입증책임의 원칙

행정소송법의 관련 규정에 의하면 행정소송에서 피고가 구체적 행정행위에 대한 입증책임을 부담한다. 입증책임의 분배에서 평균적 분배를 실시하지 않고, 원칙상 피고가 입증책임을 부담하는 것으로 한다. 이는 국가행정관리활동의 특수성에서 비롯된 것으로서 행정주체가 증거를 수집하기에 편리한 위치에 있다는 점에 있다.

III. 행정소송의 수리범위

1. 수리범위의 개념

행정소송의 수리범위는 인민법원이 행정사건을 수리하는 범위의 총칭이다. 어떠한 행정 분쟁에 대하여 공민, 법인 또는 기타 조직이 인민법원에 행정소송을 제기할 수 있는가 하는 것이며, 법원이 어떠한 행정 분쟁 사건을 대상으로 심사하는가 하는 문제이다. 행정소송법이 정한 사건의 수리범위는 다음과 같은 의의를 가진다.

첫째, 수리범위는 공민, 법인 또는 기타 조직이 어떠한 행정행위에 대하여 기소권을 가지는가에 관계되고, 사법적 경로를 통한 공민, 법인 또는 는 기타 조직의 합법권익의 보호정도를 표명하는 것이다.

둘째, 수리범위는 인민법원이 어떠한 행정 분쟁에 대하여 사법적 재판권을 가지는가 하는 문제와 관련된다. 수리범위는 인민법원이 어느 정도의 재판권을 가지는가, 또한 어떠한 행정 분쟁에 대하여 재판권을 가지는가 하는 것이다. 수리범위에 포함되지 않는 경우 인민법원은 재판권을 행사할 수 없다. 수리범위를 확정하여야 비로소 인민법원의 재판권을 명확히 할 수 있고, 법원과 기타 기관과의 권한 범위를 명확히 할 수 있다.

수리범위는 동시에 인민법원의 행정기관에 대한 사법감독의 정도를 반영한다고 할 수 있다.

셋째, 수리범위는 소송참가인, 관할 등 문제에 대하여 직접적으로 제약을 가한다. 수리범위는 행정소송에서 관할, 소송참가인, 기소와 수리, 심리와 판결 등을 진행하는 전제와 기초가 된다. 수리범위에 대한 각 규정은 행정소송에 관한 기타 문제에 대하여 제약을 가한다. 예컨대, 행정소송의 규정에 의하여, 인민법원은 추상적 행정행위에 불복하여 제기하는 소송을 수리하지 않는다. 따라서 행정소송에서는 이러한 소송을 제기하는 당사자를 배제한다.

2. 소송사건의 수리범위

법원이 관할하는 행정사건의 범위를 확정하는 경우에는 일반적으로 개괄식, 열거식 및 혼합식의 방식이 채택되고 있다. 소위 개괄식은 법률이 하나의 추상적 표준을 규정하고, 이 표준에 부합하는 모든 사건은 모두 행정소송을 제기할 수 있다. 열거식은 법률 법규에서 행정소송을 제기할 수 있는 구체적 상황을 열거한다. 열거된 범위에 속하는 행정사건의 경우 행정상대인은 소송을 제기할 수 있다. 혼합식은 절충식이라고도 하며, 법률이 법원이 수리할 수 있는 사건의 범위를 개괄식과 열거식을 결합하여 규정하는 경우이다. 중국의 행정소송법은 이러한 형식을 취하고 있다.

행정소송법 제2조는 공민, 법인 또는 기타 조직이 행정기관과 행정기관 업무인원의 구체적 행정행위가 그 합법권익을 침해하였다고 인정하는 경우에는 본 법에 따라 인민법원에 소송을 제기할 권리가 있다고 규정한다. 이는 행정소송법의 수리범위에 대한 개괄식 규정의 부분이다. 또한 행정소송법 제11조는 인민법원의 수리범위를 구체적으로 열거하고 있다. 제12조에서는 다시 사법심사의 배제범위를 규정하고 있다. 구체적으로는 다음과 같다.

1) 신체권 또는 재산권에 대한 소송

(1) 행정처벌에 관한 사건

행정처벌은 행정기관이 행정관리에 위반한 상대인에 대하여 법에 따라 특정의 법적 제재를 가하는 조치이다. 행정처벌법의 규정에 의하면, 행정처벌의 형식은 다음과 같다.

첫째, 경고는 행정관리에 위반한 상대인에 대하여 행하는 일종의 경계성 처벌이다. 경고는 훈계벌에 속하며, 교육적 기능을 하는 경미한 행정처벌 형식이다.

둘째, 벌금은 행정기관이 법에 따라 행정관리에 위반한 상대인에 대하여 일정한 기간 내에 일정한 수량의 금전을 납부토록 강제하는 처벌이다. 이는 재산벌의 일종이며, 강제로 일정한 금전을 납부토록 하는 제재조치이다.

셋째, 몰수는 행정기관이 법에 따라 행위자의 위법 소득의 재산 또는 불법재산에 대하여 무상으로 국가에 귀속시키는 행정처벌조치이다. 이는 위법소득의 몰수와 불법재물의 몰수를 포함하며 재산벌의 일종이다. 공상관리부문이 행하는 저질상품의 몰수 등이다.

넷째, 조업정지 및 영업정지 명령은 국가가 행정관리법규를 위반한 공상기업 또는 개체 경영자에 대하여, 법에 따라 일정한 기간 동안 생산 또는 경영활동의 권리를 박탈하는 행정처벌이다. 행위벌에 해당한다.

다섯째, 허가증 및 면허증의 취소 또는 정지는 국가행정기관이 행정관리법규에 위반한 상대인에 대하여 법에 따라 일시적으로 그 허가증 또는 면허증을 정지시키거나, 생산 또는 경영활동에 종사할 권리를 제한하는 행정처벌이다. 행위벌에 속한다.

여섯째, 행정구류는 행정기관이 행정관리에 위반한 당사자에 대하여 단시간 내에 그 신체의 자유를 박탈하는 행정처벌이다. 신체벌에 해당하며, 공안기관과 국가안전기관 만이 신체자유를 제한할 권한을 가진다.

(2) 행정강제조치에 관한 사건

행정강제조치는 행정기관의 법집행 활동 중 법정 의무를 이행하지 않거나 행정기관의 처벌에 불복하는 자에 대하여 신체의 자유 또는 재산의 유통에 대하여 취하는 강제조치이다. 행정강제조치는 주로 두 가지를 포함한다. 하나는 신체의 자유에 대한 강제조치로서 소환, 강제구류, 강제격리, 강제 마약류 금지, 수용심사 등이다. 재산의 유통에 대한 강제조치는 봉인, 압류 등이다. 이 외에도 인신자유와 재산의 유통을 강제하는 강제조치는 다양하며 도시 유랑자나 걸인의 수용, 금제품이나 마약류의 조사 등도 있다.

(3) 경영자주권에 관한 경우

경영자주권은 경영주체가 국가의 법률을 준수하는 전제 하에서 가지는 권리로서 자신의 인력, 물자, 재산 및 자체조직을 이용하여 생산 경영을 하는 권리이다. 경영자주권은 경제활동의 주체가 당연히 가지는 기본 권리이다. 일반적으로 경영자주권의 내용은 경영주체의 재산에 대한 점유권, 경영주체의 재산에 대한 자주적 사용권, 경영주체가 법률의 범위 내에서 행사하는 수익에 대한 자주적 지배권, 경영주체가 법률의 범위 내에서 행사하는 자산에 대한 처분권이다.

현실적으로 경영자주권의 침해는 통상 기업조직과 그 주관부문 사이에서 발생한다. 주로 다음과 같은 예가 있다. ① 명령성 계획의 하달이나 세금을 먼저 납부하도록 강제하는 경우, ② 명칭의 강제변경, 기업성질의 변경, 강제 연합이나 분리 합병, ③ 강제로 계약을 체결, 변경 또는 해제하는 경우, ④ 영업망에 대한 간섭 또는 제한, ⑤ 법에 따라 직공대표대회 또는 이사회에서 선거를 통하여 초빙하여야 하는 국유기업의 법정대표 또는 집체기업의 법정대표를 교체 또는 변경하는 경우, ⑥ 기타 기업의 경영자주권에 영향을 미치는 행위이다.

(4) 부작위의 위법에 관한 경우

행정기관의 부작위 위법은 주로 행정상대인의 합법적 신청에 대하여 행정기관이 작위의무가 있음에도 불구하고 부작위하여 행정상대인의 합법권익을 침해하는 경우이다. 주로 두 가지 측면에서 살펴볼 수 있다.

첫째, 법정조건에 부합하는 것으로 행정기관에 허가증 또는 면허증을 신청한 경우 행정기관이 발급을 거절하거나 회답하지 않는 경우에는 소송을 제기할 수 있다.

허가증과 면허증이 행정상대인의 합법권익에 관계되므로, 행정기관에 허가증과 면허증의 발급을 신청하는 범위는 법률, 법규 및 규장이 정할 수 있다. 법정조건에 부합하는 허가증과 면허증의 신청에 대하여 주관 행정기관은 법정기간 내에 발급하여야 하고, 발급의 거절 또는 회답이 없는 경우에는 모두 부작위한 위법행위에 속하고 공민, 법인 및 기타 조직은 소송을 제기할 수 있다.

둘째, 행정기관에 대하여 신체권, 재산권 보호의 권한 이행을 신청한 경우, 행정기관이 이행을 거절하거나 회답을 하지 않는 경우 소송을 제기할 수 있다.

신체권은 상대인의 신체와 불가분의 관계에 있는 권리로서 재산상 권리와는 직접적 관계는 없다. 공민이 가지는 인신자유권, 생명 건강권, 명예권 등이다. 법인 및 기타 조직이 가지는 명칭권, 명예권, 영예권 등이다. 재산권은 재산적 내용에 관계되는 권리로서, 재산소유권, 채권, 상속권, 재산관련의 사용권, 경영권, 도급권 등이다. 행정상대인의 신체권, 재산권이 불법적인 침해를 받지 않도록 보호하는 것은 행정기관의 법적인 의무다. 신체권, 재산권의 보호 의무를 지는 행정기관으로서 행정상대인의 신체권, 재산권 보호의 의무이행을 거절하는 것은 심각한 실직행위이며, 피해자는 행정소송을 제기할 권리를 가지게 된다.

행정관리의 실무에서, 행정기관이 신체권, 재산권의 보호를 거절하는 부작위행위는 주로 다음과 같이 나타난다. 즉, ① 공민 법인 또는 기타 조직의 허가, 등기, 증명의 발급이나 법률관계의 변경 및 소멸에 관계되는 신청을 거절하거나, 법정기간 또는 합리적 기간 내에 회답하지 않는 경우. ② 발급의 거절 또는 규정된 범위, 표준, 액수, 기한에 의하여 무휼금을 지급하지 않는 경우, 또는 기타 수익적 행위의 거절 및 지연행위. ③ 법에 따라 당연히 처리해야 할 분쟁의 처리를 거절 또는 지연시키거나 법에 따라 당연히 조사 처리할 사항을 거절 또는 지연시키는 행위이다.

(5) 무휼금과 관련된 경우

무휼금은 군인, 국가기관 업무인원, 전투에 참가한 민병이나 민공 등이 공무로 인하여 희생하거나 장애나 상해를 입은 경우에 법률이나 법규에 의하여 민정부문 또는 기타 부문이 사망자의 가족 또는 상해를 입은 자에게 지급하는 비용이다. 이는 두 가지로 구분된다. 하나는 공무로 인한 장애나 상해에 대한 무휼금이며, 이 무휼금은 본인에게 지급한다. 다른 하나는 사망자의 친족에게 지급하는 무휼금이며 사망자의 친족이 수령한다. 이는 국가가 공무로 인한 사망자나 상해를 입은 자에 대하여 지급하는 경제적 지원이며, 헌법과 법률이 보장하는 물질적 원조의 중요한 내용이 된다.

공민이 행정기관이 법에 따라 지급할 무휼금을 지급하지 않는다고 인정하여 행정소송을 제기하는 경우에는 다음의 세 가지 조건을 구비하여야 한다. 첫째, 법률이 반드시 무휼금의 지급을 명확히 규정하여야 한다. 둘째, 무휼금을 지급하지 않는 행위는 행정기관의 행위이어야 하며, 기업사업단위가 법에 따라 지급하여야 하는 무휼금을 지급하지 않는 경우는 포함하지 않는다. 셋째, 법에 따라 지급할 무휼금을 지급하지 않는다는 것은 무휼금을 지급하지 않는 것과 적게 지급하는 경우를 포함한다. 지급하여야 할 무휼금의 지급을 거절하거나 법정의 액수 또는 법정 방식에 따라 지급하지 않는 경우에는 모두 행정소송을 제기할 수 있다.

(6) 위법한 의무이행에 관한 경우

행정기관은 법에 따라 행정상대인에 대하여 의무를 설정할 권리를 가

진다. 그러나 반드시 법에 의하여 이러한 권리를 행사하여야 한다. 행정
기관은 행정상대인에게 법정의무 이외의 이행을 요구할 수 없다. 행정기
관이 법정의무 이외의 이행을 요구하는 경우 행정상대인은 행정소송을
제기할 수 있다.

행정기관이 행정상대인에 대하여 위법하게 의무의 이행을 요구하는
경우는 주로 두 가지 경우에 해당한다. 하나는 행정기관이 요구하는 의무
가 법적인 근거가 없는 경우이다. 다른 하나는 행정기관이 요구하는 의무
의 이행이 법적인 근거는 있지만 절차상 또는 내용상 위법한 경우이다.

(7) 기타 신체권 및 재산권과 관련된 경우

행정소송법에서 정한 신체권 및 재산권의 범위는 매우 광범위하다. 신
체권은 사람의 신체와 직접 관련되고 재산과는 직접적으로 관계없는 권
리이며 건강권, 성명권, 명칭권, 초상권, 명예권, 영예권 등을 포함한다.
재산권은 경제적인 이익을 지닌 권리로서 물권, 채권, 저작권, 특허권, 상
표권, 상속권 등을 포함한다. 실무상 신체권과 재산권을 침해하는 것과
관련되는 행위는 다음과 같다. ① 행정처벌, 행정 강제조치, 징수 징용 및
기타 의무의 설정 또는 면제행위, ② 행정허가, 특허증 증서의 발급 및 기
타 권리 또는 능력의 부여 또는 철회행위, ③ 공정력, 확정력 및 집행력의
확인, 책임인증, 증명, 감정, 검험, 공고, 통지, 수리 등 행위, ④ 평등주체
사이의 철거, 이주보상, 권리귀속, 손해배상 등의 쟁의에 대하여 내리는
재결행위, ⑤ 공익의 목적을 위한 계약의 체결, 이행 및 해제행위 등이다.

행정기관은 임의로 이들 권리를 침해할 수 없고, 침해하는 경우에는
위법행위로서 행정상대인은 법원에 소송을 제기할 수 있다.

2) 신체권과 재산권 이외의 권리에 대한 소송

공민 법인 또는 기타 조직의 권리는 신체권과 재산권 이외에도 많은
종류의 권리가 있다. 예컨대, 선거권과 피선거권, 언론 출판 집회 결사 데
모 시위의 권리, 노동권, 휴식권 및 교육을 받을 권리 등이다. 행정소송법

제11조 제2항의 규정에 의하면 인민법원은 제11조 제1항에서 정한 것 외에, 법률이나 법규에서 소송을 제기할 수 있다고 정한 기타의 행정사건을 수리한다고 규정한다. 이 규정에 의하여 개별 법률에서 인신권이나 재산권 이외의 권리에 대하여 행정소송을 제기할 수 있다고 규정한 경우에 한하여 행정소송을 제기할 수 있다. 예컨대 「중화인민공화국집회데모시위법」 제31조는, 당사자가 공안기관의 본법 제28조 제2항 또는 제30조의 규정에 의하여 내린 구류처벌결정에 불복하는 경우에는 신소를 거쳐, 상급 공안기관의 재결에 여전히 불복하는 경우에는 재결통지를 받은 날로부터 5일 이내에 인민법원에 제소할 수 있다고 규정한다.

3. 수리범위에 속하지 않는 사항

행정소송법 제12조에서는 인민법원이 수리하지 않는 사항을 규정하고 있다. 이는 행정소송의 수리범위에 대한 배제규정이다. 이 규정에 의하여 인민법원은 다음의 경우에 해당하는 경우에는 수리하지 않는다. 그렇다고 다음의 경우를 제외한 모든 사건에 대하여 수리한다는 것은 아니다.

1) 국가행위

국가행위는 정부행위라고도 한다. 국가행위는 국무원, 국무원 총리 등 헌법과 법률의 수권에 의하여 국가를 대표하여 실시하는 국방 및 외교 등에 관한 사무를 말한다. 국가행위가 사법심사를 받지 않는 이유는 국가행위가 주로 국가주권을 실현하는 것이고, 고도의 정치성을 가지며, 국가이익과 직접적인 관계를 가지며, 법률문제가 아니라 사법권의 한계를 초월하는 것이기 때문이다. 그러나 국가행위가 사법적 감독을 받지 않는다는 것은 국가행위가 어떠한 제약도 받지 않는다는 것을 의미하는 것은 아니다. 국가행위에 대한 감독은 행정적 또는 정치적 조치로써 해결하는 것이다.

2) 추상적 행정행위

추상적 행정행위는 행정기관이 행정법규, 규장 또는 일반적 구속력을 가지는 결정이나 명력을 제정하는 행위이다. 그 특징은 적용대상의 불확정성 및 반복적 적용가능성이다. 추상적 행위가 사법감독을 받지 않는 것은 국가적 성질과 의행합일의 정치체제에 따른 것이다. 헌법의 규정에 의하면 추상적 행정행위에 대한 심사권은 국가권력기관과 상급 행정기관에 속한다. 구체적으로는 전국인민대표대회상무위원회가 헌법과 법률에 저촉하는 국무원이 제정한 행정법규, 결정 또는 명령에 대하여 취소권을 가진다. 현급 이상의 각 지방 인민대표대회 상무위원회는 본급 인민정부가 제정한 부적당한 규장, 결정, 명령 및 기타 규범성문건에 대한 취소권을 가진다. 재판기관으로서의 인민법원은 행정입법에 대한 취소권이 없다. 따라서 행정기관의 추상적 행정행위에 대하여는 소송을 제기할 수 없다.

3) 내부적 행위

행정기관의 업무인원에 대한 상벌, 임면 등의 결정은 국가공무원의 법적 지위와 관련되는 결정이다. 이러한 행위는 행정기관의 내부적 행위로서 공민, 법인 또는 기타 조직의 합법권익에 영향을 주지 않으며, 따라서 인민법원은 이와 관련된 사건은 수리하지 않는다. 현재 이러한 사건에 대하여는 행정기관이 내부적으로 해결을 해 나가고 있다.

4) 법률이 행정기관을 최종 재결기관으로 정한 행위

법률이 행정기관으로 하여금 최종적인 재결을 하도록 한 구체적 행정행위, 말하자면 국가 최고권력기관이 행정기관으로 하여금 최종 재결하도록 수권한 구체적 행정행위를 말한다. 이러한 구체적 행정행위에 대하여 소송을 제기하는 경우 인민법원은 수리하지 않는다. 법률이 행정기관으로 하여금 최종 재결토록 한 구체적 행정행위는 행정유보사항에 속하고, 이러한 행정유보사항은 사법적 심사를 받지 않는 것이 각국의 통례다. 법률이 행정기관으로 하여금 최종 재결토록 한 경우를 예로 들면, 중화인민공화국공민출입국관리법 제15조에서는 공안기관의 구류처벌에 대하여 상급 공안기관에 신소를 제출한 경우 상급 공안기관의 재결을 최종 재결로 한다.

IV. 행정소송의 절차

1. 기소와 수리

인민법원의 수리범위에 속하는 행정사건에 대하여 공민, 법인 또는 기타 조직은 상급 행정기관 또는 법률이나 법규가 정한 행정기관에 행정심판을 신청할 수 있고, 행정심판에 불복하면 인민법원에 소송을 제기할 수 있다. 또한 인민법원에 직접 소송을 제기할 수 있다.

법률이나 법규의 규정에 의하여 우선적으로 행정기관에 심판을 신청하고 행정심판에 불복에 하는 경우 다시 인민법원에 소송을 제기토록 된 경우에는 당해 법률이나 법규의 규정에 의한다.

공민, 법인 또는 기타 조직이 행정기관에 심판을 신청한 경우 심판기관은 신청서를 받은 날로부터 2개월 내에 결정을 하여야 한다. 다만 법률이나 법규가 별도로 규정한 경우는 제외한다. 신청인이 심판결정에 불복하는 경우는 심판결정서를 받은 날로부터 15일 이내에 인민법원에 소송을 제기할 수 있다. 심판기관이 기한을 넘겨 결정을 하지 않는 경우에 신청인은 행정심판의 만기일로부터 15일 이내에 소송을 제기할 수 있다. 법률이 달리 규정하는 경우는 제외한다.

공민, 법인 또는 기타 조직이 직접 법원에 제기한 소송은 구체적 행정행위를 하였음을 안날로부터 3개월 이내에 제기하여야 한다. 다만 법률이 달리 규정한 경우에는 제외한다. 불가항력 또는 기타 특별한 사정으로 인하여 법정기한을 넘긴 때는 그 장애가 제거된 후 10일 이내에 기한의 연기를 신청할 수 있고, 인민법원이 이를 결정한다.

행정소송의 제기는 아래 조건에 부합하여야 한다. 첫째, 원고는 구체적 행정행위가 그 합법권익을 침해하였다고 여기는 공민, 법인, 또는 기타 조직일 것. 둘째, 피고가 명확할 것. 셋째, 구체적 소송청구와 사실적인 근거가 있을 것. 넷째, 인민법원의 수리범위와 수소법원의 관할에 속할 것이다. 법원은 기소장을 접수하고 심사를 거쳐 7일 이내에 입안 또는 불수리 결정을 해야 한다. 원고가 결정에 불복하면 상소를 제기할 수 있다.

2. 제1심절차

1) 심리전의 준비

행정소송에서 법원의 심리전 준비는 대체로 다음과 같은 내용이 있다.

첫째, 소장의 교환이다. 행정소송법 제43조는, 인민법원은 입안일로부터 5일 이내에 기소장 사본을 피고에게 발송하여야 한다고 규정한다. 피고는 기소장의 사본을 받은 날로부터 10일 내로 인민법원에 구체적 행정행위에 관한 자료를 제출하고 답변서를 제출한다. 인민법원은 답변서를 받은 날로부터 5일 이내에 답변서 사본을 원고에게 송달하여야 한다.

둘째, 합의정을 구성하고 소송서류를 검토한다. 행정소송법 제46조는, 인민법원이 심리하는 행정사건은 재판원으로 구성되는 합의정을 구성하거나 재판원, 배심원으로 구성되는 합의정을 구성한다. 합의정의 인원은3인 이상의 단수로 한다. 합의정을 구성한 후 사건기록을 검토한다.

셋째, 인민법원은 사건서류를 검토하는 과정에서 필요한 경우 당사자에게 증거의 제공 또는 보충을 요구할 수 있고, 또한 인민법원이 스스로 증거를 조사할 수 있다.

넷째, 당사자의 변경 또는 추가다. 개정심리 전에 소송참가인이 조건에 부합하지 않음을 발견한 경우, 해당자를 소송에서 배제하고 조건에 부합하는 당사자를 소송에 참가시킬 수 있다. 또는 필요적 공동소송인이 참가하지 않은 경우, 해당자에게 통지하여 소송에 참가하게 할 수 있다. 법원은 제1심 절차에서 원고의 동의를 구한 후 직권에 따라 피고를 추가 또는 변경시킬 수 있다. 당연히 피고를 변경하여야 함에도 원고가 동의하지 않는 경우에는 재정으로 기소를 각하할 수 있다.

다섯째, 관련 사항을 결정한다. 회피의 결정, 병합심리 여부의 결정, 소송기간 중 집행정지가 필요한 것인지 여부를 결정한다.

2) 개정심리

(1) 개정심리의 절차

개정심리절차에 대하여 행정소송법은 명확한 규정을 두고 있지 않다. 다만 민사소송법의 규정을 준용한다. 대개 개정 전의 준비, 개정선포, 법정조사, 법정변론, 합의정의 평의와 판결의 선고로 구분할 수 있다.

첫째, 개정 이전의 준비로서 인민법원은 개정 3일 전에 개정의 시간, 장소를 당사자 및 기타 소송참가인에게 통지하여야 한다.

둘째, 개정의 선포이다. 개정하여 심리하기 전에 서기원은 당사자 또는 기타 소송참가인이 법정에 출석하였는지를 확인하고 법정기율을 선포한다. 개정하여 심리하는 경우 재판장이 개정을 선포한다. 이 단계에서는 다음과 같은 과정이 진행된다. 당사자를 심문하고 당사자의 진술을 듣는다. 증인을 심문하고, 출석하지 않은 증인의 증언을 낭독한다. 감정인에 대하여 심문하고 감정결론을 낭독한다. 당사자에 대하여 서증, 물증, 시청각자료를 제시하고, 감정기록, 현장기록을 낭독한다. 이상의 과정을 마치고 재판장은 당사자나 그 소송대리인을 심문하여 사실관계에 대한 보충을 한다.

셋째, 법정 평론이다. 법정 평론의 순서는 다음과 같다. 원고 및 그 소송대리인의 발언, 피고 및 그 소송대리인의 발언, 쌍방의 상호변론이다. 법정 변론이 종결되면 재판장은 원고와 피고의 선후 순서에 따라 최후의

견을 듣는다.

넷째, 합의정이 평의를 한다. 법정변론을 마친 후 합의정의 전체 성원은 퇴정하여 평의를 진행한다. 평의는 재판장이 주재하며 소수는 다수에 복종한다. 평의사항에 대하여는 조서(필록)를 제작하고 합의정의 구성원이 서명한다.

다섯째, 판결의 선고이다. 인민법원의 판결의 선고는 모두 공개로 진행한다. 선고는 즉석에서 선고하는 경우와 날짜를 지정하여 선고하는 경우가 있다. 즉석에서 선고하는 경우에는 10일 이내에 판결서를 발급하여야 하고, 날짜를 지정하여 선고하는 경우에는 선고 후 즉시 판결서를 발급한다. 재판장이 판결서를 낭독하는 경우에는 당사자의 상소권, 상소기한과 상소심법원 등 상소에 관한 사항을 고지하여야 한다.

(2) 제1심 행정사건의 심리기간

행정소송법 제57조에 의하면, 인민법원은 입안일로부터 3개월 이내에 제1심판결을 선고하여야 한다. 또한 특별한 사정으로 심리기간의 연장이 필요한 경우에는 고급인민법원이 비준하고, 고급인민법원이 심리하는 제1심 사건의 경우에 기간의 연장이 필요한 경우에는 최고인민법원이 비준한다고 규정한다.

3) 소송의 취하

행정소송법 제51조에 의하면, 인민법원이 행정사건에 대하여 판결을 선고하기 이전 또는 재결을 하기 전에 원고가 소를 취하하거나, 피고가 당해 구체적 행정행위를 변경하는 경우에 원고가 동의하여 소의 취하를 신청한 경우에, 이에 대한 비준 여부는 인민법원이 결정한다. 이 규정에 의하면 원고가 소를 취하하는 경우는 두 가지로 구분된다. 첫째, 원고의 취하이다. 원고가 소송을 제기하고 법원이 사건에 대하여 판결을 선고하기 전 또는 재결 전에, 원고가 스스로 인민법원에 소의 취하를 신청하는 경우이다. 이러한 상황에서 피소된 구체적 행정행위에는 아무런 변화가 없다. 둘째, 피고의 구체적 행정행위에 대한 변경으로 원고가 소를 취하하는 경우이다.

4) 행정소송중의 강제조치

행정소송의 순조로운 진행을 위하여, 행정소송법은 행정소송질서를 방해하는 행위에 대한 강제조치를 다음과 같이 정하고 있다. 즉 행정소송법 제49조에서는, 소송참여인 또는 기타의 자가 다음의 경우에 해당하는 경우, 상황의 경중에 따라 훈계, 반성문의 제출, 인민폐 1,000위엔 이하의 벌금 또는 15일 이하의 구류에 처할 수 있도록 규정한다. 범죄를 구성하는 경우에는 형사책임을 추궁한다. 행정소송질서를 방해하는 행위는 다음과 같다. ① 집행의 협조의무가 있는 자가 인민법원의 집행협조통지에 대하여 이유 없이 거절하거나 집행을 방해하는 경우, ② 증거를 위조, 은닉 또는 훼손하는 경우, ③ 타인을 사주, 매수 또는 협박하여 위증하게 하거나 증인의 증언을 협박 저지하는 경우, ④ 봉인, 압류, 동결된 재산을 은닉, 이전, 매각 또는 훼손하는 경우, ⑤ 폭력, 위협 또는 기타의 방법으로 직무집행을 방해하거나 법원의 업무질서를 교란 시키는 경우, ⑥ 법원 업무인원, 소송참여인, 집행협조인에게 모욕, 비방, 무함(誣陷), 구타 또는 기타 보복을 하는 경우이다. 강제조치 가운데 벌금과 구류는 반드시 인민법원장의 비준을 거쳐야 한다. 당사자가 불복하면 재심을 신청할 수 있다.

5) 판결

행정소송법 제54조에 의하면 행정사건에 대한 판결은 유지판결, 취소판결, 이행판결 및 변경판결로 구분된다.

(1) 유지판결

유지판결은 행정기관의 구체적 행정행위가 증거가 명확하고, 법률이나 법규의 적용이 정확하고, 법정절차에 부합하는 경우에 내리는 판결이다. 유지판결을 하기 위하여서는 위 세 가지 요건을 모두 구비하여야 한다.

(2) 취소판결

다음의 경우에 해당하는 경우 법원은 취소 또는 일부 취소의 판결을 할 수 있으며, 또한 피고로 하여금 다시금 구체적 행정행위를 하도록 판결할 수 있다. 즉, 주요증거가 부족한 경우, 법률이나 법규의 적용에 착오가 있는 경우, 법정절차를 위반한 경우, 직권을 일탈한 경우, 직권을 남용한 경우가 해당된다. 법원이 피고에게 구체적 행정행위를 다시 하도록 판결한 경우에, 피고는 동일한 사실과 이유로써 원래의 행정행위와 기본적으로 동일한 구체적 행정행위를 할 수 없다.

(3) 이행판결

이행판결은 행정주체가 법정의무를 이행하지 않거나 이행을 지연하는 경우, 즉 부작위의 방식으로 공민, 법인 또는 기타 조직의 합법권익을 침해하는 경우, 법원이 행정주체로 하여금 일정한 기간 내에 그 법정의무를 이행하도록 판결하는 것이다.

(4) 변경판결

행정소송법 제54조 제4항의 규정에 따라 행정처벌이 현정하게 공정성을 상실한 경우에 변경판결을 할 수 있다. 따라서 변경판결은 행정처벌에 한하여 적용된다는 것과, 행정처벌이 현저히 공정성을 상실한 경우에 한하여 적용되는 것이다.

(5) 행정소송법상 판결은 위 네 가지 외에도 최고인민법원의 사법해석에 의하여 확인판결도 가능하다. 확인판결을 하는 경우로는, ① 법정의무를 이행토록 판결하는 것이 별 의미가 없는 경우, ② 행정행위가 성립되지 않거나 행정행위가 법정형식을 결하여 취소를 하기에 부적당한 경우, ③ 원고의 청구가 피고의 행위가 위법하다는 것을 확인하는 청구인 경우, ④ 기타 확인판결을 적용하여야 하는 경우가 해당한다.

6) 재정과 결정

재정은 법원이 사건을 심리하는 과정에서 국가재판권을 유효하게 행사하고 재판 중의 절차적 문제를 해결하기 위하여 내리는 강제성을 가진 판단이다. 행정소송에서 재정은 다음과 같은 경우에 적용된다. 즉 ① 기소에 대한 불수리, ② 기소의 각하, ③ 관할이의, 관할의 이송이나 지정에 대한 재정, ④ 집행정지 신청에 대한 재정, ⑤ 재산보전과 사전집행의 재정, ⑥ 소의 취하에 대한 허가, ⑦ 소송의 중지 또는 종결, ⑧ 판결서의 오기에 대한 보완의 재정, ⑨ 집행신청에 대한 재정, ⑩ 집행의 중지 또는 종결, ⑪ 기타 재정이 필요한 사항 등이다.

결정은 법원이 사건을 심리하는 과정에서 행정소송의 원활한 진행을 위하여 특정한 사항에 대하여 내리는 판단이다. 결정이 판결이나 재정과 다른 점은, 판결이나 재정은 당사자가 불복하는 경우에 상소를 제기할 수 있지만, 결정은 상소를 제기할 수 없고 경우에 따라서 법원에 재심을 신청할 수 있을 뿐이다. 결정으로 하는 경우는 주로, ① 회피에 대한 결정, ② 행정소송을 방해하는 행위에 대한 강제조치의 결정, ③ 소송기간 문제에 대한 결정, ④ 법원 재판조직 내부 업무에 관한 결정 등이다.

3. 제2심 절차

1) 상소의 제기

행정소송법의 규정에 의하면 상소의 제기는 다음과 같은 조건을 구비하여야 한다.

첫째, 반드시 법정의 상소인과 피상소인이어야 한다. 제1심 절차의 원고나 피고는 모두 상소인이 될 수 있다. 제1심 절차의 공동소송인, 법정대리인, 제3자 역시 상소권을 가진다.

둘째, 법률이 허용하는 상소의 대상이어야 한다. 최고인민법원의 판결과 재정에 대하여 상소할 수 없는 것을 제외하고, 제1심 당사자는 제1심

법원이 내린 판결에 대하여 상소할 권리가 있고, 재정의 경우에는, 행정소송법 제42조에 의하여, 기소를 각하한 재정에 대하여 당사자는 상소를 제기할 수 있다.

셋째, 반드시 법정기간 내에 상소를 제기하여야 한다. 판결에 대한 상소기간은 15일, 재정에 대한 기간은 10일로 한다.

2) 상소의 수리

상소의 수리는 제2심 법원이 법정의 상소조건에 부합하는 상소에 대하여 접수하는 소송행위이다. 행정소송법은 상소의 수리에 대한 절차를 명확히 규정하고 있지 않다. 행정소송에서는 행정소송의 기소와 수리에 대한 규정을 준용하고 있다.

3) 상소사건의 심리

2심 법원은 상소된 행정사건에 대하여 서면심리를 할 수 있는 경우를 제외하고는 개정하여 심리하여야 한다. 개정심리의 절차는 제1심 절차를 준용하여 진행한다. 주로 개정 전의 준비, 개정선포, 법정조사, 법정변론, 합의정의 평의와 선고가 해당된다. 상소심의 주된 심사내용은 사실의 인정, 법률의 적용 및 소송절차의 합법성에 대한 것이며, 당사자의 상소내용에 제한을 받지 않는다.

인민법원은 상소사건을 심리함에 있어서, 사실관계가 명확하다고 인정하는 경우 서면으로 심리할 수 있다. 서면심리의 과정에서 당사자가 제1심 재판의 사실관계에 대하여 이의를 제기하는 경우 서면심리의 방식을 채택하여서는 아니 되며, 개정하여 심리하여야 한다.

상소사건을 심리하는 경우, 법원은 상소장을 받은 날로부터 2개월 이내에 종심판결을 하여야 한다. 특수한 사정으로 기간의 연장이 필요한 경우 고급인민법원이 비준하고, 고급인민법원이 심리하는 상소사건의 경우에는 최고인민법원의 비준이 필요하다.

4) 상소사건의 재판

행정소송법 제61조의 규정에 따라 인민법원이 심리하는 상소사건은 그 상황에 따라 각기 다음과 같이 판결한다. 첫째, 원 판결의 인정사실이 명확하고 적용한 법률이나 법규가 정확한 경우에는 상소를 기각하고 원래의 판결을 유지하는 판결을 한다. 둘째, 원 판결의 인정사실은 명확하지만 법률이나 법규의 적용에 착오가 있는 경우에는 판결을 변경한다. 셋째, 원 판결의 인정사실이 불명확하고 증거의 부족 또는 법정절차를 위반함으로써 사건의 공정한 판결에 영향을 줄 가능성이 있은 경우는 원심판결의 취소를 결정을 하고 원심법원에 재심토록 환송한다. 또한 사실을 조사한 후 판결을 변경할 수 있다. 당사자는 재심한 사건의 판결이나 재정에 대하여 상소할 수 있다.

4. 판결의 집행절차

1) 집행의 개시

행정소송법에 의하면 집행절차는 신청에 의하여 개시되든가 직권에 의하여 개시된다. 행정소송법 제65조는, 당사자는 인민법원의 법적 효력 있는 판결이나 결정을 반드시 이행하여야 한다고 규정한다. 또한 공민, 법인 또는 기타 조직이 판결이나 재정의 이행을 거절하는 경우에 행정기관은 제1심 법원에 강제집행을 신청하거나 법에 따라 강제집행 할 수 있다고 규정하고 있다. 행정기관이 판결이나 재정의 이행을 거절하는 경우에는 제1심 인민법원이 강제 집행할 수 있다. 법적인 효력이 있는 판결이나 재정 또는 행정배상화해서에 대하여 일방이 이행을 거절하는 경우에, 상대방 당사자는 행정소송법 제65조의 규정에 의하여 인민법원에 강제집행을 신청할 수 있다.

당사자의 판결이나 재정 또는 행정배상화해서에 대한 집행의 신청기간은 6개월로 한다. 집행의 신청기간은 법률문건에 규정된 이행기간의 만료일로부터 기산한다.

2) 행정기관에 대한 강제조치

행정기관이 판결이나 재정의 이행을 거절하는 경우, 제1심 인민법원은 다음과 같은 강제조치를 취할 수 있다. 즉, 첫째, 반환하여야 하는 벌금 또는 급부하여야 하는 배상금에 대하여는 은행에 통지하여 행정기관의 계좌에서 인출할 수 있다. 둘째, 규정된 기간 내에 불이행 하는 경우에는 만기일로부터 일일 인민폐 50위엔에서 100위엔의 벌금을 부과할 수 있다. 셋째, 해당 행정기관의 상급 행정기관 또는 감찰기관이나 인사기관에 사법건의를 제출한다. 사법건의를 접수한 기관은 관련규정에 근거하여 처리하고 처리상황을 인민법원에 통지한다. 넷째, 판결이나 재정의 이행 거부가 그 사안이 심각하여 범죄를 구성하는 경우에는 주관인원과 직접 책임자에 대하여 형사책임을 추궁한다.

V. 행정소송제도의 문제점

1. 재판상 공정성 확보의 문제

행정소송의 관할과 사법체제의 구성상 재판의 공정성을 확보하기 어렵고, 따라서 공민의 재산권이 충분히 보장되기 어려운 점이 있다는 지적이 있다. 현행 행정소송법이 규정한 관할제도는 급별관할, 지역관할, 재정관할이 있다. 재정관할은 이송관할, 지정관할 및 관할권의 이전을 포함한다. 행정소송법 실시이래 관할권에 대한 문제도 적지 않게 나타났다.

행정사건의 재판은 지방정부, 지방인민대표대회 또는 당 위원회의 불법적인 간섭을 받기도 하고, 이는 곧 재판의 공정한 심사와 재판에 영향을 미치게 된다. 자연인, 법인 또는 기타 조직의 합법적인 권익보호를 위협하게 되는 것이다. 이러한 현상이 출현하는 원인은 여러 가지가 있지만, 그중 중요한 원인은 특히 법원의 설치와 법관의 선발이나 승진제도가 지방화 또는 행정화의 색채를 띠고 있기 때문이다. 법원은 인력, 재력 및 물질적인 측면에서 지방정부에 의존하고 있고, 따라서 법원에 대한 지방정부의 간섭을 면하기 어려운 것이다. 행정소송에서 피고의 특수성 역시 인민법원이 행정사건을 심리하는 과정에서 민사 등 다른 사건에 비하여 간섭이나 방해를 심하게 받는 원인이다. 최고인민법원이 사법해석을 통하여 사건의 관할에 대한 일련의 조치를 취하고 있지만 이 역시 재판의 독립성이나 공정성을 충분히 보장하기에는 미흡하다는 지적이다.

2. 행정소송 수리범위의 문제

행정소송법이 규정한 사건 수리의 범위가 매우 한정되어 있다는 점이 문제가 된다. 일부 행정기관이 공권력을 행사하여 공민의 재산에 손실을 가하는 경우에도 행정소송법에서 정한 사건의 수리범위에 해당하지 않기 때문에 행정구제를 받기 어려운 상황이 있다는 것이다.

행정소송법이 개괄식과 열거식의 방법을 채택하여 행정소송의 수리범위를 규정하고 있기 때문에 혼란이 가중되고 있다. 먼저, 행정소송법 제2조는 행정소송의 범위에 대한 개괄적 규정이지만 구체적 행정행위에 한하여 행정소송을 인정하고 있고 추상적 행정행위는 배제하고 있다. 또 행정소송법 제2조가 소송의 수리범위에 대하여 개괄적인 규정을 하고 있지만 동법 제11조 제1항에서 다시 열거를 하고 있고, 이로 인하여 일반적으로 배제범위에 대하여 열거식을 취하는 것과는 상반되고 있다. 현실적으로 열거식의 방법을 취하여 소송이 가능한 모든 구체적 행정행위를 나열하는 것은 무리가 있다는 것은 주지하는 바다.

이로써 살펴보면 행정소송법 제12조 제2항에서 추상적 행정행위에 대한 배제규정을 둔 것은 불필요한 중복 규정이 된다. 행정소송법 제2조에서 행정소송의 수리범위를 구체적 행정행위에 한한다고 명확히 규정하고 있기 때문이다. 일부 학자는 행정소송의 수리범위에 대하여 대개괄적 규정도 있고(제2조가 해당) 동시에 소개괄적 규정도 있고(제11조 제1항), 소개괄적 규정 가운데는 명시적으로 인정한 규정도 있고(제11조 제1항의 7호까지) 불명확하게 인정한 규정도 있다(제11조 제1항 제8호)고 한다. 또 배제조항 가운데는 명시적으로 배제하는 조항도 있고 불명확하게 배제하는 조항도 있다고 한다. 행정소송법 제11조 제2항에서는 법규가 행정소송을 제기할 수 있도록 규정한 경우에 인민법원이 이를 수리한다고 규정한다. 학자에 따라서는 이를 행정소송범위에 대한 보충규정으로 이해한다.

일반적인 경우 인민법원이 수리하는 행정사건의 범위는 행정소송법 제11조 제1항이 규정하는 사항에 한정된다. 이 외에 기타 다른 법률이 명확히 규정하는 경우에 한하여 행정상대방은 행정소송을 제기할 수 있는 것이다.

추상적 행정행위에 대한 제한도 있다. 중국의 행정소송법은 행정소송의 범위를 구체적 행정행위에 한정하고 있다. 추상적 행정행위는 원천적으로 행정소송의 대상에서 제외되고 있고, 원칙적으로 인민법원의 행정행위의 합리성에 대한 심사는 제한되고 있다. 행정상대인의 자유와 권리에 직접 관계되는 추상적 행정행위가 행정소송의 대상에 포함되지 않기 때문에 공민의 자유나 재산권 보호에 한계가 있는 것이다.

3. 소송 제기기간의 문제

공민, 법인 또는 기타 조직이 직접 법원에 소송을 제기하는 경우는 구체적 행정행위를 하였음을 안날로부터 3개월 이내에 제기하여야 한다. 다만 다른 법률이 달리 규정한 경우에는 예외로 한다. 불가항력 또는 기타 특별한 사정으로 인하여 법정기한을 넘긴 때에는 그 장애가 제거된 후

10일 이내에 기한의 연기를 신청할 수 있고, 인민법원이 이를 결정한다.

상술한 것처럼 행정소송법이 규정한 일반소송의 제기기간이 매우 짧기 때문에 공민의 권익을 보호하기에 미흡하다는 지적이 있다. 행정소송법이 규정한 일반적인 소송 제기기간은 3개월로 공민이 그 합법적인 권익의 보호하기에는 부족하다는 것이다.

4. 판결의 집행에 관한 문제

법원이 판결을 한 후에도 이 판결에 따른 집행이 잘 이루어지지 않는다는 문제가 있다. 행정기관은 자신에게 불리한 판결의 경우, 특히 의무를 이행하는 판결의 경우 종종 그 집행을 거부한다. 판결이 제대로 집행되지 않는다면 소송을 통한 구제는 공민의 합법권익 보호에 아무런 소용이 없는 것이다.

판결 후 당사자가 스스로 재판의 결과에 따른 이행을 하지 않는 경우, 인민법원은 행정소송법의 규정에 의하여 강제조치를 취하여 그 법정의무를 이행토록 할 수 있다. 그러나 현실적으로 피고인 행정기관이 패소한 경우에 인민법원이 강제조치를 취하기 어려운 경우가 종종 발생한다. 일부 지방의 간부가 판결이 당해 지역의 경제발전이나 행정효율에 장애요소가 될 것이라는 우려에서 판결의 집행을 거부하는 경우도 있고, 심지어는 공공연히 법원판결의 집행을 저지하는 경우도 있다고 한다. 사실상 강제집행을 강행하더라도 예상한 소기의 효과를 거두기 어려운 경우도 있고, 이처럼 현행 행정소송제도상 법원 판결의 집행 문제는 상당한 문제를 안고 있는 것이다.

|참고문헌|

1. 姜明安, 「行政法與行政訴訟法」, 北京大學出版社 2005年.

2. 楊建順·李元起, 「行政法與行政訴訟法敎學參考書」, 中國人民大學出版社 2002年.

3. 劉恒, 「行政救濟制度硏究」, 法律出版社 1998年.

4. 焦洪昌, 「公民私人財産權法律保護硏究」, 科學出版社 2005年.

5. Zhan福滿, 「中國行政法問題硏究」, 中國方正出版社 2001年.

6. 陳剛·何文燕·鄭二根 外, 「中國司法救濟制度」, 세종출판사 2005年.

행정소송상 검찰기관의 재판감독

I. 서론

중국의 현행 제도에서 법원의 재판에 대한 감독이 인정되는 경우로는 대개 세 경우로, 인민법원의 내부적 감독, 당사자에 의한 감독, 인민검찰원에 의한 감독으로 대별된다.[1]

우선, 인민법원 자체에 의한 내부적 감독은 세 가지로 예를 들 수 있다. 즉 판결이나 재정[2]에 대하여 명확한 착오가 있음을 발견한 경우 각급 인민법원의 법원장이 재판위원회를 거쳐 재심을 제기하는 경우, 최고인민법원이 지방 각급 인민법원의 사건에 대하여 재심을 제기하는 경우, 상급 인민법원이 하급 인민법원의 사건에 대하여 재심을 제기하는 경우가 해당된다.

---

1) 譚世貴, 「中國司法改革硏究」, 法律出版社 2000年; 李岸日, "論保障司法公正之監督機制," 「訴訟法學 司法制度」 2001年 第5期, 中國人民大學書報資料中心, pp.85-86.
2) 裁定은 인민법원이 사건의 심리 또는 판결의 과정에서 절차적인 문제와 부분적인 실체문제에 대하여 내리는 판단이다.

둘째, 당사자에 의한 감독은 민사소송법, 형사소송법 및 행정소송법의 각 규정에 의하여 당사자가 재심 또는 신소3)를 제기하는 경우가 해당된다. 즉, 당사자는 법적 효력있는 판결이나 재정에 대하여 명확한 착오가 있다고 인정하는 경우에 원심법원 또는 상급 인민법원에 재심을 신청하거나 신소를 제기할 수 있다.

셋째, 인민검찰원에 의한 감독은 인민검찰원이 국가의 법률감독기관으로서 헌법과 민사소송법, 형사소송법 및 행정소송법의 규정에 의하여 법원의 판결이나 재정이 법률이나 법규를 위반하였다고 인정하는 경우에, 재판감독절차에 따라 항소를 제기하는 것이다.

상술한 바와 같은 인민법원의 재판에 대한 감독은 모두 법률에서 명문으로 인정하는 바, 결국 재판의 합법성과 공정성을 확보하기 위한 감독장치로 이해할 수 있는 것이지만 현실적으로는 여러 가지 문제점을 안고 있는 것도 사실이다. 다만 본문에서는 중국의 행정소송상 인민검찰원의 재판감독제도에 관한 내용을 구체적으로 검토하는 데 그치기로 한다.

행정소송에서 검찰기관의 개입이 비교적 광범위하게 인정된다는 것은, 특히 행정사건의 재판과정에 검찰기관이 개입할 수 있다는 것은 우리로서는 생소한 것이지만 의행합일(議行合一)4)의 정치체제를 실시하는 중국

---

3) 申訴는 신소권자가 인민법원의 효력 있는 재판에 불복하여, 서면 또는 구두의 형식으로 인민법원 또는 인민검찰원에 당해 재판의 사실인정의 착오 또는 법률적용의 착오를 제시하여 다시 재판할 것을 요구하는 행위를 말한다. 신소의 청구가 제기되었다고 하여 재판감독절차가 즉시 개시되는 것은 아니다. 당사자등의 신소는 단지 재판감독절차의 근거자료에 불과하고, 상소를 제기하는 것과 같은 법적 효력을 갖지는 못한다.

4) 의행합일은 삼권분립의 상대적인 개념으로서 중국헌법의 한 원칙이다. 그 이론적 기초는 유물주의와 마르크스주의적 국가론에 입각하며 그 정수는 무산계급전정(독재)이다. 즉, 중화인민공화국의 일체 권력은 인민에 속하며, 인민이 국가권력을 행사하는 기관은 전국인민대표대회와 지방 각급 인민대표대회이다. 국가행정기관, 재판기관, 검찰기관은 모두 인민대표대회에 의하여 구성되며, 이들 기관은 인민대표대회에 대하여 책임을 지며, 인민대표대회의 감독을 받는다. 소위 인민민주전정(독재)을 실시하기 때문에 국가의 일체 권력은 인민에 속하고, 따라서

의 경우에 있어서는 전혀 생소한 문제가 아니다. 사실 이러한 제도를 운용하는 표면적인 이유로는 법관의 자질부족이나 사법부패로 인한 재판의 불공정을 시정하기 위한 것 등이 제시될 수 있겠지만, 중국에서 검찰권과 재판권은 이론상 제약과 피제약의 관계에 있는 것이고 양자의 적절한 충돌은 정상적인 현상으로 보고 있다. 즉 검찰권과 재판권의 충돌과 통일, 재충돌과 재통일의 변화를 거치면서 법률은 엄격히 실시되고 질서 있게 집행될 수 있다는 것이라 한다. 충돌은 형식이며 통일은 본질이 되는 것이다.[5] 양자의 근본적인 목적은 일치하며, 양자 모두 사회주의 법제의 통일을 수호하기 위한 것이라고 한다. 행정소송으로 말하자면 검찰원과 법원은 하나의 공통된 목표를 가지는 바, 그 공통된 목표는 법률을 정확히 시행하고 사법공정을 실현한다는 것이다.

II. 검찰감독의 이론적 근거

법원의 재판에 대한 감독은 중국에 있어서 법률감독의 중요한 부분이 되고 있으며, 사회주의 민주와 법제의 중요한 내용이 된다고 한다. 사실상 재판의 독립과 재판의 감독은 대립과 통일체라고 주장된다.[6] 그러나 일부 학자들은 재판에 대한 검찰의 감독이 법원의 재판의 독립성을 해치고 있다는 이유로 부정적인 입장을 취하고 폐지를 주장하고 있다. 특히 민사소송이나 형사소송을 불문하고 검찰원의 재판에 대한 법률감독이 인정되고 있는바, 예컨대 민사소송에서 검찰기관이 항소를 제기하는 것은 민사소송의 성질에도 부합하지 않고 사인 간의 민사관계에 검찰이 전면

국가의 권력은 인민대표대회가 통일적으로 행사한다는 것이다.
5) 王景琦, "司法改革與民事檢察監督芻議," 「訴訟法學 司法制度」 2001年 第2期, p.27
6) 何文燕·廖永安, 「民事訴訟理論與改革的探索」, 中國檢察出版社 2002年, p.435.

적으로 개입하게 되면 당사자처분의 원칙에도 반한다는 것이다.

그렇지만 민사사건이나 형사사건 및 행정사건을 불문하고 검찰의 재판에 관한 개입을 인정하는 제도는 현행 헌법과 개별 소송법에서 명확히 규정되어 있고, 권력견제와 사법부패를 방지한다는 이유로 검찰의 감독을 강화해야 한다는 주장도 여전히 지지되고 있다. 이러한 주장에 의하면 검찰의 감독은 당사자처분의 원칙에도 반하지도 않으며, 현실적인 이유로 보아도 검찰이 제기하는 항소사건은 거의 예외 없이 당사자의 신소에 의하여 이루어지고 있다는 것을 근거로 한다.7)

긍정론과 반대론 모두 설득력이 있다고 하겠지만 현실적으로 시행되고 있는 제도라는 점을 감안하여, 본 장에서는 이론적으로 가능한 내용은 최대한 논술하는 것으로 하며, 검찰의 재판에 대한 감독을 정당시하는 몇 가지 이론적 근거를 소개한다.

1. 인식론적 근거

인식론의 측면에서 보면 인간의 진리에 대한 인식은 영원히 상대적인 것에서 절대적인 것으로의 변화와 발전과정에 있는 것이며, 인간의 인식은 부단히 심화되어 상대적 진리에서 절대적 진리로 접근하는 변증 통일의 과정이라는 것이다. 이러한 과정에서 끊임없이 착오를 배제하는 것만이 진리에 접근할 수 있고, 진리는 오직 착오와 비교되고 변증 통일의 과정을 거치는 가운데 실현된다는 것이다.8)

이와 관련하여 마오쩌둥은 다음과 같이 지적하였다. 즉, 인간은 항상 자기의 경험에 근거하여 문제를 관찰하고, 처리하며, 의견을 발표한다.

---

7) 章武生, "論人民檢察院發動再審權和對其他民事審判活動的監督權,"「訴訟法學 司法制度」 2004年 第5期, 中國人民大學書報資料中心, p.35.
8) 鄧思淸, "論審判監督的理論基礎,"「訴訟法學 司法制度」 2003年 第10期, 中國人民大學書報資料中心, pp.15-26.

따라서 경우에 따라서는 그 편협성을 면하기 어렵다고 하였다.9) 이러한 견해는 인간이 사물을 인식하는 데는 자신이 가진 지식과 경험을 벗어날 수 없다는 것과, 인간이 사물을 인식하는 데는 본래의 복잡성으로 인하여 인식에 착오가 생길 가능성이 예정된다는 것이다. 더욱이 각종 객관적이고 주관적인 요건의 제약으로 말미암아 이러한 가능성은 현실로 변화된다는 것이다.

소송활동은 주로 인식활동이라는 것을 전제10)로 하여, 소송과정은 여러 가지 착오가 출현할 수 있는 가능성이 많은 인식과정이고, 소송 중에 발생할 착오를 방지하고 감소시키기 위하여 재판에 대한 감독제도가 필요하다는 것이다. 따라서 인식론은 재판에 대한 감독제도를 뒷받침하는 중요한 이론적 기초가 된다.

2. 권력견제론적 근거

중국에서는 소위 인민민주전정(인민민주독재)을 실시하기 때문에 국가의 모든 권력은 인민11)에 속하고, 따라서 국가의 정치체제는 의행합일의 제도를 시행한다. 즉 국가의 권력은 인민대표대회가 통일적으로 행사한다는 것이다. 다만 국가권력의 운영상 효율을 기하기 위하여 인민대표대회는 그 권력을 각각의 기관에 위임하여 행사하도록 하는 것이다.

---

9) 「毛澤東選集」(第五卷), 人民出版社 1966年, p.418.
10) 소송은 사실을 확정하고 법률을 적용하는 과정이며, 사건에 대한 사실문제의 확정과정은 인식의 과정이라는 것이다.
11) 중국에서 인민은 공민과 구별되는 개념으로서 공민은 중국 국적을 가지는 자 즉 국민을 말하며, 인민은 정치적으로 적과 아군을 구별하는 개념에서 나온 것으로, 굳이 개념을 정의 하자면 헌법 서언에 따라 전체 사회주의 노동자, 사회주의사업의 건설자, 사회주의를 옹호하는 애국자와 국가의 통일을 옹호하는 애국자가 인민의 개념에 포함된다고 할 수 있다. 참고로 "사회주의사업의 건설자"는 2004년 헌법 개정에서 추가된 것이다.

즉 국가권력이 전체적으로는 분리되지 않는다는 전제 아래, 국가권력이 효율적으로 운용되도록 하기 위하여 상설적인 국가기구를 설치하고, 이들 기구의 국가권력 운용에 대하여 제약을 가하게 하는 전문적인 기관이 필요하게 된다. 따라서 국가권력의 비 분할을 전제로 검찰기관으로 하여금 재판에 대한 법률감독을 실시하도록 한 것은 권력견제의 원리를 소송에서 구체화한 것이 된다.

3. 사법공정론적 근거

사법공정은 사법활동의 과정과 소송결과에서 공평과 정의의 정신을 구현하여야 한다는 것이다. 사법공정은 실체적 공정과 절차적 공정으로 구분하여 설명할 수 있다. 소위 실체적 공정은, 사법활동은 소송당사자의 실체적 권리와 의무에 대하여 행하는 재판결과가 공정해야 한다는 것이고, 절차적 공정은 소송활동의 과정이 공정해야 한다는 것을 말한다. 따라서 사법활동에 있어서 소송활동의 과정과 소송의 결과가 공정할 때 비로소 사법공정이 이루어진다고 할 수 있다.[12]

법원의 재판활동은 사법활동의 중요한 구성부분이고, 따라서 사법공정을 실현하기 위하여 재판활동에 대한 감독이 요구되는 것이다. 실체적 감독의 내용으로는 사건의 사실관계를 정확히 인정하는가, 법률을 정확하게 적용하는가, 공정하고 합리적인 재판을 하는가 하는 것이 그 예가 된다. 절차적 감독의 내용으로는 각 당사자의 참여 여부, 재판의 중립성, 절차의 합리성 등에 관한 것이다.

---

12) 湯維建, "民事檢察監督範圍若干問題淺議,"「訴訟法學 司法制度」2004年 第5期, p.38.

4. 인권보장론적 근거

공민의 인권(소송권리를 포함하여)을 위협하는 최대의 적은 국가권력의 남용이며, 이 때문에 국가권력의 운용을 제한하고 감독하는 것은 필수적인 사항이 된다. 각 소송 당사자의 소송권리를 유효하게 보호하기 위하여서는 국가사법기관의 권력행사에 대한 제한과 감독을 필요로 한다. 예컨대, 상소권, 공소를 청구하는 권리, 권리침해에 대한 고발권, 신소권 등의 권리를 보호하기 위하여서는 반드시 상응하는 재판감독제도가 필요하다. 또한 현실적으로 사법기관 또는 사법기관 구성원에 의한 인권침해 현상도 종종 발생하므로 이러한 현상의 방지하고 감소시키기 위해서 재판활동에 대한 감독의 필요성이 제기되는 것이다.

5. 실정법적 근거

검찰의 법률감독에 대한 법적 근거는 우선 헌법 제129조와 인민검찰원조직법 제1조에서 찾을 수 있다. 헌법 제129조와 인민검찰원조직법 제1조는 중화인민공화국인민검찰원은 국가의 법률감독기관이라고 명시하고 있다. 이와 아울러 검찰기관의 재판에 대한 감독의 근거는 인민검찰원조직법 제5조의 (4)항,13) 제17조 및 제18조,14) 민사소송법 제14조15) 및 제

---

13) 인민법원의 재판활동의 합법여부에 대하여 감독을 실시한다.
14) 인민검찰원조직법 제17조에서는 지방 각급 인민검찰원은 본급 인민법원 제1심 사건의 판결과 재정에 대하여 착오가 있다고 인정하는 경우, 상소절차에 따라 항소를 제출하여야 한다고 규정하고, 동법 제18조에서는 최고인민검찰원은 각급 인민법원의 효력 있는 판결과 재정에 대하여, 상급 인민검찰원은 하급 인민법원의 효력 있는 판결과 재정에 대하여 명확한 착오가 있음을 발견한 경우에, 재판감독절차에 따라 항소를 제출하여야 한다고 규정하고 있다.
15) 민사소송법 제14조는 인민검찰원이 민사재판활동에 대하여 법률감독을 할 권한이 있다고 규정한다.

185조,[16] 형사소송법 제8조 및 제205조, 행정소송법 제10조 및 제64조에서 확인할 수 있고, 인민법원의 판결이나 재정이 법률이나 법규를 위반하였다고 인정하는 경우에 검찰기관은 재판감독절차에 따라 감독권을 행사할 수 있는 것이다.

III. 행정소송상 검찰기관의 지위

1. 검찰기관의 법적 성질

검찰기관의 성질을 논하기 전에, 검찰권의 성질에 대하여 살펴보면, 학자들의 견해가 일치하는 것은 아니지만 대체로 다음과 같이 요약될 수 있다. 첫째, 행정권설로서, 검찰권은 행정권의 일종이라는 견해가 이에 해당한다. 둘째, 사법권설로서 검찰관과 법관은 직무는 다르지만 같은 사법영역 내에서 그 기능을 발휘한다는 것이 주장의 근거가 된다. 셋째, 검찰권은 행정과 사법의 이중적 성질을 가진다는 견해이다. 넷째, 법률감독권설로서, 법률감독은 검찰권의 본질적 특징이며 사법적 속성과 행정적 속성은 모두 검찰권의 부분적 특성에 지나지 않는다는 견해이다.[17]

---

16) 최고인민검찰원은 각급 인민법원의 효력 있는 판결이나 재정이, 상급 인민검찰원은 하급 인민법원의 법적 효력 있는 판결이나 재정이 "다음의 경우"에 해당함을 발견한 경우에는 재판감독절차에 따라 항소를 제기하여야 한다. 여기서 "다음의 경우"라 함은 ① 원 판결이나 재정의 사실 인정에 관한 증거가 부족한 경우, ② 원 판결이나 재정에서 법률적용상 명확한 착오가 있는 경우, ③ 인민법원의 법정절차 위반이 사건의 판결이나 재정에 영향을 주었다고 인정하는 경우, ④ 재판인원이 사건을 심리하면서 탐오 수뢰, 사리사욕에 따른 부정, 법을 왜곡하여 재판하는 경우가 해당된다.

17) 趙鋼, "也談檢察權的性質,"「訴訟法學 司法制度」2004年 第5期, 中國人民大學書報資料中心, pp.36-37.

　과거, 검찰기관은 그 정치적 성질로 인하여 인민민주전정을 위한 국가
의 강제기관이며, 인민의 수중에 있으면서 인민을 보호하고, 적을 타도하
며, 인민민주전정을 공고히 하고, 사회주의 현대화 건설사업의 순조로운
진행을 보장하는 강력한 수단으로 인식되었다.[18] 그러나 현행 헌법과 인
민검찰원조직법에서는 인민검찰원을 국가의 법률감독기관이라 규정하고
있다. 인민검찰원의 법률감독권은 국가의 법제통일을 수호하는 일종의
권력이며, 검찰기관은 감독권의 행사를 통하여 헌법과 법률의 통일적인
실시를 보장한다는 것이다. 검찰기관의 법률감독은 직능상 국가권력기관
에 의한 감독과는 차이가 있다. 즉 국가권력기관에 의한 법률감독은 민주
집중제[19] 원칙의 국가기관 상호관계에 대한 반영이며, 그 대상은 국가권
력기관이 설치한 기관 또는 국가권력기관에 대하여 책임을 지는 행정기
관, 재판기관 및 검찰기관과 그 업무인원이다. 반면에, 검찰감독은 헌법
과 법률의 규정에 의하여 사법적 기능을 수행하는 국가기관 즉 공안기관,
국가안전기관, 인민법원, 감옥, 노동교양기관에 대한 감독과, 국가업무인
원의 직무범죄 및 공민의 위법한 범죄행위에 대하여 감독을 하는 것이다.

2. 행정소송상 검찰기관의 지위

　행정소송상 검찰기관의 법적지위에 대하여 학계와 실무에서는 여러가
지 견해가 존재한다. 검찰기관의 행정소송에 대한 참여는 원고의 지위에
처한다고 하는 견해[20]도 있고, 검찰기관이 행정소송에서 법률감독자의

---

18) 許崇德, 「中國憲法」, 中國人民大學出版社 1999年, p.321.
19) 민주집중제라 함은 민주적 기초 위에서 권력이 집중 행사된다는 의미다. 예컨대
　　전국인민대표대회는 민주적인 기초 위에서 전국인민이 대표를 파견하여 구성하
　　므로 민주적이고, 전국인민대표대회의 주요 업무는 국가의 중대사를 집체적으
　　로 결정하고 법률을 제정하는 것이며 이러한 업무처리 과정이 바로 인민의 의지
　　를 집중하는 과정이라는 것이다.
20) 이러한 견해는 1954년 공포한 인민검찰원조직법 제4조의 해석에서 처음 나온

지위에 있다는 견해도 있고, 또 다른 견해는 이 두 가지를 모두 포함하는 이중적인 지위를 가진다고 한다. 단순히 항소의 제기로만 본다면 원고로서의 지위에 있다고 할 수 있지만, 동시에 법률감독자의 직권을 행사한다는 점을 이해할 필요가 있다. 따라서 행정소송에서 검찰기관은 항상 법률감독자의 지위에 있다고 보아야 하는 것이 적당하다. 행정소송의 제기나 소송참가를 불문하고, 검찰기관은 일반적인 소송의 당사자와 다르고, 그 법적지위는 국가의 법률감독기관일 수밖에 없다는 것이 주된 이유가 된다. 즉 다음과 같은 구체적인 이유가 제시된다.

첫째, 검찰기관의 성질과 임무를 고려하면, 중국 헌법 제129조는 중화인민공화국인민검찰원은 국가의 법률감독기관이라고 규정한다. 또 인민검찰원조직법 제4조의 규정에 의하는 바와 같이 검찰기관의 임무는 검찰권의 행사를 통하여 사회주의 법제를 수호하고, 사회질서를 수호하며, 공민의 신체적 권리와 민주권리 및 기타의 권리를 보호하고, 사회주의 현대화 건설의 순조로운 진행을 보위하는 것이라는 점에서 알 수 있다.

둘째, 국가간섭이라는 원칙21)에서 고려하면, 검찰기관이 국가를 대표하여 재판에 간섭하는 목적은 재판기관의 재판권의 적절한 행사를 보장하고, 재판의 공정성과 합법성을 확보하기 위한 것이다. 검찰기관이 법에 따라 소송활동에 대하여 법적인 감독을 하는 것은 국가와 공공의 이익을 해치는 위법한 행위에 대하여 필요한 간섭을 행하는 것이며, 행정소송법의 원만한 실시를 위한 것으로 이러한 감독은 검찰기관의 중요한 임무 가운데 하나다.

것으로 보인다. 행정소송법이 제정되기 이전인 당시의 규정에 의하면 지방 각급 인민검찰원은 국가와 인민의 이익에 관한 중요한 민사사건에 대하여 소송을 제기하고 소송에 참가할 권한이 있었다.

21) 국가의 간섭원칙은 당사자처분원칙에 대한 제약을 의미하지만, 국가간섭원칙과 당사자처분원칙은 상호 보완의 관계에 있다는 것이 그 이론적 출발점이고, 특히 사회주의 국가에서 국가이익, 사회이익, 집체이익 및 개인이익은 많은 점에서 서로 상통하는 것이지만, 그 이익의 충돌 역시 피하기 어렵다는 것이다. 여기서 국가간섭이 정당화 되는 이론적 근거가 도출되는 것이다.

셋째, 행정소송법 제10조에 의하면, 인민검찰원은 행정소송에 대하여 법적 감독을 할 권한이 있다. 검찰기관이 소송을 제기하더라도 여전히 법률감독자의 지위에 서는 것이고, 검찰기관의 소송을 제기할 권리는 법률감독의 직능에서 파생되는 것이다. 검찰기관에 의한 행정소송의 제기는 위법한 행위에 대한 감독이고, 또한 행정상대방의 소송권리방치에 대한 감독이다.

IV. 행정소송상 검찰감독의 형식과 범위

1. 검찰감독의 형식

의행합일의 국가체제에서 법률감독권은 일반적으로 국가의 최고권력기관(예컨대 인민대표대회)이 행사한다. 그러나 국가권력을 행사하는 과정에서 검찰기관[22]이 전문적으로 그 감독권을 행사하는 것이다. 이에 따라

---

22) 헌법과 인민검찰원조직법에 의하면 인민검찰원은 주로 다음과 같은 권한을 행사한다. 첫째, 법률기율감독이다. 법률기율감독의 내용은 ① 국가전복, 국가분열 및 국가의 법률, 정책, 법령, 정령의 실시를 심각히 파괴하는 중대 범죄사건에 대한 검찰권의 행사, ② 탐오 수뢰범죄, 국가업무인원의 독직범죄, 국가기관업무인원이 직권을 이용하여 행하는 불법구금, 수사상 가혹행위에 의한 자백의 강요, 보복 무함(誣陷)행위, 불법수사 등 사건에 대하여 행하는 입건수사, ③ 직접 수리한 사건에 대한 체포, 기소 여부의 결정이다. 둘째, 수사에 대한 감독이다. 공안기관이 수사한 사건을 포함하여 심사를 행하며 체포, 기소 또는 불기소의 결정을 한다. 공안기관이 행하는 수사활동의 합법 여부에 대하여 감독한다. 셋째, 공소와 재판의 감독이다. 형사사건에 대하여 공소를 제기한다. 또한 인민법원의 재판활동이 합법적으로 진행되는지에 대하여 감독을 실시하고, 인민법원의 재판과 재정에 착오가 있는 경우에는 법에 따라 항소를 제기할 수 있다. 넷째, 형사사건에서 판결이나 재정의 집행 또는 감옥, 보호소, 노동개조기관 활동

감독의 주체는 주로 국가의 각급 검찰기관이며, 검찰감독의 대상은 입법, 사법 및 행정의 각 영역이 모두 해당된다. 따라서 입법행위, 사법행위, 행정행위에 대한 감독이 이루어지며 검찰감독의 내용은 입법감독, 행정감독, 수사감독, 재판감독 이 포함된다.

행정소송법상 검찰의 법률감독 형식은, 검찰기관이 행정소송 과정에서 행하는 구체적인 법률감독의 형식이다. 앞에서 서술한 바와 같이, 행정소송법 제64조에서는 인민검찰원이 인민법원의 판결이나 재정에 법률이나 법규의 위반이 있음을 발견한 경우 재판감독절차에 따라 항소를 제기할 권한이 있다고 규정한다. 이로써 행정소송법은 항소제기라는 검찰의 감독형식에 대하여 구체적으로 규정하고 있다. 다만, 법률이 항소의 형식을 명확히 규정하고 있는 경우를 제외하고 기타의 감독형식을 채택할 수 있는가, 즉 소송의 제기 또는 소송참가 등의 형식을 채택할 수 있는가에 대하여는 견해가 일치하지 않는다. 그러나 행정소송법의 입법목적을 고려하고 검찰기관의 성질이나 임무에 근거하면 검찰의 감독형식은 소송의 제기와 소송의 참가를 포함한다고 해석될 수 있는 여지는 충분하다. 이에 대하여는 대개 다음과 같은 이유23)가 제시된다.

첫째, 행정소송법 제10조는 인민검찰원이 행정소송에 대하여 법률감독을 할 권한이 있다고 규정한다. 이 규정에 의하면 검찰의 감독은 전면적으로 전개될 수 있고, 따라서 제한적인 감독은 아니라고 볼 수 있는 것이다. 검찰기관은 비단 재판의 결과를 감독할 뿐만 아니라 소송 전의 기소행위와 소송 중의 활동을 감독하는 것이다. 만약 검찰감독의 형식이 사후적인 항소에 의한 감독에 그친다면 이론상 행정소송법 제10조의 내용에는 부합하지 않는다.

둘째, 행정사건의 쌍방 당사자의 법적지위가 불평등함으로 인하여, 행정상대인이 행정소송을 제기하기 어려운 상황에서 소권을 방치하거나 자

___

의 합법여부에 대하여 감독을 행한다.
23) 劉恒, 「行政救濟制度研究」, 法律出版社 1999年, pp.300-302.

신의 청구를 변경할 수 있고, 이로 말미암아 행정기관의 위법행위에 대한 추궁이 어렵게 된다. 검찰기관이 소송을 제기함으로써 행정소송권의 행사를 유효하게 보장할 수 있고, 아울러 행정상대인의 합법권익도 어느 정도 보호할 수 있는 것이다.

셋째, 국가와 사회 공공이익의 수호를 위한 필요성이다. 현실 생활에서 행정기관의 구체적 행정행위가 불특정 다수의 합법권익을 침해하는 것이 보편적인 현상이 되고 있지만, 전체에 대한 손해에 대하여는 누구도 소송을 제기하려 하지 않는 소송기피현상이 있다. 이 외에도 행정기관이 피고가 되지 않기 위하여, 국가적 이익의 희생을 대가로 법 집행을 하는 경우, 이러한 위법적인 행정행위는 상대인의 합법권익을 침해할 뿐만 아니라 국가적 이익이나 공익에도 이로울 것이 없다. 이러한 상황에서 검찰기관은 행정소송에 개입하여 감독을 할 필요성이 있는 것이다.

넷째, 행정소송에 대한 검찰기관의 감독은 사회주의 법제의 통일을 위한 것이다. 검찰기관이 행정소송을 제기하는 것은 법률감독권에 기초한 것이고, 당사자의 소송권리에 기초한 것이 아니다. 따라서 검찰기관의 감독은 행정상대인의 합법권익 보호에만 그치는 것이 아니고 사회주의 법제의 통일적인 실시를 수호하기 위한 필요에 의한 것이다. 행정사건에서 위법한 행정행위에 대하여 소송을 제기하는가 하는 여부는 당해 위법행위가 사법적 심사를 받느냐 하는 것과 직접 관련된다. 현 제도상 검찰기관에 대하여 법률감독권을 부여한 것은 검찰기관으로 하여금 행정소송에 대하여 사전적 감독을 하도록 한 것이다.

2. 검찰감독의 한계

행정소송에 대한 검찰감독의 한계에 대하여는 명확한 규정이 없다. 법학계의 견해도 일치하지 않는다. 검찰기관은 모든 행정사건에 대하여 전면적인 감독을 할 수 있다는 주장이 있고, 일부는 부분적인 행정사건에 대하여만 중점적인 감독을 행할 수 있다는 주장이 있다. 또한 부분적인 감독에 대하여도 어느 정도로 감독을 할 것인가에 대하여는 견해가 일치하지 않는다. 부분적인 행정사건에 대하여 감독을 행할 수 있다는 주장 가운데에는 검찰감독의 한계는 공익성 행정사건에 적용된다는 주장과, 검찰감독의 한계는 소송의 청구를 근거로 하여 판단하여야 한다는 주장 즉 행정상대인이 기소하기 어렵거나 곤란하고 사건의 상황이 명확한 경우가 감독의 범위에 속한다는 주장이 있다. 또 다른 견해는 행정소송에 대한 검찰감독의 한계는 다음 세 가지 종류의 사건에 미친다는 주장이 있다. 즉 행정기관의 위법한 행위가 사회공공이익 및 행정기관의 위법행위의 결과가 심각하고 피해자가 소송권리를 방치한 사건, 검찰기관이 감독이 필요하다고 인정하는 중대한 행정사건, 섭외적인 행정소송사건이 검찰기관의 감독범위에 속한다는 주장이다.24)

3. 행정소송상 검찰기관의 권한과 의무

행정소송상 검찰기관은 법률감독기관으로서 독립적인 권한과 이에 상응하는 의무를 가진다. 소송상 권한으로는 ① 소송의 모든 단계에 참가할 권한이 있고, ② 사실과 증거에 대하여 조사할 권한, ③ 사건에 대한 기록을 열람하고 증거를 심사할 권한, ④ 법정심리에 참가하고 사실관계의 인정과 법률의 적용에 대하여 의견을 발표할 권한, ⑤ 행정소송 심리중의 위법행위를 저지하고 시정의견을 제시할 권한, ⑥ 법원의 위법한 제1심 재판에 대하여 항소를 제기할 권한, ⑦ 법원의 위법한 종심재판에 대하여 항소를 제기할 권한 등이 있다. 소송상 의무로는 주로 ① 행정소송절차를 엄격히 준수하여 권한을 행사할 것, ② 법관의 독립적 직권행사에 영향을 주지 말 것, ③ 법률감독자의 품위를 유지하고 당사자 사이의 구체적인

---

24) 위의 책, pp.304-305.

권리나 의무에 개입하지 말 것 등이다.

V. 행정소송상 검찰의 항소권 행사

행정소송법 제64조에서는 검찰기관의 행정소송상 항소권을 구체적으로 규정하고 있고, 이는 입법적으로 검찰기관의 감독형식을 보장한 것이다. 행정소송법에서 규정한 이 내용을 구체적으로 실시하기 위하여 최고인민검찰원은 「행정소송법제64조의집행에관한잠정규정」(이하 "잠정규정"이라 한다)을 제정하여 검찰기관의 항소제기 형식을 명확히 하였다. 항소권의 행사와 관련하여서는 다음과 같은 문제가 제기된다. 즉, 항소의 제기에 관한 문제, 항소사건 심리중의 법률감독, 항소사건 종결후의 법률감독 등이다.

1. 항소의 제기에 관한 문제

항소의 제기에 관한 권리는 두 가지 내용을 포함한다. 하나는 항소를 제기할 주체에 대한 문제이고, 다른 하나는 항소를 제출할 수 있는 판결이나 재정의 종류에 관한 것이다.

1) 항소권 행사의 주체

최고인민검찰원의 "잠정규정" 제2조는, 최고인민검찰원은 각급 인민법원의 효력 있는 행정판결이나 재정에 대하여, 상급인민검찰원은 하급인민법원의 법적 효력 있는 행정판결이나 재정이 법률이나 법규의 규정에 위반하였다고 인정하는 경우 재판감독절차에 따라 항소를 제기하여야 한다고 규정한다. 또, 지방 각급 인민검찰원은 동급 인민법원의 효력 있는 행정판결, 재정이 법률이나 법규를 위반하였다고 인정하는 경우 상급 인민검찰원이 재판감독절차에 따라 항소를 제기하도록 건의하여야 한다고 규정한다. 이러한 규정은 검찰기관의 재판감독절차 가운데 항소권의 행사를 구체적으로 규정한 것이다. "잠정규정"에서는 상급 검찰기관만이 항소의 주체가 될 수 있고, 동급 검찰기관은 항소권을 행사할 수 없다. 당해 법원과 동급의 인민검찰원은 상급 검찰원에 대한 건의권을 행사할 수 있을 뿐이다.

이와 관련하여 대개 다음과 같은 문제점이 있을 수 있다. 첫째, 항소권의 상급 검찰원에 대한 집중현상이다. 대부분의 행정판결이나 재정은 기층의 인민법원에서 발생하고 항소권은 검찰분원 또는 시급 검찰원 이상의 검찰기관에 집중되며, 이들 검찰기관은 행정소송과정에 직접 참가하지 않은 관계로 사건에 대하여 잘 이해하지 못하는 경우가 많고, 따라서 검찰감독의 기능을 유효하게 발휘하기 어렵다. 둘째, 실무상으로도 항소에 관한 업무가 주로 성급 검찰기관에 집중되지만, 성급 검찰기관은 전체 성 범위의 검찰업무에 대한 지도를 행함과 동시에 다량의 항소사건에 매달려야 할 가능성이 있다. 따라서 유효한 항소권의 행사를 기대하기 어렵다는 점도 있을 수 있다.

2) 항소가 가능한 판결과 재정의 범위

법원이 내린 행정판결이 법률이나 법규의 규정을 위반하면 판결의 종류를 막론하고 검찰감독의 대상이 된다. 행정소송법상 판결의 종류는 유지판결, 취소판결, 변경판결, 이행판결이 있다. 유지판결은 인민법원이 원고측의 소송청구를 각하 또는 기각하는 판결로서 이미 형성된 법률관계를 법원이 인정하는 것이다. 취소판결은 ① 행정행위의 주요 증거가 부족한 경우, ② 법률이나 법규의 적용에 착오가 있는 경우, ③ 법정절차를 위반한 경우, ④ 직권을 일탈한 경우, ⑤ 직권을 남용한 경우에 대하여 내리는 취소 또는 부분취소의 판결이다.

변경판결은 행정처벌이 공정성을 현저하게 상실한 경우에 내리는 판결이다. 행정상 변경판결을 내릴 수 있다는 것은 우리 행정소송법과 현저히 다른 점이지만 이 변경판결은 행정처벌의 경우와 행정처벌이 현저히 공정성을 상실한 경우에 국한된다는 점에 주의할 필요가 있다. 이행판결은 피고 행정기관이 법정의무를 이행하지 않거나 이행을 지연하는 경우에 일정한 기간 내에 그 의무를 이행하도록 명하는 판결이다. 즉 이들 판결이 법률이나 법규를 위반하면 인민검찰원의 법률감독 대상이 된다.

그러나 판결과 달리 재정의 경우에는 그 종류25)가 다양하고 복잡하여 행정사건의 결론에 관계되는가의 여부에 따라 구분하여 항소의 가능 여부를 판단할 수 있다는 견해26)가 있는데 다음과 같이 요약할 수 있다.

하나는 행정사건에 대한 근본적 성질에 관한 처리를 하는 경우, 행정소송권리에 실질적인 영향을 미치는 경우, 사건의 결론에 직접적인 관계가 있는 경우의 재정이 있다. 즉 소송종결의 재정, 기소를 수리하지 않는다는 재정, 원고의 소송 취하를 허가하는 재정 등 이러한 세 가지 재정은 비록 재판의 결론을 직접 내리지는 않지만 피소된 행정행위의 합법성을 간접적으로 확인하는 것이다. 다른 하나는 소송절차 또는 소송과 관련되는 구체적인 문제에 관계되는 것으로 사건의 결론에 영향을 주지 않는 재정이다. 예컨대 소송을 중지하는 재정, 구체적 행정행위의 집행을 정지하는 재정 등이다. 법원의 재정 가운데 검찰기관은 단지 전자의 세 가지 경우에 해당하는 재정에 대하여만 항소를 제기할 수 있고, 사건의 결론에 영향을 주지 않는 재정에 대하여는 항소를 제기할 수 없다.

그러나 법원의 재정에 대한 검찰기관의 불필요한 개입을 억제한다는 면에서는 설득력이 있다고 보이지만, 행정소송법 제10조에서 규정한 바

---

25) 裁定의 내용에 따라 기소의 불수리 또는 각하의 재정, 집행정지의 재정, 소의 취하를 허가 또는 허가하지 않는 재정, 소송보전조치를 취하는 재정, 우선급부의 재정, 판결서보완의 재정, 원심판결의 취소와 환송의 재정(요건: 1심 판결의 인정사실이 불명한 경우, 1심 판결의 증거가 부족한 경우, 1심 판결이 법정절차를 위반하여 사건의 판결에 영향을 줄 수 있는 경우), 심리의 중지 또는 심리 종결의 재정 등으로 구분된다.

26) 劉恒, 앞의 책, p.307.

에 따라 검찰기관이 행정소송에 대하여 전면적인 법률감독권이 있다고 해석 한다면 굳이 재정을 사건의 결론에 관계되는가 여부에 따라 구분하여 달리 취급할 필요가 있느냐 하는 의문이 생긴다.

2. 항소사건 심리중의 법률감독 여부

항소권의 행사는 위법한 재판 또는 재정에 대한 항소제기뿐만 아니라, 항소사건의 심리 과정에 대한 법률감독을 포함한다고 본다. 항소사건의 심리과정에 대한 감독의 형식에 대하여는 명확한 법률 규정이 없다. 최고 인민법원 "잠정규정" 제8조는, 인민검찰원이 제기한 항소사건은 인원을 파견하여 법정에 출석시켜 소송활동의 합법에 대한 감독을 실행하여야 한다고 규정한다. 이 규정에서는 단지 항소사건에 대하여 인원을 법정에 출석시키는 감독의 형식만을 규정하고 있을 뿐이고 특별한 감독형식은 명확히 규정하고 있지 않다.

따라서 항소사건의 심리에서 검찰기관이 파견한 인원의 소송상 지위나, 법원이 개정하여 심리를 진행할 경우 구체적으로 이들 출석인원이 어떠한 권리를 가지는가 하는 것은 사실상 명확하지 않다.

3. 항소사건 종결후의 법률감독 여부

검찰기관이 행사하는 항소권은 항소사건의 심리를 종결한 이후에도 계속된다고 해석된다. 항소사건의 심리가 종결된 후에도 항소사건의 판결이나 재정이 여전히 법률이나 법규의 규정을 위반하는 경우에 계속하여 감독을 할 수 있는가에 대하여 명문의 규정은 없지만 다음과 같은 이유에서 그 감독권의 행사가 인정된다고 보여 진다.

첫째, 행정소송법 제10조의 규정으로 보면, 당해 규정이 확인하는 항소권은 항소의 제기 즉 사전의 감독권을 포함하여, 항소사건의 심리 과정에 행하는 중간감독, 항소사건 종결 후에 행하는 사후감독을 포함한다고 해석할 수 있다.

둘째, 재판의 실무에서, 항소사건에 대한 심리 종결 후 만약 당사자가 불복하면 신소권의 행사를 통하여 다시 한번 재심을 신청할 수 있다. 그러나 국가의 전문 법률감독기관이 항소사건의 재판이나 재정이 위법함을 발견하고도 감독을 행할 수 없다면 검찰기관의 감독권은 당사자의 신소권 보다 못한 것이 되므로, 이렇게 되면 검찰감독제도의 취지에도 어긋나게 되는 것이다.

VI. 결어

행정소송사건은 행정상대인이 행정기관의 구체적 행정행위에 불복하여 법원에 소송을 제기한 사건이다. 일반적 의미에서 법원은 사법기관으로서 행정기관의 행정행위에 대하여 최종적으로 제약하고 감독하는 역할을 한다고 할 수 있다. 그러나 중국의 행정법에서는 행정행위를 대체로 추상적 행정행위, 구체적 행정행위 및 준행정행위로 구분하고 행정소송법상 공민이나 단체 등 행정상대인에 대한 구제는 단지 행정기관의 구체적 행정행위에만 그치고 기타의 경우에는 소송의 수리범위에 해당하지 않는다.27)

이와 관련하여 검찰기관은 마땅히 정부기관의 추상적 행정행위에서 발생 하는 위법에 대하여도 소송을 제기할 수 있어야 한다는 주장도 있다.28) 즉 검찰기관의 재판에 대한 전면적인 감독을 긍정하는 입장에 의

---

27) 중국행정소송법 제11조(사건의 수리범위) 및 제12조(수리하지 않는 사항).
28) 洪浩, 「檢察權論」, 武漢大學出版社 2001年, p.238.

하면, 검찰기관은 법률의 감독기관 및 공익의 대표기관으로서 기타의 위법행위에 대하여 행정소송을 제기할 수 있는 능력이 있다는 것이다. 예컨대 정부의 법규, 법령 또는 명령은 추상적 행정행위에 속하고, 이는 전국인민대표대회상무위원회의 감독범위에 속하므로 전국인민대표대회상무위원회는 부당한 행정법규, 규장, 결정 또는 명령에 대하여 직접 취소할 수 있고 소송의 형식을 거칠 필요가 없다.

그러나 전국인민대표대회는 권력기관으로서 정부의 방대한 결정이나 명령 등에 대하여 세세히 감독할 수 없는 것이 현실적 상황이기 때문에 검찰기관의 민사 또는 행정검찰부문이 공민의 고발을 접수한 후에 공익의 대표자로서 법원에 소송을 제기할 수 있는 것이고, 동시에 정부의 통계, 보고 등 준행정행위가 불러오는 손실이나 결과에 대하여 검찰기관이 국가명의로 이의를 제기하거나 소송을 제기할 수 있는 것이다.

상술한 바와 같이 검찰기관의 법률감독권에 대한 확장을 옹호하는 주장은 특히 검찰원의 권한을 강화하자는 쪽에서 지지되는 주장이고, 사실상 법원의 입장에서는 검찰감독의 확대를 기꺼이 받아들이기 어려운 것이다. 본 장에서는 사회주의국가에 해당하는 중국의 법제도를 검토하는 것이기 때문에, 사실 이러한 검찰기관의 법률감독제도가 좋고 나쁘다는 것으로 결론 내기는 어렵다. 중국 자체의 국가적 상황을 고려해서 법 제도를 평가할 필요가 있기 때문이다. 본 장에서는 다만 중국의 심급제도와 관련하여 검찰감독의 지속 가능성 여부를 판단해 보는 것으로 한다. 재판감독제도가 2심 종심제의 보충적인 제도[29]라는 점을 생각하면 검토의 의의가 있기 때문이다.

중국에 있어 재판의 심급제도는 2심제이다. 2심제를 요약하면 대체로 다음과 같다. 즉 모든 사건은 원칙상 두 단계 법원의 심리를 거쳐 종결된다. 민사사건의 경우 지방 각급 인민법원이 내린 1심 판결과 재정에 대하여 당사자가 불복하는 경우에는 상급 인민법원에 상소할 수 있다. 만약

---

29) 胡錦光·韓大元, 「中國憲法」, 法律出版社 2004年, p.419.

인민검찰원이 명확한 착오가 있다고 인정하는 경우에는 상급 인민법원에 항소한다. 다만 상급 인민법원이 내린 판결과 재정이 종심인 경우에는 당사자가 재차 상소할 수 없다. 또한 최고인민법원이 1심 법원이 되어 재판한 사건은 모두 종심판결이 된다. 따라서 행정소송도 민사소송이나 형사소송과 마찬가지로 2심제에 의하여 종결되고, 예외적인 경우에 한하여 1심으로 종결된다. 따라서 예외적인 경우를 제외하고 어떠한 사건도 3심에 의하여 재판될 가능성은 없다. 3심제를 실시할 것인가 하는 문제는 아직 이론적 주장에 그칠 뿐이다.

그렇지만 향후 중국에서 헌법법원 또는 헌법재판소 등과 같은 기관을 설치하고 사실심 법원과 법률심 법원을 분리하여 3심제를 실시한다면, 검찰기관의 행정소송사건에 대한 감독의 필요성이 여전히 지속될 것인가 하는 것도 의문이다. 이에 대한 설득력 있는 대답은 아마 검찰기관의 법률감독은 현재와 같이 여전히 계속될 것이라고 하는 것이 옳을 것 같다. 사회주의체제에서 의행합일의 원칙과 인민대표대회제도를 채택하고 있는 이상, 어떤 심급제도를 채택하든 이것은 법원의 내부적 감독제도로 이해될 것이고 검찰의 감독은 법원 외부적인 감독으로 이해되어 원칙적으로 그 존속이 강조될 것이라고 생각된다.

본 장에서는 행정소송상 검찰기관의 재판감독제도에 대하여 논하였다. 행정소송뿐만 아니라 민사소송에서도 검찰기관의 재판에 대한 감독은 기본적으로는 별 차이가 없다. 결국 이러한 법제도를 이해함과 동시에, 우리는 이러한 제도가 중국 내에서 특히 우리 국민의 문제를 해결하는 데 필요한 경우에는 잘 활용할 필요가 있다고 본다. 즉 중국에서는 2심제를 실시하기 때문에 3심제를 실시하는 우리 사법제도와 비교할 때 심급제도상 뚜렷한 차이가 있지만 경우에 따라서는 이러한 검찰기관의 재판에 대한 감독제도가 3심제의 효과를 가져다 줄 여지는 충분히 있다고 본다.

|참고문헌|

1. 胡錦光·韓大元,「中國憲法」, 法律出版社 2004年.

2. 江偉,「民事訴訟法」, 高等敎育出版社 2003年.

3. 譚世貴,「中國司法改革硏究」, 法律出版社 2000年.

4. 劉恒,「行政救濟制度硏究」, 法律出版社 1999年.

5. 周葉中,「憲法」, 高等敎育出版社·高等敎育出版社 2004年.

6. 陳光中,「刑事訴訟法」, 北京大學出版社·高等敎育出版社 2004年.

7. 何文燕·廖永安,「民事訴訟理論與改革的探索」, 中國檢察出版社 2002年.

8. 許崇德,「中國憲法」, 中國人民大學出版社 1999年.

9. 洪浩,「檢察權論」, 武漢大學出版社 2001年.

10. 姜明安,「行政法與行政訴訟法」, 北京大學出版社·高等敎育出版社 2003年.

11.「毛澤東選集」(第五卷), 人民出版社 1966年.

12. 鄧思淸, "論審判監督的理論基礎,"「訴訟法學 司法制度」2003年 第10期, 中國
    人民大學書報資料中心.

13. 王景琦, "司法改革與民事檢察監督芻議,"「訴訟法學 司法制度」2001年 第2期,
    中國人民大學書報資料中心.

14. 李岸日, "論保障司法公正之監督機制,"「訴訟法學 司法制度」2001年 第5期,
    中國人民大學書報資料中心.

15. 章武生, "論人民檢察院發動再審權和對其他民事審判活動的監督權,"「訴訟法
    學 司法制度」2004年 第5期, 中國人民大學書報資料中心.

16. 趙鋼, "也談檢察權的性質,"「訴訟法學 司法制度」2004年 第5期, 中國人民大
    學書報資料中心.

17. 湯維建, "民事檢察監督範圍若干問題淺議,"「訴訟法學 司法制度」2004年 第5
    期, 中國人民大學書報資料中心.

행정배상제도

I. 서론

중국에서 국가배상은 국가침권배상이라고도 하며, 국가기관이 공권력을 행사하여 발생시킨 손해에 대하여 배상책임을 지는 것을 말한다. 중화인민공화국국가배상법에서 규정한 국가배상은 행정배상과 형사배상을 포함한다.

1995년 1월 1일부터 시행된 국가배상법은 중국의 입법에 있어 획기적인 진전을 의미하였고, 헌법이 규정한 공민의 배상청구권을 실현하기 위한 법적 근거가 되었다. 즉 국가무책임에서 국가책임의 입법적 전환을 하는 계기가 되었고, 이 법의 제정으로 국가기관 또는 국가공무원의 권력남용을 방지하는 기제가 된 것이다. 정부 역시 법률을 준수하고 정부가 공민의 권리를 침해하는 경우에는 배상책임을 지게 된 것이다.

그러나 국가배상법의 실시된 지도 어언 12년 이상이 경과하였지만 결과는 그리 낙관적인 것만이 아니라고 평가된다. 국가배상법에 존재하는 여러 가지 문제로 인하여 손해를 입은 공민이나 법인 또는 기타 당사자가 충분한 구제를 받기 어려운 점도 있고, 일부 행정기관은 여전히 위법한 행정행위를 반복하는 경우도 있는 것이다. 본 장에서는 행정배상제도에 대한 일반적인 내용을 소개하고, 마지막 부분에서 중국의 학계에서 제기되고 있는 행정배상과 관련된 몇 가지 문제점을 소개하고자 한다.

II. 행정배상의 개념과 원칙

1. 행정배상의 개념

1) 행정배상의 개념

행정배상은 행정침권배상이라 하며, 국가행정기관 및 그 공무원이 직무의 집행, 국가행정관리직권의 행사 과정에서, 위법으로써 행정상대인에게 손해를 가하고, 국가행정기관이 배상책임을 부담하는 제도이다. 이 개념은 다음과 같은 의미를 가진다.

첫째, 행정배상은 책임의 일종으로 국가책임의 한 종류다. 국가책임은 국제책임과 국내책임으로 구분되고, 국제책임은 국가가 국제적 의무를 위반함으로써 부담해야할 책임이다. 국내책임은 구체적으로 국가입법손해책임, 국가사법손해책임 및 국가 행정침권책임으로 구분할 수 있다. 행정배상은 국가배상책임중의 하나로 국가가 발생시키는 손해에 대하여지는 배상책임이다.

둘째, 행정책임이 발생하는 원인은, 행정기관 및 그 공무원의 행정직권의 위법한 행사로 일으키는 실질적인 손해다. 행정침권을 행하는 주체는 행정주체이며, 행정직권을 위법하게 행사한 행정주체다.

셋째, 행정침권의 주체와 직접책임의 주체는 분리된다. 민사배상에서 민사침권의 주체와 민사책임의 주체는 일치한다. 그러나 행정배상에서,

행정침권 주체는 일반적으로 행정기관의 공무원이며, 책임주체는 공무원이 소속한 행정기관이다.

2) 행정배상과 행정보상

행정배상의 개념을 명확히 하기 위하여, 행정배상과 행정보상의 개념을 명확히 할 필요가 있다. 소위 행정보상은 국가행정기관이 행정직권을 행사하는 과정에서, 행정직권의 합법적인 행사로 인하여 행정상대인의 합법권익에 손해를 초래하게 하여, 국가행정기관이 그 손해에 대하여 적당한 보상을 행하는 제도이다.

국가의 행정관리활동에서, 국가 또는 사회공공이익의 필요에 따라, 때로는 합법적인 행정권행사도 행정상대인에 대하여 손해를 입히게 되고, 따라서 국가는 행정보상제도를 통하여 공공이익과 사익의 형평을 도모하고, 양자의 모순을 조화시키며, 정상적인 행정관리질서를 수호하게 된다. 중국의 행정보상제도는 아직 통일적인 입법규정이 없고 개별법규에서 찾아볼 수 있다.

행정배상과 행정보상은 공통점이 있다. 구체적으로는, ① 행위의 주체가 동일하다. 양자 모두 행정기관의 공무원의 행위로 인하여 발생하는 것이다. ② 행위의 시간이 동일하다. 양자 모두 행정기관의 행정권 행사 중에 발생한 것이다. ③ 행위의 결과가 동일하다. 양자 모두 행정상 손해결과를 초래한다. ④ 책임부담의 방식이 동일하다. 양자 모두 손해에 대하여 일정한 보상을 행한다. ⑤ 행위의 성질이 동일하다. 양자 모두 공법의 범위에 속하며, 공법으로 규율한다.

위와 같이 양자는 공통점을 가지고 있지만. 서로 다른 법적 성질을 가지고 있고, 다음과 같은 점에서 그 차이는 명확하다. 첫째. 행위의 성질이 다르다. 행정배상은 위법한 행정행위로 발생한 것이며, 행정보상은 합법적 행정행위로 발생한 것이다. 이것은 행정배상과 행정보상을 구별하는 중요한 기준이 된다. 둘째, 구성요건이 다르다. 행정배상은 행정기관이 위법하게 직권을 행사하여 발생하는 것이고, 따라서 행위자의 주관적 고의과실이 중요한 구성요건이다. 그러나 행정보상은 행정직권의 합법적인 행사로 인하여 발생하는 것이므로, 행위자의 고의 또는 과실은 문제로 되지 않는다. 셋째, 발생의 시간이 다르다. 행정배상은 손해가 발생한 후 비로소 진행되고, 행정보상은 손해의 발생 전 또는 발생 후에도 가능하다. 넷째, 구상권의 존재 여부에 관한 점이다. 행정배상에서 행정기관은 손해를 배상한 후에 고의 또는 중대과실이 있는 공무원에 대하여 구상을 할 권리가 있다. 그러나 행정보상에서는 구상의 문제는 없다. 다섯째, 배상이나 보상액의 계산방식과 기준이 다르다. 행정배상에서는 배상액과 배상방식에 대하여 쌍방이 협상할 수 있고, 민사배상의 규칙과 유사하다. 행정보상에서는 손해에 대한 배상액과 배상방식은 관련 법률규정이 정한다. 보상의 방식도 경제적 보상 외에 기타의 방식으로 보상이 가능하다.

2. 행정배상의 책임원칙

1) 책임원칙의 유형

귀책원칙은 행위자가 침권책임의 확정과 판단을 하는 근거와 표준이다. 이는 침권책임의 최종적인 근거의 문제이며, 즉 무엇에 근거하여 행위자에게 책임의 부담을 요구할 것인가 하는 것이다. 일정한 귀책원칙은 국가의 가치방향을 결정하고, 국가의 행정침권배상에 대한 입법적 의지를 표명한다. 귀책원칙의 확정은 침권책임의 구성요건, 입증책임의 부담, 면책조건 등 일련의 문제를 직접적으로 결정한다. 각국의 입법에서 보면, 대표적 귀책원칙으로는 다음 세 가지가 있다.

(1) 과실책임원칙

과실책임원칙은 행정기관 및 그 공무원이 행정직무를 집행함에 있어서 과실로 행정상대인의 합법권익에 손해를 초래한 경우, 국가가 배상책임을 부담하는 것이다. 과실책임원칙은 주관적 귀책원칙에 속하고 행위자는 반드시 주관상 책임이 귀속될 과실이 존재하여야 하고, 이때 비로소 그 행위가 일으킨 손해결과에 대하여 배상책임을 진다. 과실은 행위자의 심리상태이며, 행위자의 자기의 행위 결과에 대한 주관적 태도이다. 과실은 고의, 중대과실과 일반과실로 구분된다.

과실원칙은 로마법에서 발전된 것으로, 12표법 중에서 과실정도는 가해자의 책임을 확정하는 근거로 명확히 규정하고 있다. 행정배상에서 과실원칙을 귀책원칙의 하나로 한 것은 민법연구의 성과를 계수한 것이다. 중국의 민법통칙에서도 이러한 원칙을 명확히 하고 있다. 공민, 법인이 과실로 국가적 집체적 재산을 침해하고 타인의 재산, 신체를 침해하는 경우 민사책임을 져야 한다.

과실책임의 원칙을 취하는 경우에 장점과 단점이 있다. 장점으로는, 첫째, 과실책임원칙은 행정주체의 과실행위를 교정하는데 이롭고, 행정기관으로 하여금 의법행정을 촉구하고, 행정행위의 규범화 궤도로의 진입을 촉진한다. 둘째, 구제의 측면에서 고려하면 이 원칙은 수해자를 위하여 일정한 구제범위를 설정하고 있다. 이러한 고려에서 배상구제권의 행사에 일정한 한계를 확정하였고, 다른 한편으로는 국가 재정부담을 경감시킨다. 셋째, 책임의 확정으로 보면 이론상 공동침권과 혼합과실의 책임분담문제를 비교적 잘 해결할 수 있다.

이 원칙의 단점으로는 첫째, 이 원칙의 귀책의 기초는 행위인의 주관상 과실의 존재이고, 또한 과실은 일종의 심리상태이며, 행위책임 주체인 행정기관은 조직이기 때문에 이러한 주관적 심리상태는 존재하지 않는다. 둘째, 이 원칙에 근거하여 피해자가 행정침권책임을 추궁하려면 반드시 행위자의 주관상 과실의 유무를 확정해야 하고, 과실책임원칙은 주장자가 입증한다는 원칙을 취하므로, 피해자가 입증책임을 부담하는 것은 현실적으로 매우 어려운 일이다. 셋째, 행위자의 주관적 심리상태에 근거하여 과실여부를 인정하게 되면, 행정 집행인원과 피해자의 심리적 부담을 가중하게 되고, 이는 공무를 집행하는 집행인원의 적극성을 유도하는데 이롭지 못하며, 행정상대방의 합법권익보호에도 불리하다.

(2) 위험책임원칙

위험책임원칙은 주로 영미법에서 사용하던 개념이다. 영미법에서, 위험책임은 고도위험활동책임 또는 이상위험활동책임으로 불린다. 독일법의 위험책임은 특정기업, 특정장치, 특정물품의 소유자 또는 소지인이 일정한 조건하에서 그 과실의 유무를 불문하고, 그 기업, 장치, 물품 자체가 가진 위해로 인하여 발생하는 손해에 대하여 배상책임을 져야 하는 것이다. 이 원칙의 형성배경은 19세기 후반기에 과학기술의 신속한 발전과 행정권의 부단한 확장, 공무활동으로 인한 이상위험상태 역시 급격히 증가하고, 이러한 상황에서, 비록 위법 또는 과실이 존재하지 않더라도 행정상대인의 합법권익을 침해할 수 있기 때문이었다.

중국의 민사입법에서 위험책임이라는 것을 사용하지 않고, 고도위험책임의 개념을 사용하였다. 민법통칙 제123조는, 고압, 고공, 연소하기 쉬운, 폭발하기 쉬운, 독극, 방사성, 고속운수수단 등 주위환경에 고도의 위험을 수반하는 작업으로써 타인에게 손해를 가한 경우, 민사책임을 져야 한다고 규정한다. 단, 피해자가 고의로 일으킨 것을 증명할 수 있는 경우에는 민사책임을 부담하지 않는다.

(3) 위법책임원칙

위법책임원칙은 행정기관 및 그 공무원의 위법한 직무집행으로 인하여 행정상대인의 합법권익을 침해하고 손해를 발생시켜서 국가가 당연히 부담해야 할 배상책임이다. 이 원칙은 직무의 위법행위를 귀책의 기준으로 하고, 행위자의 주관적 상태 여하, 과실의 존재 유무를 고려하지 않는다.

1959년의 스위스연방책임법 제3조는, 연방은 공무원이 직무를 집행할 경우 타인의 권리를 불법적으로 침해한 경우 공무원의 과실유무를 불문하고 배상책임을 진다고 규정한다. 이 법에서 말하는 위법은 다음의 경우를 포함한다. 첫째, 법질서의 위반이며, 모종의 법익보호를 명시적 묵시적으로 보호하는 법령의 위반이다. 둘째, 직무집행시 손해의 발생을 피하기 위하여 설정한 내부업무규정의 위반이다. 셋째, 자유재량권의 남용이다. 사실상, 위법의 개념은 각국의 사정이나 역사적 시기에 따라 그 내용을 달리한다.

위법책임원칙은 다음과 같은 의의를 가진다. 첫째, 이 원칙은 객관적인 귀책표준을 취함으로써 사법심사에서 쉽게 장악할 수 있고, 행정심판에서의 자의성을 극복할 수 있으며, 사법심사에서 취하는 합법성심사 원칙과 부합된다. 둘째, 이 원칙을 채택하게 되면 행정기관의 엄정한 의법행정을 촉구할 수 있고 위법 또는 부당한 행정행위를 감소시킬 수 있다. 과실책임원칙의 주관적 색채를 면할 수 있다. 셋째, 이 원칙은 행정배상과 행정보상의 구별에 유리하다 하겠다. 왜냐하면 양자의 차이는 행위의 성질이 합법성을 가지느냐에 있기 때문이다.

이 원칙의 장점을 살펴본 동시에, 이 원칙이 가지는 한계를 지적할 수 있다. 첫째, 위법행위의 한계를 어떻게 확정할 것인가 하는 것이며, 그 판단 기준이 어떠한 것인가 하는 것이다. 둘째, 행정행위가 비록 위법하지 않더라도 명확히 부당한 행정행위가 행정상대인에게 준 손해는 포함하기 어렵게 된다. 셋째, 구제의 측면에서 보면, 이 원칙이 미치는 구제의 범위는 과실책임원칙 등의 범위에 미치지 못한다. 넷째, 행정배상의 실무에서 어떻게 이 원칙을 관철시킬 것인가 하는 것이 문제로 된다. 예컨대, 위법책임원칙을 취하는 스위스에서도 이 원칙의 실행은 철저하지 못하며, 스위스 법원이 행정배상액 및 비재산상의 손해배상을 인정할 경우 여전히 가해공무원의 집무행위의 과실유무를 심사를 필요로 하기 때문이다.

2) 중국 특색의 책임원칙

국가배상법 제2조는, 국가기관과 국가기관 업무인원이 위법하게 직권을 행사함으로써 공민, 법인 및 기타 조직의 합법권익에 손해를 가한 경우, 피해자는 본법에 의하여 국가배상을 취득할 권리를 가진다고 규정한다. 그러므로 국가배상입법이 확정한 귀책원칙은 위법원칙이다.

국가배상법에서 위법의 개념을 확정하지 않고 있기 때문에, 학계의 위법에 대한 인식은 일치되지 않는다. 일부는 위법은 법률규정의 위반에 한하고, 그 구체적인 표현은 다양하지만, 부당한 구체적 행정행위는 포함하지 않는 것으로 한다. 또 일부는, 위법은 법률규정의 위반을 포함하고, 부당한 구체적 행정행위를 포함하는 것으로 인식한다.

중국 행정소송법의 관련규정으로 보면, 위법은 엄격한 의미의 법위반이며, 헌법, 법률, 행정법규, 지방성법규와 심사를 거친 합법적 규장의 위반이다. 위법의 내용은 법률 법규 적용의 착오, 법정절차의 위반, 월권 또는 법정직무의 불이행 또는 지연 등이다. 위법의 형식은 작위와 부작위행위를 포함하며, 단 부작위는 법정 작위의무의 존재를 전제로 한다.

위법의 종류는 실체법상 위법과 절차법적 위법, 형식상의 위법과 실질상의 위법으로 구분된다. 부당한 구체적 행정행위가 위법을 구성하는가 하는 문제는, 행정법학 이론상 부당한 구체적 행정행위는 재량의 행위에 속하고, 적당 여부의 문제만 존재하고 합법 여부의 문제는 존재하지 않는다. 단, 행정소송법 제54조 제4항 등 조항의 규정에 의하면, 행정처벌이 현저히 공정성을 잃었다는 전제하에서 행정기관은 침권배상책임을 진다. 이것은 위법원칙 적용의 예외라 할 수 있다.

III. 행정배상의 구성요건

행정배상의 귀책원칙은 행정침권행위를 추궁하는 최종적인 책임근거를 확정하였다. 그러나 단지 귀책원칙에 의하여서만은 행정배상의 실무에서 전면적이고 합리적으로 침권책임의 구성여부를 판단하기 어렵다. 그러므로 귀책원칙 외에도, 귀책원칙보다 더욱 구체적이고 명확한 책임구성요건을 필요로 한다. 국가배상법 제2조의 규정에 의하면, 행정침권배상책임의 구성요건은 다음 네 가지 부분에서 검토할 수 있다. 즉, 침권주체, 위법행위, 손해사실 및 인과관계이다.

1. 침권주체

침권주체의 문제에서 해결할 문제는, 국가는 어떠한 조직 또는 개인의 침권행위가 일으킨 손해에 대하여 배상책임을 지는가, 즉 행정침권배상책임을 부담할 주체범위를 명확히 하는 것이다. 그 주체에 관한 범위로는 기관과 조직, 개인이다.

침권주체로서의 기관과 조직은 일반적으로 행정기관을 가리키며, 이는 각국 입법의 공통적인 태도다. 기관과 조직 가운데 문제가 되는 것은, 행정기관 이외에 어떠한 조직과 기관이 침권주체의 범주에 속하는가 하는 것이고, 이는 주로 각국의 공공기능의 인정과 해석의 차이에 따라 달라질 수 있다. 일반적으로 공법과 사법이 분리된 국가에서는 공공권력을 행사하는 조직이 야기한 손해는 통상적으로 공법규칙 또는 특별법규를 적용하여 배상하고, 공공권력의 행사를 하지 않는 조직이 야기한 손해는 일반적으로 민사규칙에 따라 배상책임을 부담한다.

사회복리단체, 공공서비스단체, 공공위생조직과 공공교육기구 등에 대해서는, 그 침권행위로 인하여 야기된 손해가 행정배상의 범주에 속하는가, 이들 기관 또는 조직이 행정침권배상의 주체범위에 속하는가 하는 것은 각국의 입법태도에 따라 차이가 있다.

침권주체로서의 개인은 일반적으로 국가행정기관의 공무원이고, 공무원 외에도 어떠한 사람을 포함하는가는, 각국의 입법에서는 일반적으로 구체적이고 명확한 규정이 없고, 배상실무에서 상황에 따라 융통성 있게 처리한다. 즉 각국의 입법에서는 어떠한 개인이 배상책임을 져야할 것인가 하는 점에 있어서 서로 차이가 있다. 예컨대, 일본에서는 국가 또는 공권력을 행사하는 공무원으로 규정되고, 미국의 경우에는 정부인원으로, 이는 행정관원, 행정기관의 피고용인, 육해공군 구성원 및 공무원의 신분으로 일시적 또는 영구적으로 정부를 위하여 봉사하는 인원 등을 포함한다.

중국 국가배상법의 규정에 의하면, 배상의 주체는 국가행정주체 및 그 업무인원이다. 행정주체는 법정의 행정주체(행정기관)와 수권행정주체(수권조직)를 포함한다. 업무인원은 공무원, 법률 법규가 위임한 또는 행정기관의 위탁을 받아 행정직권을 행사하는 사람이다.

2. 위법행위

위법행위는 즉 위법하게 행정직권을 행사한 행위로서, 이는 행정배상책임에서 중요한 구성요건이 된다. 여기서는 주로 두 가지가 문제로 된다. 첫째, 위법의 의미와 내용이며, 이는 상술한 바와 같다. 둘째, 직무집행의 의미와 직무집행의 인정기준 문제이다.

직무집행의 의미에 대하여 논하면, 각국의 입법은 서로 차이가 있고, 예컨대 프랑스에서는 행정법원은 행정침권행위를 공무행위 내로 확정하고, 공무원이 행정기관의 지위에서 국가가 부여한 직권을 행사할 경우의 행위는 모두 공무행위로 보고, 부작위와 기타 과실위험행위를 포함한다. 미국의 경우에는 법률이 규정한 직무집행의 활동은, 직책의 한계를 초과하지 않는 활동의 진행에 한한다.

중국에서는 직무집행의 행위에 대한 규정이 불명확하며, 행정소송법 등 관련입법의 규정에 의하면 직무의 집행은 구체적 행정행위에 한정된다. 국가배상법의 규정으로 보면, 직권행사의 위법행위는 모두 국가배상책임을 일으키며 모두 직무집행행위에 속하며, 이는 위법한 구체적 행정행위뿐만 아니라 위법한 사실행위도 포함한다.

직무행위의 인정기준에 관한 문제가 있다. 이론상, 주로 객관설, 주관설 및 절충설이 있다. 영미법국가에서는 일반적으로 주관설을 주장하고, 즉 행위자의 주관적 의사를 판단의 기준으로 한다. 독일과 일본에서는 일반적으로 객관설을 취하며, 행위의 외표를 판단의 기준으로 한다. 외부적으로 보아 사회 관념상 직무집행의 범주에 속하면 족하다.

예컨대 독일에서는 공직행위의 인정은 다음과 같은 기준이 있다. 첫째,

당해행위는 직무의 이행 중에 발생한 것이어야 한다. 둘째, 업무시간 내에 행한 행위일 것, 셋째, 공무원 신분을 직무를 행사한 것이어야 한다.

중국의 학계에서는 대체로 객관설을 취하고 있다. 행정배상의 입법적 목적에서 보면, 행정상대인의 권익보호를 위하여 객관설을 취하는 것이 유리하다고 보고 있다. 직무행위를 인정하는 기준으로 오직 객관설에만 의하는 것은 문제가 있고, 객관설을 주로 한다고 하더라도 기타의 요소를 고려할 필요가 있다.

3. 손해의 발생

손해발생의 존재는 행정배상책임이 생기는 전제조건이다. 행정침권행위가 야기하는 손해는 공법상의 손해에 속하고, 이는 사법상의 손해 즉 민법상의 손해와 기본적 차이가 있고, 이는 행정침권행위는 행정상대인의 합법권익에 불이익을 초래하고, 그 손해의 결과는 신체적 손해와 재산적 손해, 물질적 손해와 정신적 손해, 직접적 손해와 간접적 손해를 포함한다. 그러나 현재 중국의 행정배상입법은 손해의 범위를 신체적 손해와 재산적 손해에 한정하고 있다.

첫째, 신체적 손해이다. 국가배상법의 관련규정에 의하면, 신체적 손해는 인신자유권의 손해와 생명건강권의 손해로 구분할 수 있다. 인신자유권은 공민이 의법 향유하는 것으로 타인의 지배나 통제를 받지 않는 권리 및 행동자유의 권리이다. 인신자유권에 대한 침해는 주로 타인의 인신자유에 대한 위법한 박탈 또는 제한이며, 예컨대 위법한 행정구류 등이다. 생명건강권은 공민이 의법 향유하는 신체의 보호가 불법적 침해를 받지 않을 권리이다. 생명건강권의 침해는 행정침권행위로 신체의 상해 또는 사망에 이르게 하는 것이다.

둘째, 재산권에 대한 손해이다. 재산권은 경제적 이익을 가진 권리로서, 물권, 채권, 지적재산권 등을 포함한다. 재산권을 침해하는 행정침권

행위로는 주로 위법한 벌금, 허가증이나 면허증의 취소, 조업정지나 업무
정지의 명령, 재물의 몰수, 비용의 분담 등이다.

4. 인과관계

행정침권행위와 손해결과 사이에는 반드시 법률상의 인과관계가 존재
하여야 한다. 인과관계를 행정침권책임의 구성요건으로 하는 것은 각국
의 공통된 경향이며, 침권책임의 구성요건에서 인과관계는 비교적 안정
된 요건이다. 그 원인으로는 두 가지가 제시된다. 첫째, 인과관계는 귀책
의 기초와 전제가 된다. 책임주체를 확정하려면 우선 반드시 손해의 결과
를 초래한 진정한 원인을 확정해야 하고, 손해를 발생시킨 진정한 원인을
찾으려면, 반드시 인과관계가 존재하는가를 판단하여야 하기 때문이다.
둘째, 인과관계는 침권책임의 범위를 확정하는데 있어서 의의가 크고 인
과관계의 정도 여하는 침권의 책임범위를 직접 결정한다.

인과관계에 대하여는 주로 세 가지 학설에 의존한다.

첫째, 조건설이다. 이 설은 결과 발생의 조건은 모두 원인으로 이해하
며, 손해를 일으키는 모든 조건을 동등하게 보고, 각종의 조건은 모두 손
해의 결과를 일으키는 원인으로 본다. 이 학설의 기초는 형식 논리상의
인과율이다. 이 학설은 모든 조건에 대하여 어떠한 구분도 하지 않으며,
모두 손해결과의 원인으로 본다는 점에서 비판을 받는다.

둘째, 원인설이다. 또는 중요조건설이라 하며, 이 학설은 손해의 결과
를 일으키는 여러 조건 중에서 하나의 중요한 조건 즉 원인과 손해결과
가 인과관계를 가지면, 그 나머지 조건과 손해결과 사이에는 인과관계를
갖지 않는다고 이해한다. 중요조건 즉 원인의 인정기준이 다르므로 인하
여, 이 학설은 다시 몇 가지 견해로 나누어진다. 우선 최후조건설이다. 이
관점은 결과발생을 일으킨 최후의 조건만이 원인이며, 기타의 조건은 모
두 원인이 아니라고 한다. 다음, 최고영향력설이다. 이는 결과발생에 가

장 영향력 있는 조건이 원인이며, 기타의 조건은 원인이 되지 못한다고 인식한다. 마지막으로 직접조건설이다. 모든 관련조건 중에서 직접조건과 간접조건이 있고, 직접조건만이 원인이 된다고 인식한다. 이 외에도, 필요조건설, 직접결과설, 유력조건설 등이 있다.

셋째, 상당인과관계설이다. 이 설은, 만약 모종의 행위가 모종의 특정 상황하에서만 모종의 결과를 발생시키고, 양자 간 인과관계를 갖는다고 인정할 수 없는 경우, 일반적 상황에서 사회 관념에 따라 보편적으로 당해 행위가 동일한 결과를 발생시킬 것으로 인식되는 경우에만, 비로소 인과관계가 있다고 인정한다.

상술의 인과관계에 관한 학설은 모두 일정한 한계가 있다. 따라서 어떠한 한 학설을 적용할 경우에는 전면적인 고려가 필요하다. 인과관계는 비교적 강한 실천성을 가지고 있고 아직도 많은 연구가 필요한 것이므로, 인과관계의 확립에 있어서 다음의 사항에 주의할 필요가 있다.

첫째, 원인과 결과의 시간적 선후에 근거하여 인과관계의 존부를 판단하여야 한다. 인과관계를 분석할 경우, 인과관계의 상대성을 잘 파악하여야 하고, 각 행위의 각 상황에서의 지위와 작용에 대하여 명확히 파악하여야 한다. 어떠한 방법을 이용하여 인과관계를 확정하기 어려운 상황에서는 여러 가지 확정방법의 적용을 고려할 수 있고, 종합적인 적용은 인과관계의 확정에 도움이 된다.

둘째, 인과관계를 확정할 경우, 인과관계의 확정과 책임범위의 관계를 주의하여야 하고, 책임범위의 확대를 방지할 필요도 있고 동시에 책임범위의 축소를 방지하는 것도 유의하여야 한다. 최근 서방국가에서는 인과관계의 엄격한 제한에서 탈피하여 비교적 관용적인 경향을 보이고 있다는 것도 주의할 필요가 있다.

중국의 행정배상에서 어떻게 인과관계를 확정할 것인가는 여러 가지 의견이 있다. 그중 대표적인 관점은 직접인과관계이다. 직접인과관계는 행위와 결과 사이에 논리상의 인과관계가 존재하는 것으로, 즉 원인으로서의 행위는 결과발생을 일으키는 가장 가까운 원인이면 되고, 당해 행위가 결과발생의 근본적 원인이 될 필요는 없다.

IV. 행정배상의 범위

1. 배상범위의 확정

행정배상범위의 확정은 다음과 같은 내용과 관련이 있다. 즉 첫째, 행정배상범위의 확정에 영향을 미치는 요소를 명확히 하는 것이다. 이는 어떠한 요소가 행정배상범위의 확정에 영향을 미치는가 하는 것이다. 둘째, 행정배상책임의 범위를 확정하는 문제이다. 즉 어떠한 행위가 행정배상책임의 범위에 속하는가, 즉 배상을 해야 할 것인지 하지 말아야 할 것인지를 정하는 문제이다. 셋째, 행정배상의 정도를 정하는 것이다. 즉 행정배상의무기관이 구체적으로 얼마만큼의 배상을 해야 하는가를 정하는 것이다.

행정배상범위의 확정은 국가의 사회 경제조건이 결정하며, 그 형성과 확정은 다음의 세 가지에 의해 주로 결정된다. 첫째, 체제적 요소이다. 국가가 어떠한 정치체제를 선택하는가에 따라서 행정배상범위의 확정에 영향을 준다. 삼권분립의 국가에서는 국가권력의 명확한 분리와 견제가 존재하므로, 이러한 체제에서는 행정기관의 재량행위가 일으킨 손해에 대하여 대체로 행정배상의 범위에서 배제한다. 둘째, 이론적인 요소다. 어떠한 귀책이론과 원칙을 취하는가는 행정배상범위의 확정에 영향을 준다. 위험책임제도의 확립은 행정배상의 범위를 더욱 확장시킨다. 셋째, 경제적 요소다. 국가의 재정상태의 여하는 행정배상의 책임범위 및 배상정도의 확정에 영향을 준다. 이외에도 국가의 법 전통이나 관련 법률의 규정 등도 행정배상범위의 확정에 직접 또는 간접적인 영향을 준다.

2. 행정배상책임의 범위

1) 공유의 공공시설과 행정배상

공유공공시설은 정부가 설치 또는 관리하는 것으로, 공공사용목적으로 건조된 시설이다. 공유공공시설은 광의와 협의의 두 가지로 나눌 수 있고, 협의의 공유공공시설은 일반적으로 일반 공중의 이용을 목적으로 건조된 시설이고, 예컨대 우체국, 병원, 도로, 교량, 항만 등이다. 광의의 공유공공시설은 상술한 협의의 공공시설을 제외하고, 다음의 두 가지를 포함한다. 하나는 국가가 재정수입의 증가를 위하여 건조한 시설로 예컨대 국유기업, 사업단위 등이다. 다른 하나는 국가이익의 수호를 위한 목적으로 건조된 시설로 예컨대 요새, 감옥, 유치장 등이다

공유공공시설이 일으킨 손해배상의 성질에 대하여 두 가지 다른 견해가 있다. 첫째, 한 견해는 독립적 국가배상책임에 속한다고 인식한다, 비록 국가배상책임은 근대 민사책임에서 분리된 것이지만, 이미 독립의 법적 책임으로 발전되었다. 예컨대, 일본의 국가배상법 제2조는 도로, 하천 또는 기타 공공영조물의 설치 또는 관리의 하자로 인하여, 타인에게 손해를 입히게 한 경우, 국가 또는 공공단체는 이에 대해 배상책임을 져야한다고 규정한다. 둘째, 또 다른 견해는 민사책임에 속한다고 한다. 이유는, ① 중국의 국가배상법은 행정기관이 직권을 위법하게 행사하여 손해를 일으키는 경우에만 피해자는 행정배상의 권리를 가진다고 규정한다. 공유공공시설이 불러온 손해는 행정기관의 위법한 직권행사로 일어난 것이 아니므로 국가행정배상의 책임에 속하지 않는다. ② 국가배상의 재정능력으로 보면, 공유공공시설의 범위가 광범위하고, 만약 그것이 일으킨 손해를 국가배상의 범위에 속하게 하면 국가재정은 감당할 수 없다. ③ 중국의 민법통칙 제 126조는, 건축물 또는 기타시설 및 건축물상의 설치물이 붕괴, 탈락, 추락으로 타인에게 손해를 일으킨 경우, 그 소유자 또는 관리자는 민사책임을 져야 하고, 다만 자기에게 과실이 없음을 증명할 수 있는 경우는 제외한다고 규정한다.

중국의 국가배상입법의 규정에서 보면, 상술 둘째의 견해를 채택하고 있다. 공유공공시설이 일으킨 손해의 배상문제는 위법한 직권행사의 문제에 속하지 않는다고 하여 국가배상의 범위에 포함하지 않는다.

2) 군대의 행위와 행정배상

군대의 연습, 훈련과정에서 불가피하게 손해가 발생하고, 예컨대 가옥의 파손, 농작물의 훼손 등으로 공민에게 손실을 가하는 경우, 국가가 배상책임을 져야 하는가에 대하여, 두 가지 견해가 있다.

첫째, 국가배상입법은 이러한 손실을 마땅히 국가배상의 범위에 포함시켜야 하고, 군대의 행위는 국가행위의 중요한 구성부분으로 보아야 한다고 보는 견해다.

둘째, 군대행위가 일으킨 손실은 국가배상의 범위에 포함시키지 말아야 한다는 견해다. 그 이유는, ① 현재의 정치체제로 보아 군대는 국가행정에 속하지 않으며, 따라서 마땅히 국가행정배상범위에 포함시켜서는 아니 된다. ② 군대행위의 성질로 보면, 그것은 합법적 행위이고, 합법적 행위로 일어난 손실은 국가배상의 문제가 존재하지 않으며, 행정보상의 문제에 관계된다. 국가배상법은 이점을 인정하고 있다.

3) 재량권 행사의 행위와 행정배상

재량행위는 행정기관이 행정권한을 행사하는 과정에서, 법률이 정한 범위 내에서, 구체적 상황에 근거하여, 법률을 융통성 있게 적용하는 행위이다. 재량권 행사로 발생한 손해에 대하여 행정배상을 해야 하는가에 대하여 두 가지 견해가 있다.

첫째, 긍정설은 행정권의 재량권 행사가 현저히 공정성을 결하거나 주관적인 과실 또는 객관적으로 중대한 손실을 초래한 경우 행정기관은 마땅히 배상책임을 져야 한다고 인정한다. 왜냐하면, 법률이 재량권을 설정한 목적은 행정기관이 합법적 범위 내에서 행정권한을 합리적으로 행사하도록 하기 위한 것이기 때문이다. 행정기관이 재량권을 설정한 목적을 위반하면, 정확하고 합법적인 권력행사가 어렵고, 행정기관은 마땅히 배상책임을 져야 한다. 현행의 입법에서 행정재량의 부당행사로 조성된 손실에 배상을 하는 입법규정이 나타났다. ≪치안관리처벌조례≫ 제42조는, 공안기관이 행한 치안관리처벌에 착오가 있는 경우, 처벌 받는 자에 대하여 착오를 승인해야 하고, 벌금의 반환 및 몰수한 재물을 반환해야 하며, 처벌 받는 자의 합법권익에 손해를 입힌 경우, 손실을 배상해야 한다고 규정한다. 이 규정에서 처벌에 착오가 있다는 것은 부당한 행정행위가 일으킨 손해를 포함한다.

둘째, 부정설은, 행정기관이 법률이 정한 범위 내에서 재량권을 행사하면 합법의 범주에 속하고, 합법적 행위가 일으킨 손해에 대하여 행정기관은 행정배상책임을 지지 않는다고 한다. 국가배상법 제2조의 규정은, 국가기관과 국가기관업무인원의 위법한 직권행사로 공민, 법인 및 기타 조직의 합법권익에 손해를 입힌 경우에만 피해자는 국가배상의 권리를 획득한다고 규정하기 때문이다.

재량권 행사로 인하여 발생한 손해에 대하여 배상을 할 것인가는 각국의 사정에 따라 다르다. 독일의 경우, 국가기관이 재량권을 불법적으로 행사하면, 국가기관은 이로 인한 결과에 대해 책임을 부담하여야 하고, 재량권의 결정에 대한 예외적 규정은 없다. 중국의 행정배상제도는 행정기관이 행한 재량행위에 대하여, 배상의 범위에서 제외하고 있다.

3. 행정배상의 정도

1) 직접손실과 간접손실

직접손실과 간접손실은 서로 상대적인 개념이다. 직접손실은 실제손실 또는 적극손실이라 하고, 현실적 재산과 이익의 감소이다. 직접손실은 기득이익의 손실이므로 비교적 확정적이면 계산이 용이하다. 간접손실은 예상이익손실 또는 소극손실이라 하고, 간접손실 중 일부는 비교적 확정적이며 계산이 용이하다(예컨대 월급소득, 이자 등). 또 다른 일부는 불확정적이며 계산이 용이하지 않다.

간접손실에 대하여 배상을 인정할 것인가에 대하여 견해가 일치하지 않는다. 부정설의 입장은, 간접손실을 배상하는 것은 현실상 어려움이 있고 손해를 확정하기 어려우며, 이것은 또한 손해를 확대하는 경향을 초래한다고 주장한다. 긍정설의 입장은, 간접손실을 배상하지 않으면 다음과 같은 소극적 결과를 가져온다고 인식한다. 배상범위를 직접손실에만 국한시키면, 행정침권행위가 조성한 손해를 벌충하는데 충분하지 못하고, 이는 공정성을 잃게 되므로 행정상대인의 권익보호에 불리하다고 한다.

간접손실의 확정은 기술적 문제이다. 기술적 문제의 해결은 간접손실을 국가배상의 범위에서 제외시키는 이유가 될 수 없다. 그러나 현재 중국의 국가배상법에서는 부정설의 입장을 취하고 있다.

2) 정신적 손해의 문제

행정배상의 범위를 확정함에 있어, 정신적 손해에 대하여 배상을 할 것인가 대하여 두 가지 견해가 있다. 부정설의 입장은, 정신적 손해는 배상이 필요 없다고 인정한다. 그 이유는 정신적 손해는 금전으로 환산할 수 없고, 배상실무에서 배상액을 산정하는데 어려운 문제가 있다. 정신적 손해와 물질적 손해는 밀접한 관계가 있고, 물질적 손해에 배상을 하면 정신적 피해에 대하여만 별도로 배상할 필요는 없다는 것이다. 긍정설의 입장은 정신적 손해에 대하여 배상을 하여야 한다고 한다.

그 이유로는 ① 헌법 제38조는 공민의 인격존엄은 침해 받지 않는다고 규정한다. 민사입법관련 규정에서도 민사주체는 정신손해에 대한 배상책임을 확인하고 있다. 민법통칙 제120조의 규정에 의하면, 공민의 성명권, 초상권, 명예권, 영예권, 법인의 명칭권, 법인의 명예권 및 영예권은 모두 정신적 손해 배상의 범위에 포함된다. 국가가 특수한 민사주체로서 공민의 인격권을 침해하여 정신적 손해를 입히면 당연히 배상을 하여야 한다. ② 정신적 손해에 대한 배상의 인정여부는 국가의 공민인격권과 정신적 재부에 대한 중시정도를 반영하고, 정신적 손해를 중시하고 배상을 행하는 것은 세계 각국 행정배상입법의 공통된 추세이다.

중국 국가배상법 제30조는, 배상의무기관이 본 법 제, 3조제(1),(2)호, 제15조 제(1),(2),(3)호 규정에 해당하는 것을 인정하고, 피해자의 명예권, 영예권에 손해를 입힌 경우는, 침권행위의 범위 내에 있는 것이고, 피해자를 위하여 영향의 제거, 명예회복, 사과를 하여야 한다고 규정한다. 국가배상법 제3조 제(1),(2)호가 열거한 내용은, ① 행정기관 및 그 업무인원이 직권을 행사할 경우 위법하게 구류하거나 위법하게 공민의 인신자유의 제한을 가하는 강제조치를 취하는 것, ② 불법구금 또는 기타의 방법으로 불법적으로 공민의 신체의 자유를 박탈하는 것이다.

이로써, 중국의 국가배상입법에서는 정신적 손해의 금전배상문제에 대한 규정은 없다는 것을 알 수 있고, 다만 영향의 배제, 명예회복, 사과의 방식으로 책임을 부담하는 것은 확인 할 수 있다.

4. 행정배상의 범위

1) 행정배상의 범위

국가배상법 제3조, 제4조의 규정에 근거하여, 행정배상의 범위는 주로 두 가지 측면에서 살펴볼 수 있다.

(1) 신체권 침해의 경우

행정기관 및 그 업무인원이 직권을 행사하는 과정에서, 다음의 경우에 해당하는 신체권을 침해한 경우, 피해자는 배상의 권리를 취득한다. 즉 ① 위법한 구류 또는 신체의 자유를 제한하는 강제조치를 위법하게 채택한 경우, ② 불법구금 또는 기타방법으로 공민의 신체자유를 불법적으로 박탈하는 경우, ③ 구타 등 폭력행위 또는 타인을 교사하여 구타 등 폭력행위로 공민의 신체에 상해를 가하거나 사망에 이르게 한 경우, ④ 무기 또는 장비를 위법하게 사용하여 공민의 신체에 상해를 가하거나 사망에 이르게 한 경우, 공민의 신체에 상해를 가하거나 사망에 이르게 하는 기타 위법행위이다.

(2) 재산권 침해의 경우

행정기관 및 그 업무인원이 직권을 행사하는 과정에서, 다음의 경우에 해당하는 재산권 침해의 경우, 피해자는 배상의 권리를 취득한다. 즉 ① 행정처벌을 위법하게 행한 경우로, 예컨대 벌금, 허가증 및 면허증의 취소, 조업정지, 또는 업무정지, 재산의 몰수 등과 관련된다. ② 재산에 대하여 위법하게 행정강제 조치를 취한 경우다. 주로 봉인, 압류, 동결 등과 관련된다. ③ 재산적 손해를 가져오는 기타 위법행위의 경우이다.

국가배상법의 관련규정에 의하면, 국가기관 및 그 업무인원이 행정권을 위법하게 행사함으로써 행정상대인의 신체권과 재산권에 손해를 입힌 경우에만 피해자는 행정배상을 청구할 권리가 있다. 이는 국가배상법 제3조, 제4조에서 구체적으로 열거한 신체권 침해, 재산권 침해의 경우를 포함할 뿐만 아니라, 개괄적 방식으로 신체권, 재산권 침해의 경우를 규정하였다.

5. 행정배상의 면책

행정배상제도를 채택하고 있는 국가는 모두 면책에 관한 규정을 두고 있고, 중국도 예외가 아니다. 국가배상법 제5조에서는, 다음의 경우에 해당하는 경우, 국가는 배상책임을 지지 않는다.

1) 직권행사와 무관한 개인행위

국가배상법 제2조는, 국가기관과 그 업무인원이 직권을 위법하게 행사하여 공민, 법인, 및 기타 조직의 합법권익에 손해를 입힌 경우에 비로소 피해자는 국가배상을 획득할 권리가 있다고 규정한다. 이 조문에서, 직권 행사와 무관한 개인행위로 발생한 손해는 국가배상책임을 지지 않음을 명확히 하였다. 제5조의 규정에서, 개인의 행위는 국가배상의 범위에 속하지 않음을 더욱 명확히 하였다.

행정배상의 실무에서 개인행위인지 직무행위인지를 판단하고, 직무행위와 직무외 행위의 기준은 무엇이며, 직무행위의 범위를 어떻게 확정할 것인지는 어려운 문제이다. 직무행위와 직무외 행위의 구분 기준에 대하여 이론상 세 가지 견해가 있다.

첫째, 객관설이다. 이 주장은, 공무원의 행위가 직무행위에 속하는지 여부는 법률의 규정을 기준으로 해야 하고, 가해자의 주관적 인식에 따라 결정할 수 없고, 마땅히 객관적 기준을 선택하여 직무집행의 범위를 선택해야 한다고 한다. 객관적 기준을 채택하여 직무행위를 인정하는 것은 이하 세 가지 행위를 포함한다, ① 공무원이 그가 접수한 명령 또는 수탁의 직무를 집행하는 것, ② 당해 직무의 집행에 필요한 행위 또는 당해 직무의 집행에 협조하는 행위, ③ 그 행위와 직무의 집행에 관계가 있다고 인정할 수 있는 경우이다.

둘째, 주관설이다. 공무원의 주관적 의사에 따라 모종의 행위가 직무행위에 속하는 지를 판단해야 하고, 즉 공무원이 침해행위를 행하는 과정에서 당해 행위가 직무외의 행위임을 인식한 경우, 국가는 비로소 책임을 지지 않는다. 만약 공무원이 당해 행위가 직무집행의 범위에 있다고 오인한 경우에는 국가는 상황에 따라 상응하는 배상책임을 져야 한다.

셋째, 절충설이다. 모종행위가 직무집행 행위에 속하는가를 판단함에 있어, 주관적 표준만 단순히 채택할 수 없고, 객관표준만 채택할 수도 없으며, 마땅히 주관적인 면과 객관적인 측면을 모두 고려하여야 하고, 마땅히 공무행위와 법률이 규정한 직권 사이에 내재적 관계가 존재하는가를 고려하여 판단하여야 한다.

2) 자기의 행위로 손해발생에 이르게 한 경우

행정배상을 제기할 수 있는 배상은 반드시 행정침권행위로 발생한 것이어야 하고, 어떠한 손해가 공민, 법인 및 기타 조직 자신의 행위로 인한 경우에는 행정배상의 범위에 속하지 않는다. 손해가 공민, 법인 및 기타 조직과 행정기관 및 그 업무인원의 직무상 공동행위로 발생한 경우, 손해와 침권행위 사이에 법률상의 인과관계가 존재하면 각자의 책임부분에 따라 배상의 범위를 확정하고, 국가는 그가 부담할 부분에 대한 배상책임을 져야 한다.

3) 법률이 규정한 기타의 경우

여기서 말하는 법률은 전국인대 및 그 상무위원회가 입법절차에 따라 재정한 입법이며, 법규와 규장은 포함하지 않는다. 여기서 법률이 규정한 경우는, 국가배상법 제30조, 제33조의 규정, 행정소송법 제12조의 규정 등이다.

6. 각종 구제방식의 구제범위상의 관계

행정배상, 행정심판 및 행정소송은 행정상 구제제도를 구성하고 있고, 행정상 분쟁을 해결하는 중요한 수단이다. 이들 세 가지 구제제도의 구제범위를 비교함으로써, 삼자의 공통점과 차이를 이해할 수 있다.

1) 각 구제방식의 구제범위의 공통점

첫째, 세 가지 구제방식은 모두 열거식의 입법방식을 통하여 그 구제범위를 규정한다. 행정심판과 행정소송에서 점진적으로 그 구제범위가 확대될 수 있고, 예컨대 단행법규가 소송을 제기할 수 있다고 규정하는 경우 구제의 범위에 포함된다.

둘째, 구제범위의 설정에서 행정상대인의 신체권, 재산권을 침해한 경우는 구제를 요구할 수 있다. 구체적으로 행정심판의 구제범위는 행정소송과 행정배상의 구제 범위를 포함하고, 법률법규가 행정소송 또는 행정배상을 제기할 수 있다고 규정한 경우에는 행정심판을 제기 할 수 있다. 그 주된 이유는, ① 세 가지 구제는 모두 행정구제제도에 속하고 동일한 기능과 작용을 하며, 구제범위의 설정에 있어 많은 공통점이 있다. ② 행정심판법 제정시 그 범위에 대한 의도는 행정심판을 행정소송과 병행하는 제도로 설계하였고, 행정소송범위와 협조 대응하는 것을 고려하였기 때문에 현행의 행정심판 구제범위와 행정소송의 구제범위는 기본적으로 일치한다.

셋째, 행정배상과 행정소송은 모두 재량행위를 구제범위에서 배제한다, 행정소송은 구체적 행정행위의 합법성에 대하여 심사를 하는 제도이므로 재량행위는 구제범위에서 제외한다. 행정배상은 행정기관 및 그 공무원의 위법한 직권행사로 손해를 입은 경우의 구제방법이므로 재량행위는 구제범위에서 제외된다.

넷째, 세 가지 구제제도는 구제범위의 설정 당시 배제사항을 규정하였다. 행정심판과 행정소송은 "수리하지 않는 사항"을 규정하고, 행정배상 입법에서는 행정배상의 면책사항을 규정한다. 행정심판과 행정소송의 수리범위에서 배제되는 사항은 기본적으로 일치한다, 행정심판법 제10조와 행정소송법 제12조는 국가행위, 추상적 행정행위 및 내부적 행정행위를 규정하고 있다.

2) 각 행정구제방식의 구제범위

첫째, 구제의 구체적 범위에서 차이가 있다. 행정심판의 구제범위는 행정소송과 행정배상의 구제범위에 비하여 더욱 광범위하다. 일부 행정소송을 제기할 수 없는 사항도 행정심판을 통하여 해결 할 수 있다. 행정소송의 범위는 행정배상의 범위에 비하여 광범위하다고 볼 수 있다.

둘째, 행정배상과 행정소송이 모두 자유재량 행위를 구제의 범위에서 배제하지만, 행정소송은 예외가 있고, 행정처벌이 현저히 공정성을 상실한 경우 사법변경권의 규정이 있다. 또한 재량행위는 행정심판의 범위에 속한다. 행정심판은 구체적 행정행위의 합법성에 대한 심사뿐 만 아니라 구체적 행정행위의 정당성에 대한 심사도 가능하다.

셋째, 구제범위의 한계에 차이가 있다. 행정배상에서는 행정기관 및 그 공무원이 위법하게 권한을 행사하여 상대방에게 손해를 입히는 경우 비로소 그 구제의 대상이 된다. 즉 일정한 손해사실의 존재를 그 전제로 한다. 그러나 행정소송과 행정심판은 일정한 손해사실의 존재를 그 구제의 전제로 하는 것은 아니다.

넷째, 구제의 배제대상에서 차이가 있다. 즉, ① 법률 규정의 행정기관이 최종 재결하는 구체적 행정행위, 즉 행정유보사항은 행정소송에서 수리의 배제사항에 속한다. 그러나 행정심판에서는 수리범위에 속한다. ② 행정배상의 배제사항과 행정소송 및 행정심판상의 배제사항은 많은 차이가 있다.

V. 행정배상절차

1. 행정선행처리 절차

1) 행정선행처리 원칙

행정선행처리 원칙은 행정배상청구인이 법원에 배상소송을 제기하기 전에 먼저 배상의무기관에 배상을 요구하여야 하고, 당해 행정기관이 법에 따라 우선적으로 처리하여야 한다는 것이다. 행정배상의무기관이 수리하지 않거나 기간을 넘겨 처리하지 않는 경우 또는 청구인이 처리결과에 이의가 있는 경우, 배상청구인은 사법적 구제의 길을 찾을 수 있다.

행정선행처리 원칙의 시행은 배상쟁의의 해결에 적극적인 역할을 하고 있고, 다음과 같은 이점이 있다. ① 절차가 간단하며, 시간이 절약되고, 피해자는 최소한의 노력으로 배상청구권을 행사할 수 있다. ② 대량의 배상쟁의를 행정절차에서 해결할 수 있고, 이로써 법원의 행정배상사건의 부담을 들어줄 수 있다. ③ 행정선행처리 원칙은 배상의무기관의 잘못을 시정할 기회를 준다.

행정선행처리 절차의 제기방식은 다음과 같은 두 가지 내용이 있다.

첫째, 배상의 단독청구이다. 배상의 단독청구는 피해자가 배상청구문제를 단독으로 행정기관에 청구한다. 단독청구의 방식은, 구체적 행정행위의 합법성이 이미 확인된 경우로, 행정배상의무기관은 배상청구를 접수할 경우 구체적 행정행위의 합법성을 확인할 필요가 없는 경우이다. 또한 구체적 행정행위의 위법이 명확한 경우에도 그 확인은 필요 없다.

둘째, 부대적 배상청구이다. 부대적 배상청구는 피해자가 행정심판 또는 기타 청구를 함과 동시에 그 손해의 배상을 청구하는 것이다. 행정심판법 제29조, 신청인은 행정심판의 신청과 병행하여 행정배상청구를 제출할 수 있다고 규정한다. 국가배상법은 배상청구인은 두 가지 배상청구방식 중 선택을 할 수 있도록 규정하고 있다. 제9조는, 배상청구인이 배상을 청구하는 경우에는 먼저 배상의무기관에 제출하여야 하고, 또한 행정심판의 신청 또는 행정소송의 제기와 동시에 제출할 수 있다고 규정한다.

2) 행정선행처리의 절차

(1) 실체적 요건

실체적 요건으로서, 청구인의 행정배상청구는 다음의 요건에 반드시 부합하여야 한다.

첫째, 청구인은 청구권이 있어야 한다. 배상청구인은 반드시 적격을 가져야 하고, 국가배상법 제6조가 규정한 배상청구인의 법정 자격조건을 갖추어야 한다.

둘째, 배상청구는 반드시 배상의무기관에 제출하여야 한다. 배상의무기관의 종류는 여러 가지가 있다. 주로, 위법한 결정을 한 행정기관, 위법하게 직권을 행사한 업무인원 소속의 행정기관, 법률 법규가 수권하고 그 수권한 행정권력을 위법하게 행사한 조직, 수탁기관이 위탁받은 행정권력을 위법하게 행사한 경우의 위탁기관, 심판결정이 침해를 가중한 경우의 심판기관 등이다.

셋째, 배상청구는 반드시 법정의 배상범위에 속하여야 한다. 국가배상법에서는 행정배상의 범위를 설정하고 있다. 따라서 배상청구인의 배상청구는 이러한 범위에 부합하여야 하고, 법정의 배상범위를 넘어선 경우 배상의무기관은 수리하지 않는다.

(2) 절차적 요건

절차적 요건은 형식요건과 시간적 요건을 내용으로 한다.

첫째, 형식적 요건이다. 배상의 청구는 서면의 형식으로 하여야 하고, 배상청구인이 청구서를 작성하기 곤란한 경우에는 타인에게 위탁할 수 있고, 또한 구술로 신청할 수 있다. 국가배상법 제12조의 규정은 배상신청서를 제출토록 규정하고 있고, 배상신청서에는 다음의 내용이 포함된다.

즉, ① 피해자의 성명, 성별, 연령, 근무 사업장과 주소, 법인 또는 기타 조직의 명칭 주소 및 법정대표 또는 주요 책임자의 성명과 직무, ② 구체적인 요구, 근거 사실과 이유, ③ 신청의 연, 월, 일 등이다.

둘째, 시효요건이다. 배상청구는 법정기간 내에 제출하여야 한다. 국가배상법은 청구인이 하는 국가배상청구의 시효는 2년으로 한다. 국가기관 및 그 업무인원의 직권행사 행위가 위법으로 확인된 날로부터 계산한다. 부대청구의 방식으로 배상을 청구하는 경우에는 대개 심판의 제기 또는 행정소송을 제기할 수 있는 법정기간에 따라 부대배상청구의 기간을 확정한다.

2. 행정배상소송절차

1) 행정배상소송의 성질

행정배상소송의 성질에 대하여 여러 가지 견해가 있다.

첫째, 행정소송은 일종의 특수한 민사소송이라고 인정한다. 즉, 행정배상책임은 일종의 특수한 민사책임이고 따라서 법률을 적용함에 있어서 민사소송법을 적용하여야 하고, 행정소송법과 기타 법률이 특별히 규정하는 경우에 특별규정을 적용한다는 것이다.

둘째, 행정배상은 행정소송에 속한다는 견해이다. 행정배상책임사건은 행정사건에 속하고, 민사사건이 아니므로 행정배상소송은 당연히 행정소송에 속하며, 마땅히 행정소송법을 적용하여야 한다는 것이다.

셋째, 행정배상소송은 일종의 특수한 행정소송이라는 견해다. 즉, 행정배상소송은 행정소송과 비록 일정한 차이가 있지만, 전체적으로 보면 이는 행정소송과 매우 밀접한 관계가 있고, 따라서 일종의 특수한 행정소송에 속한다는 것이다.

넷째, 행정배상소송은 독립된 한 소송형태라는 것이다. 즉, 행정배상책임은 하나의 독립된 법적 책임이고, 구체적인 한 소송종류에 귀속시키기 어렵다. 국가배상법의 내용으로 보면, 행정배상소송은 국가배상소송의 중요한 구성부분이고, 국가배상소송은 일종의 독립된 소송이므로, 행정배상소송은 독립된 소송형식으로 보아야 한다는 것이다.

행정배상소송과 행정소송의 공통점과 차이점은 다음과 같다. 우선 공통점은, ① 소송의 원인이 같다. 양자는 모두 구체적 행정행위로 인하여 야기된 소송이다. ② 피고가 같다. 양자는 행정주체를 피고로 한다. ③ 원고가 기본적으로 동일하다. 모두 행정상대인이 소송을 제기한다.

양자의 차이점은 대략 ① 사법심사의 대상이 다르다. 행정배상은 행정행위가 손해의 결과를 초래하였는지 여부를 심사하고, 행정소송은 제소된 구체적 행정행위의 위법성을 심사한다. ② 사법심사의 목적이 다르다. 행정배상은 행정배상의 책임문제를 해결하는 것이고, 행정소송은 주요 제소된 구체적 행정행위의 합법성을 확인하고 구체적 행정행위의 효력 문제를 해결하는 것이다. ③ 심사의 규칙이 다르다. 행정배상은 조정을 통한 화해를 할 수 있지만, 행정소송은 조정의 방식을 채택할 수 없다.

이와 같이 양자 간에는 상술한 바와 같은 차이가 있기 때문에, 행정배상소송은 대체로 하나의 독립된 소송의 특징을 나타내고 있다.

2) 행정배상소송의 주요내용

(1) 기소조건

행정배상소송과 행정소송의 기소조건은 기본적인 면에서 일치하지만, 다음과 같은 특징이 있다.

첫째, 기소의 절차적 조건이다. 단독으로 행정배상소송을 제기하는 경우에는, 행정기관이 행정배상분쟁을 선행처리한다는 것을 전제로 한다. 행정전치절차를 거치지 않으면 단독으로 행정배상소송을 제기할 수 없다. 국가배상법 제9조는, 배상청구인의 배상청구는 먼저 배상의무기관에 제출하여야 한다고 규정한다. 행정소송법 제67조는, 공민, 법인 또는 기타 조직이 손해배상을 단독으로 청구하는 경우에는 먼저 행정기관이 해결하도록 한다. 행정기관의 처리에 불복하는 경우, 인민법원에 소송을 제기할 수 있다고 규정한다.

둘째, 제소기간이 다르다. 국가배상법 규정은, 배상청구인의 국가배상청구의 시효는 2년으로 하고, 국가기관 업무인원의 직권행사의 행위가 위법한 것으로 확인된 날로부터 계산한다고 규정한다. 행정소송법 제39조는, 공민 법인 또는 기타 조직이 직접 인민법원에 소송을 제기하는 경우, 구체적 행정행위가 있음을 안날로부터 3개월 내에 제기하여야 한다. 법률이 별도로 규정한 경우는 제외한다고 규정한다. 최고인민법원의 사법해석은, 특수한 경우에 있어서 행정소송이 제소기간을 상당기간 연장할 수 있다고 하고, 다만 최장 1년을 초과할 수 없다고 한다.

행정배상소송의 실무에서, 행정소송의 제소기간이 만료된 후 단독으로 행정배상소송을 제기할 수 있는가 하는 것이 문제가 된다. 긍정론과 부정론이 있다. 부정론은, 기간을 넘겨 행정소송을 제기하지 않은 경우에도 단독으로 행정배상소송을 제기할 수 있다고 하면, 심판 또는 소송기간을 정한 법률규정은 유명무실하고, 행정소송제도가 같은 본래의 기능을 다할 수 없다고 한다.

긍정론의 입장은 법률이 단독으로 행정배상소송을 설정한 목적의 하나는 피해자가 행정배상의 청구기간 내에 충분히 자기의 권리를 주장할 수 있도록 한 것이고, 비록 비교적 단기간인 심판기관과 제소기간 내에 청구 또는 제소를 하지 않더라도 배상소송의 제기기간을 넘기지 않으면 단독으로 행정배상소송을 제기할 수 있다고 한다.

(2) 제기의 방식

국가배상법 제9조 및 행정소송법 제67조의 규정에 의하면, 피해자가 청구하는 행정배상소송은 각 경우에 따라 기소방식을 달리한다.

첫째, 단독제기의 방식이다. 단독으로 행정배상을 청구하는 경우, 먼저 배상의무기관에 대하여 청구하여야 한다. 배상의무기관을 거치지 않으면 법원에 제소할 수 없다. 단독으로 행정배상소송을 제기하는 경우는 통상 구체적 행정행위의 위법성에 대하여 쟁의가 없고, 단지 배상문제에 대하여 협의가 이루어지지 않거나 심판기관의 배상문제에 대한 재결에 불복하여 제기하는 경우이다.

둘째, 부대적 방식이다. 부대적 방식은 행정배상청구인이 행정심판의 청구 또는 행정소송을 제기하면서 동시에 그가 입은 손해에 대한 배상을 청구하는 것이다. 부대적 방식이라 하는 것은, 구체적 행정행위의 합법성과 적정성을 심사하는 것이 주된 내용이고, 손해배상은 단지 부수적 내용이며, 행정소송부대행정배상소송이기 때문이다. 이들 두 가지 성질의 청구에 대하여 인민법원은 병합하여 심리하고, 이로써 소송경제의 확보와 판결의 모순을 방지하는 것이다.

(3) 관할

중국에서, 행정배상사건의 관할은 기본적으로 행정소송법의 규정에 준한다. 행정배상사건에 대하여 관할법원이 확정된 상태에서 더욱 상세히 확정하여 각 사건의 구체적 사건 유형에 따라 민사법정과 행정법정이 각각 심리하자는 주장도 있다. 행정배상사건은 행정법정이 통일적으로 심리하는 것이 적당하고, 대부분이 행정배상사건이 구체적 행정행위의 위법성을 전제로 하기 때문에 판결의 모순을 피하고 피해자의 권리구제를 위해서도 행정법정이 통일적으로 심리하는 것이 타당하다는 주장이 설득력 있다.

(4) 심리방식

심리의 방식에서 행정배상소송은 행정소송과 마찬가지로, 공개심리, 회피원칙, 합의제도, 양심종심 등의 원칙을 채택한다. 화해제도를 채택할 수 있는가 하는 문제에 대하여는 차이가 있고, 행정소송법 제50조는 인민법원이 행정사건을 심리함에 있어 화해를 적용하지 않는다고 규정한다. 그러나 제67조 제3항은, 배상소송은 화해를 적용할 수 있다고 규정한다. 행정소송에서 소송의 목적은 구체적 행정행위의 위법성을 해결하는 것으로, 구체적 행정행위가 합법적인지를 법률에 따라 판단하는 것으로 당사자 사이의 화해의 문제는 존재하지 않는다. 그러나 배상소송에서는, 원고가 자신의 배상청구권을 자유로이 처분할 권리가 있으므로, 당사자 쌍방은 협상을 통하여 해결할 수 있다. 주의할 점은 행정배상소송에서 화해를 필수절차로 규정하고 있지 않다는 점이다.

(5) 입증책임

행정배상에서의 입증책임은 민사소송과 행정소송과는 다르고, 민사소송의 증거제도 가운데 "주장자가 입증책임을 진다"는 원칙을 실시하고, 반면에 행정소송의 입증책임은 피고입증의 원칙을 실시한다.

행정배상소송에서 입증책임의 문제에 대해서는, 견해가 일치하지 않는다. 한 견해에 의하면 행정배상소송에서 원고는 기본적 증명책임만 지고, 즉 피고가 마땅히 부담할 기본적 증거를 제출하고 피고가 입증책임을 진다고 한다. 다른 한 견해는, 행정배상소송에서, 피고가 주된 입증책임을 지고, 원고는 후차적인 입증책임을 진다고 한다. 또 다른 견해에 의하면 원고는 단지 손해의 사실, 손해행위의 구성사실에 대하여 입증책임을 지고 피고는 행정소송중의 입증책임을 진다는 것이다.

3) 행정배상사건의 심리절차

(1) 입안심사

배상청구인이 배상위원회에 배상결정을 신청하는 경우에는 배상신청서 4부를 제출하여야 한다. 배상청구인이 신청서를 작성하기 곤란한 경우에는 구두로 신청할 수 있다.

배상청구인이 제시한 권리침해 사항은 먼저 법에 따라 확정하여야 한다. 배상청구인이 제출한 배상신청은, 국가배상법 제6조가 규정한 조건에 부합하여야 하고, 상응하는 법률문서나 증명자료를 제출하여야 한다.

배상위원회는 배상신청을 접수한 후, 7일 이내에 입안의 가부를 결정하고, 즉시 배상청구인에게 통지하여야 한다. 관련 증명자료가 미비된 경우, 배상청구인에게 보충토록 통지하여야 하고, 배상신청의 시기는 자료의 보충이 된 날로부터 기산한다.

(2) 사건의 심리

첫째, 심리전의 준비이다. 배상위원회가 입안 심리를 결정한 배상사건은 책임자를 지정하여 처리토록 하여야 하고, 15일 이내에 청구인의 배상신청서 사본을 행정심판기관과 배상의무기관에 송달하여야 한다. 다음, 배상위원회는 사건의 심리에 필요한 경우, 배상청구인, 배상의무기관 및 행정심판기관의 관련자 또는 관련 증인에게 관련 사항, 사건자료, 증명자료의 제공을 하도록 통지하거나, 인민법원에 조사를 받도록 할 수 있다.

배상위원회가 배상청구인, 배상의무기관 및 행정심판기관에 대한 증거조사가 필요한 경우에는, 각기 증거조사를 행하여야 한다.

둘째, 사건의 심사와 보고다. 심사를 거쳐 배상사건의 사실관계가 분명하고 증거가 확실 충분한 경우, 배상사건심사보고서를 작성하고, 관련 자료와 증명자료를 첨부하여, 배상위원회 주임이 배상위원회의 심리에 상정하도록 하여야 한다. 배상사건심사보고서는 다음과 같은 내용을 포함한다. 즉, ① 사건의 발단, ② 배상청구인의 기본상황과 배상의무기관 및 행정심판기관의 명칭 및 그 법정대리인, ③ 배상신청인의 신청사항과 이유, ④ 신청된 배상사건의 확인사항, 배상의무기관의 결정 상황 및 심판기관의 심판상황, ⑤ 사건담당자의 인정사실 및 근거, ⑥ 처리의견과 이유 등이다.

셋째, 사건을 심리하는 조직과 방식이다. 배상위원회는 인민법원의 배상사건을 심리하는 조직이다. 배상위원회의 결정은 다수결 원칙을 채택한다. 배상위원회의 과반수 위원의 의견을 배상위원회의 의견으로 한다. 배상위원회는 중대하고 복잡한 사건이라 판단하는 경우, 필요에 따라 배상위원회 주임으로 하여금 재판위원회의 결정에 상정하도록 할 수 있다, 재판위원회의 결정에 대하여 배상위원회는 마땅히 집행하여야 한다.

넷째, 배상청구의 철회이다. 배상위원회가 입안한 후 결정을 하기 전에, 배상청구인이 배상청구를 철회하고자 하는 경우에는 이를 허락하여야 한다.

(3) 배상결정

배상위원회는 사건을 심리한 후, 각 사안에 따라 다음과 같은 배상결정을 한다.

첫째, 유지결정이다. 배상의무기관의 결정 또는 심판기관의 심판결정이 적용한 법률이 정확하고, 배상의 방식과 배상액이 적절한 경우에는 유지결정을 한다.

둘째, 취소 또는 변경결정이다. 배상의무기관의 결정이나 심판기관의 심판결정이 법률의 적용이 부당한 경우에는 원래의 결정을 취소하여야 하고, 새로이 결정을 하여야 한다. 배상방식과 배상액이 부적당한 경우에는 변경결정을 하여야 한다.

셋째, 배상결정 또는 배상을 하지 않는다는 결정이다. 국가배상법 제15조, 제16조 또는 제31조의 규정에 해당하는 경우로, 배상의무기관 또는 심판기관이 기간을 넘겨 결정을 하지 않는 경우에는 배상 또는 배상을 하지 않는다는 결정을 하여야 한다.

인민법원 배상위원회가 사건을 심리하여 내리는 결정은 인민법원배상위원회결정서를 작성하여야 한다. 배상결정서에는 다음의 내용을 기재하여야 한다. ① 배상청구인의 기본사항, 배상의무기관, 심판기관의 명칭 및 그 법정대리인, ② 배상청구인의 신청사항, 배상의무기관의 결정, 심판기관의 심판결정사항, ③ 배상위원회가 인정한 사실 및 근거, ④ 결정의 이유와 법적 근거, ⑤ 결정내용이다. 배상결정서는 배상위원회 주임이 서명하고, 인민법원의 인장을 날인하여야 한다.

배상위원회의 결정이 있는 즉시 법적 효력이 발생한다. 인민법원배상위원회결정서는 결정사항에 따라, 각기 배상청구인, 배상의무기관과 심판기관에 송달한다. 행정배상의무기관이 법원의 판결, 재정의 이행을 거부하는 경우에 1심법원은 강제집행을 할 수 있다.

VI. 행정배상제도의 문제점

1. 간접손실에 대한 배상의 배제

국가배상법 제28조에서는 공권력의 행사로 야기된 재산상의 손실에 대하여 직접적인 손실에 한하고 간접적인 손실에 대한 배상은 제외하고 있다. 국가배상법은 손실을 직접손실과 간접손실로 구분하고 있다. 직접적인 손실은 불법적인 침해로 입은 현물 재산의 직접적인 감소나 멸실을 의미한다. 간접적인 손실은 직접적인 손실에 상대되는 개념으로 간접손실의 인정에 대하여는 이론상 논란이 있다. 일반적으로는 대륙법계에서 인정되고 있는 소극적 손실(가득이익에 대한 손실)로 이해되고 있고, 이러한 이익이 침권행위로 인하여 획득되지 못하는 경우에 간접손실로 인정되고, 미래에 발생할 수도 있고 발생의 가능성이 없을 수도 있는 이익이나 불확정적인 수익의 손실은 간접손실의 범위에 속하지 않는다.

국가기관 또는 국가공무원이 위법하게 직권을 행사하여 공민, 법인 또는 기타 조직에 대하여 손해를 입힌 경우, 국가배상법의 규정에 의하면 오직 직접손실에 대하여만 배상을 하고, 가득이익(기대이익)의 손실에 대하여는 책임지지 않는다는 점에 유의할 필요가 있다. 예컨대 위법적인 몰수의 경우 원금에 한하여 반환하고 이자에 대한 배상은 하지 않는 것, 위법한 조업의 정지에도 조업의 정지에 따른 기간 중의 필요한 경상비용만을 배상할 뿐이다. 다시 말하면, 행정심판법이나 행정소송법을 통하여 최종적으로 위법한 조업정지로 판명되더라도 국가배상법의 규정에 의하면 정상적인 조업에 따른 가득이익은 배상 받을 수 없는 실정이다.

2. 공공시설의 설치나 관리상의 하자로 인한 손해의 배제

공공시설은 행정기관 또는 특허를 받은 공무법인이 설치 또는 관리하는 것으로 일반 공중의 사용에 제공되는 시설이다. 이러한 시설에는 도로, 철도, 교량, 부두시설, 제방, 하수도, 비행장, 정차장, 상수도시설, 가스공급시설 등이 포함된다. 공공시설이 일으키는 손해는 공공시설의 설치(설계, 건조, 조립 등) 또는 관리(수리, 수선, 보관, 점검 등) 등에 하자가 있어 일반적으로 갖추어야 할 안전성을 결함으로써 이용자의 신체나 재산에 손해를 입히는 것이다.

국가배상법의 규정에 의하면 공공시설에 의한 피해는 국가배상의 범위에서 제외되고 있다. 입법기관이 입법당시에 고려한 것은 이러한 시설의 설치나 관리상의 하자로 인한 손해는 위법한 직권의 행사와 관련된 문제가 아니라고 하여 국가배상의 범위에 포함시키지 않은 것이며, 이러한 시설로 인하여 손해를 입은 경우에는 민법통칙의 관련 규정에 의하여 관리책임이 있는 기업이나 사업단위에 배상을 청구할 수 있도록 하였다.

민법통칙에 따라 해결하는 경우에는 피해자가 증거를 충분히 확보하기 어렵고, 설령 증거를 확보한다 하더라도 배상금은 시설물을 설치 또는 관리하는 행정기관의 재정 범위에서 지출되므로 충분한 배상을 기대하기 어렵게 된다. 또한 이러한 방식의 해결방법은 행정행위의 다양화와 급부행정의 증가라는 현대적 행정의 특징을 고려할 때 설득력을 얻기 어렵다.

3. 배상절차상의 문제

국가배상법에 의하면 재산권에 대하여 손해를 입은 피해자가 재산상 배상을 획득하기 위하여서는 우선 배상의무기관에 배상을 청구하여야 하고, 배상의무기관이 배상의 범위에 속하는지 여부를 확인한다. 배상의무기관이 기간을 넘겨 배상을 하지 않는 경우 또는 청구인이 배상액에 이의가 있는 경우에는 상급기관에 심판을 청구한다. 심판의 결정에 불복하는 경우 다시 심판기관 소재지의 동급 인민법원 배상위원회에 배상을 신청한다.

이처럼 만장한 배상청구절차는 피해자의 권리구제에 장해요인이 되고 있다. 특히 배상의무기관의 확인절차는 전심절차가 되어 당사자가 배상을 청구하는 데 방해가 되고 있다. 예컨대 개별적인 배상사건은 배상의무기관의 명성에 직접적으로 관계되고 관련자의 책임 문제로 이어지기 때문에 비록 국가배상법 제20조 제2항에서 배상요구를 받은 기관이 확인을 하지 않는 경우 배상청구인은 신소할 권리가 있다고 규정하고 있지만, 누구에 대하여 신소할 것인지, 어떻게 신소할 것인지, 신소를 수리하지 않을 경우 어떻게 구제할 것인지 등에 대하여 아무런 규정이 없다는 점도 문제가 된다.

|참고문헌|

1. 姜明安,「行政法與行政訴訟法」, 北京大學出版社 2005年.
2. 楊建順·李元起,「行政法與行政訴訟法敎學參考書」, 中國人民大學出版社 2002年.
3. 劉恒,「行政救濟制度硏究」, 法律出版社 1998年.
4. 焦洪昌,「公民私人財産權法律保護硏究」, 科學出版社 2005年.
5. Zhan福滿,「中國行政法問題硏究」, 中國方正出版社 2001年.
6. 陳剛·何文燕·鄭二根 外,「中國司法救濟制度」, 세종출판사 2005年.

행정허가제도

I. 서론

중화인민공화국 제10기 전국인민대표대회상무위원회 제4차 회의에서 통과되고, 중화인민공화국주석령 제7호로 공포된 중화인민공화국행정허가법은 2004년 7월 1일부터 전면 시행되고 있다. 이 행정허가법은 모두 8개장으로 구성되어 있으며, 행정허가[1]의 범위, 실시기관, 실시절차, 비

---

1) 중국에서 행정허가라 하면 실무상 行政審批라는 용어를 사용하는데, 行政審批의 형식은 다양하고 그 명칭도 통일되어 있지 않다. 예컨대 許可, 審批, 核准, 審核, 同意 注册, 認定, 登記 등 여러 가지 용어가 사용되고 있다. 행정허가법은 제2조에서, 행정기관이 공민, 법인 또는 기타 조직의 신청에 의하여 법에 따른 심사를 거쳐 특정 활동에 종사함을 허락하는 행위라 한다. 그러나 대개 許可, 特許, 認可, 核准, 登記를 포함하는 개념으로 이해하면 된다. 그 개념에 대하여 요약하면, 우선 許可는 행정기관이 자연인, 법인 또는 기타 조직이 모종의 특정한 활동에 종사할 조건을 갖추고 있는지 여부를 확인하는 것으로서 국가안전, 경제안전, 공공이익, 신체의 건강, 생명과 재산의 안전에 직접 관계되는 사항에 적용된다. 일반적인 허가의 기능은 주로 위험의 방지와 안전보장에 있다. 特許는 행정기관이 국가를 대표하여 신청인에게 모종의 권리를 부여하는 것으로서 주로 한정된 자연

용, 검사, 법적 책임 및 부칙 등으로 구성되어 있다.

우리는 그동안 중국에서 각종 인·허가의 신청이나 법인의 영업소의 설치, 각종사업의 착수 또는 시행과 관련하여 관련 당사자들이 많은 어려움을 겪었다는 것2)을 알고 있다. 행정기관3)에 허가를 신청한 후 언제 허가증이 발급될지 모른 채 세월을 보내기도 하고 관련 행정기관의 눈치를 보아 왔던 것도 사실이다.4) 이러한 법제 환경을 뒤돌아 볼 때, 행정허가법의 제정과 실시는 중국 공민뿐만 아니라 중국과 관계하는 모든 외국인, 외국기업도 행정허가와 관련하여 절차적 권리를 보장받게 되었다는 점에서 그 가치를 평가할 수 있다. 물론 행정허가법이 제정되었지만, 그동안의 모든 문제가 한꺼번에 해결될 수는 없다. 다만 흔히 말하는 인·허가제도에 있어서 최소한 행정관청의 업무처리와 대민서비스는 많은 개선이 이루어질 것임에는 틀림이 없다.

자원의 개발이나 이용, 한정된 공공자원의 배치, 공공의 이익에 직접 관계되는 독점기업의 시장진입 등에 적용된다. 認可는 행정기관이 신청인이 특정한 기능이나 자격을 가지고 있는지를 인정하는 것으로서 주로 공공 서비스의 제공이나 공공이익에 직접 관계되고 특수한 신용이나 명예 또는 특수한 기능의 구비가 요구되는 경우에 적용된다. 核准은 행정기관이 모종의 사항에 대하여 특정한 기술수준이나 경제적 기술수준에 도달하였는지를 판단하고 확정하는 것으로서 주로 공공의 안전, 신체의 건강, 생명이나 재산의 안전에 직접 관계되는 중요 시설이나 설비의 설계, 건조, 설치와 사용 및 신체의 건강, 생명이나 재산의 안전에 직접 관계되는 특정한 상품이나 물품의 검사, 검역 등에 적용된다. 登記는 행정기관이 개인, 기업 또는 기타 조직에 대하여 특정한 주체로서의 자격을 부여하는 것이다.
2) 그동안 행정허가(行政審批)와 관련되어 문제로 제기되어 온 것으로는 ① 허가사항의 과다와 범위의 광범위 함, ② 허가기관 사이의 협조체제 미비와 허가권한의 불명확, ③ 허가의 설정목적 부당, ④ 과다한 허가 단계와 허가시일의 장기화, ⑤ 허가기준의 불명확, ⑥ 허가절차의 불비, ⑦ 허가비용의 과다, ⑧ 허가에 대한 관리감독의 부실 등이다.
3) 중국법에서 '행정기관'이라 함은 우리의 '행정청'에 해당하는 개념으로 이해할 수 있다.
4) 예컨대, 전력사업의 시행에 있어서 전력국의 장기간에 걸친 허가지연으로 외국투자자가 사업을 포기한 사례가 있다. Lester Ross, "新行政許可制度降低交易成本,"「The Chinese Lawyer」2004年 8月號, p.16.

또한 이 행정허가법은 허가절차에 관한 여러 가지 내용을 명확히 하고 있고, 그동안 행정기관의 재량에 맡겨 두었던 사항을 제도화함으로써, 행정의 상대방인 개인이나 기업은 이제 행정관청의 인허가의 과정을 어느 정도 예측할 수 있고 신뢰할 수 있게 되었기 때문에 그만큼 법제 환경이 개선되었다는 점에서 의의가 있다고 할 것이다. 본 장에서는 현재 시행되고 있는 중국행정허가법의 중요한 내용을 소개하고자 하며, 동시에 몇 가지 문제점과 간단한 평가를 하고자 한다.

II. 중국 행정허가법의 제정과 관련한 개혁조치

1. 행정허가법 제정 이전의 제도개혁

행정허가법이 제정되기 전 중국 정부는 소위 사회주의 시장경제체제의 요구에 맞는 행정관리체제를 마련하기 위하여 두 차례에 걸쳐 행정허가사항에 대한 개혁을 시행하였다. 우선 2002년 11월 1일 국무원은 ≪국무원제1차행정허가항목취소에관한결정≫을 공포하여 총 789개항의 선피(審批), 허준(核准), 베이안(備案)사항을 폐지하였다.[5] 또한 2003년 2월 27일 국무원은 ≪국무원제2차행정허가항목취소및행정허가항목관리방식변경에관한결정≫을 공포하여 406개 항목의 행정허가항목을 폐지하고, 82개항의 허가사항을 업계조직 및 사회중개기구가 관리하도록 이양하는 구체적인 조치를 하였다.[6]

---

5) 國務院關于取消第一批行政審批項目的決定(國發[2002]24號)
6) 國務院關于取消第二批行政審批項目和改變一批行政審批項目管理方式的決定(國發[2003]5號)

2. 행정허가법의 제정[7]

전국인민대표대회상무위원회 법제업무반은 1996년부터 행정허가법의 연구에 착수하여 행정허가법의견징구법안을 마련하였다. 제9기 전국인민 대표대회상무위원회는 행정허가법의 입법을 입법계획에 포함시키고 국 무원이 법안을 제출하도록 하는 결정하였다. 이에 국무원 법제판공실은 의견징구법안을 기초로 국무원 각 부문의 행정허가사항을 종합 정리하여 2000년부터 본격적으로 행정허가법의 기초에 들어갔다. 지방 인민정부, 국무원 각 부문 및 학자들의 의견을 수렴하고 반복적인 수정을 통하여 중화인민공화국행정허가법초안을 마련하였고, 두 차례의 국무원 상무회 의 심의과정을 거쳐 전국인민대표대회상무위원회에 상정하였다. 전국인 민대표대회상무위원회는 행정허가법초안에 대한 여러 차례의 심의과정 을 거쳐 제10기 전국인민대표대회 제4차 회의에서 이를 통과시켰다.

3. 행정허가법 제정 이후의 제도개혁

법치행정의 전면적인 추진과 법치정부의 건설 및 행정허가법의 실시와 관련하여 국무원은 2004년 5월 19일≪국무원제3차행정허가항목의 취소 및 조정에 관한 결정≫을 하여 385개항의 행정허가항목을 폐지하고, 39개 항은 관리방식을 변경하여 자율관리토록하고, 46개항은 성, 자치구, 직할 시 등 하급기관으로 허가권한을 이양하는 조치를 하였다.[8] 또한 2004년 6월 29일에는 ≪국무원이 확실히 보류할 필요가 있는 행정허가항목에 대 한 행정허가설정에 대한 결정≫을 공포하고, 행정허가법 제12조 및 제14 조 제2항의 규정에 부합하는 경우로서 500개 항목에 대하여 행정허가대

---

7) 張興祥,「中國行政許可法的理論和實務」, 北京大學出版社 2003年, p.61.
8) 國務院關于第三批取消和調整行政審批項目的決定(國發[2004] 16號)

상으로 설정하였다.[9]

4. 행정허가제도 개혁의 의의

위에서 간단히 서술한 중국의 행정허가제도의 개혁은 대체로 내부적으로는 중국 공산당 제15기 5중 전회, 6중 전회 및 중앙기율위원회 제5차 전회, 국무원 제3차 청렴행정추진관련 회의의 결정에 따라 이루어진 일련의 조치에 해당되고, 외부적으로는 세계무역기구의 가입에 따른 시장개방의 장애 요인을 제거하기 위한 조치이기도 하다. 중국정부는 이러한 제도개혁을 통하여 행정관리체제의 개혁을 심화하고, 정부기능의 전환을 촉진하며, 사회주의 시장경제체제의 완비를 도모하며, 정부의 업무풍토 개선과 공무원의 부패방지를 시도하는 것이다.[10]

III. 행정허가법의 입법배경, 헌법적 근거 및 제정의의

1. 행정허가법의 입법배경

중국에서 행정허가는 정부와 시장, 정부와 사회일반, 행정권력과 공민 법인 또는 기타 조직의 권리에 관계되고 행정권력의 배치 및 운용방식 등에 관계된다고 할 수 있다. 행정허가법의 제정은 법치행정의 전면적인 추진이며 정부행위의 법제화 및 이성화를 실현하는 것이다. 행정허가법

---

9) 國務院對確需保留的行政審批項目設定行政許可的決定(國發[2003] 5號)
10) 國務院批轉關于行政審批制度改革工作實施意見的通知(國發[2001] 33호)

은 대략 다음과 같은 배경에 의하여 제정되었다고 할 수 있다.

첫째, 행정허가행위에 대한 법제화의 필요성이다. 행정허가는 중요한 행정권력이며 정부가 정치 경제 사회 문화 등 각 영역의 사무를 관리하는 데 있어서 필요한 중요한 사전적 통제수단이다. 그러나 법 제도적 규범화가 미흡하여 현실적으로 많은 문제점이 노출되고 있고, 예컨대 행정허가의 범위가 불명확하고, 행정허가사항이 과다하며, 행정허가의 설정권이 불명확하고 임의성이 강하며, 행정허가의 과정이 복잡하고 많은 시간이 소요되며, 허가에 중점을 두고 사후감독에 소홀하며, 행정기관이 행정허가를 이용하여 불필요한 비용을 징수하는 등 여러 가지 문제점이 노출되는 것이다. 이러한 현상은 사회주의 시장경제의 발전을 저해하며 인민의 불만을 불러일으키는 원인이 되었던 것이다. 이러한 문제점을 해결하기 위한 필요성이 곧 행정허가법의 입법배경이 되는 것이다.[11]

둘째, 행정허가법의 제정은 행정허가제도의 개혁을 심화하기 위한 것이다. 행정허가의 실시에 있어 상존하는 현실적인 문제를 해결하기 위하여 전국인민대표대회상무위원회 법제업무반이 1996년부터 행정허가법의 연구에 착수한 이래 행정허가제도의 개혁을 통하여 많은 행정허가 항목을 취소하였다. 그러나 행정허가제도에 존재하는 근본적인 문제를 해결하기 위해서는 법률의 형식으로 규범화 할 필요성이 절실하였던 것이었다.[12]

셋째, 행정허가법의 제정은 세계무역기구의 가입에 따른 것이다. 중국이 세계무역기구에 가입함으로써 중국 정부는 세계무역기구의 규정과 자국의 대외적 승인에 따라 투명하고 규범적인 방식에 의하여 행정허가를 실시할 필요가 생기게 되었다. 무역의 제한에 대한 행정허가의 조건과 절차는 필요한 정도를 초과할 수 없기 때문에 이러한 요구는 행정허가법의

---

11) 中華人民共和國行政許可法(草案)的說明, 2002年8月23日 第9屆 全國人民代表大會 常務委員會 第29次 會議 文件

12) 曹康泰, "行政許可是一部規範政府行爲的重要法律,"「憲法學 行政法學」 2004年 第8期, 中國人民大學書報資料中心, p.14.

제정을 촉구하게 되는 것이다.13)

2. 행정허가법의 헌법적 근거

중국에서 행정법의 연구는 헌법과 헌법원리를 벗어날 수 없다는 점을 인식할 필요가 있다. 헌법과 마찬가지로 행정법도 궁극적으로는 인간의 존엄을 존중하고 자유를 보장하는 것을 추구하기 때문이다. 따라서 행정허가법을 제정하는 것도 당연히 헌법적 기초를 필요로 한다. 법체계상 헌법의 지위를 고려하면, 모든 입법은 헌법을 근거로 하여야 하고 헌법의 규정 및 그 정신에 부합하여야 한다. 헌법은 행정허가법의 제정에 정당성을 부여하며, 동시에 행정허가법의 제정에 있어서 헌법의 범위를 벗어나지 않도록 하는 통제적 기능을 하고 있기 때문이기도 하다.14)

행정허가법 제1조에서는 입법목적을 규정하면서 행정허가법을 헌법에 근거하여 제정한다고 규정하고 있지만 구체적으로 헌법의 어느 조항에 근거하여 제정하는지는 명확히 규정하고 있지는 않다. 필자는 다수근거설의 입장에 따라 헌법의 단일 조문에서 그 근거를 찾지 않고 헌법 제5조의 사회주의법치원칙, 헌법 제13조의 공민의 합법재산 보호원칙, 헌법 제37조의 공민의 인신자유, 헌법 제27조의 인민에 의지하고 인민을 위하여 복무한다는 원칙, 헌법 제38조의 인격존엄불가침원칙 등을 제시하였다.15)

학자에 따라서는 행정허가법의 헌법적 근거를 달리 제시하는 바, 중국 인민대학 법학원 한따위엔 교수는 행정허가법의 제정에 있어 헌법적 기

---

13) 국무원은 2001년 11월 세계무역기구 규정의 요구에 따라 行政法規制定程序條例 및 規章制定程序條例를 제정하였고 동년 12월에는 法規規章備案條例를 제정한 바 있다.

14) 韓大元·王貴松, "制定中國行政節次法的憲法基礎," 「憲政與行政法治評論」, 中國人民大學出版社 2004年, p.48.

15) 鄭二根, "中韓行政程序法制比較研究," 中國人民大學法學博士學位論文 2003年, pp. 23-25.

초가 되는 헌법원리로서 인격존엄의 존중, 절차법치, 행정민주(공민참여, 절차공개), 행정공정(절차공정, 평등대우, 신뢰보호), 효율중시 등을 제시하고 있다.16)

3. 행정허가법 제정의 정부에 대한 의의

행정허가법은 중국의 시장화 개혁과 더불어 중요한 의미를 가지게 되었다. 본서에서는 행정허가법의 제정이 정부에 대하여 가지는 의의를 살펴본다.17)

첫째, 비공개정부에서 공개정부로 향한다는 것을 의미한다. 그동안 많은 행정허가행위가 비공개로 진행되었다는 점은 잘 알려져 있다. 제9기 전국인민대표대회상무위원회 제29차 회의의 행정허가법초안 설명에서, 행정허가는 이미 부패의 근원이 되어 있다고 지적한 것도 이를 뒷받침하고 있다. 행정허가법은 정보공개제도, 허가청문제도를 규정하고 있다. 이것은 행정허가입법의 공개, 행정허가 실시과정의 공개와 행정허가 실시결과의 공개와 관련되고, 결국 공개정부 또는 투명한 정부로 향하여 나아갈 것을 의미하는 것이다.

둘째, 무한정부에서 유한정부로 향한다는 것을 의미한다. 행정허가사항의 과도한 팽창은 그동안 행정 과정에 존재하는 심각한 문제였다. 유한정부의 실현과 사회자치 및 시장우선원칙을 실현하기 위하여 행정허가법은 행정허가설정권과 설정절차를 엄격히 규정하고 있다. 즉 행정허가의

---

16) 韓大元·王貴松, 앞의 논문, p.48.
17) 姜明安, "行政許可法促進法治政府," 「憲法學 行政法學」 2003年 第6期 中國人民大學書報資料中心, p.25; 唐璨·趙永偉, "論行政許可法的成就與缺陷," 「憲法學 行政法學」 2004年 第5期, 中國人民大學書報資料中心, pp.38-40; 袁曙宏, "行政許可法的立法理念和深刻影響," 「憲法學 行政法學」 2004年 第6期 中國人民大學書報資料中心, p.11.

설정사항, 행정허가의 설정권한에 대하여 규정하고 있다. 행정허가를 설정할 수 있는 사항으로는 6가지 경우로 한정하고 있으며, 행정허가권한을 일정한 범위 내에 둠으로써 정부권력이 팽창을 어느 정도 제지하게 되었다는 점이다.

셋째, 책임정부의 실현을 의미한다. 그동안 행정허가와 관련하여 행정인원이 행정허가를 중요한 권력으로 인식하였기 때문에, 행정기관 간에는 행정허가권 및 행정허가비용징수권한에 대한 분쟁이 빈번하였고, 행정허가의 실무상 층층시하로 요구되는 각종 날인의 요구 및 소위 '공문여행' 행위 등 행정상대인의 각종 권리를 무시하는 관료주의가 횡행하였다. 더욱 심각한 현상은 공민과 정부의 주종관계가 전도되어 정부의 책임은 뒷전이 되었던 것도 사실이다. 오늘날 책임정부를 추구하지 않는 민주국가는 없다고 할 것이고, 행정허가법은 행정허가의 설정, 실시와 결과에서 정부가 당연히 부담해야 할 법적 책임을 규정하고 있다.

즉 행정허가법은 행정허가의 설정권이 없는 기관이 행정허가사항을 설정하는 경우, 정당한 이유 없이 신청을 거부하는 경우, 행정행위를 하지 않는 경우, 공개의무와 고지의무를 이행하지 않는 경우, 이유설명과 청문을 거절하는 경우, 자의적으로 비용을 징수하는 등의 경우에는 상응하는 법적 책임을 지도록 하고 있다. 이러한 의미에서 행정허가법의 제정과 실시는 책임정부로의 전환을 의미한다고 할 수 있다.

넷째, 고효율의 정부를 추구한다는 점이다. 행정허가의 영역에서 전자서비스 업무의 확대를 제창하고 있다. 즉 행정허가는 우편, 전보, 모사전송, 전자디지털 방식 및 전자우편을 통해서 할 수 있도록 규정하고, 행정기관으로 하여금 관련제도의 완비와 전자정부의 추진을 요구하고 있다. 다른 한편, 행정허가의 기간은 일반적인 경우 신청인이 신청한 날로부터 20일 이내에 허가를 하도록 규정하고 있다. 전자정부의 추진, 행정실무상의 허가집중제도[18] 및 처리기간제도 등이 정부업무 효율제고에 기여할

---

18) 'one stop 서비스' 또는 '대외 창구의 통일화' 등을 말한다.

것이라는 점에 이의가 없다.

다섯째, 신용정부를 추진한다는 의의가 있다. 그동안 행정허가에 있어서 정부의 자의적인 승낙과 사후의 배신행위는 정부의 권위를 실추시키는 중요한 요인이 되었다. 이는 정부신용의 문제뿐만 아니라 정부의 이미지와 권위에도 영향을 주었다고 할 수 있다. 행정허가법은 이러한 점을 고려하여 행정허가의 영역에서 신뢰보호의 원칙을 명확히 하였다. 즉 공민, 법인 또는 기타 조직이 법에 의하여 취득한 행정허가는 법률의 보호를 받으며 행정기관은 효력 있는 행정허가를 자의로 변경할 수 없다고 규정한다. 이러한 규정은 행정허가영역에서 신용정부의 이미지를 제고시킨다고 할 수 있다.

IV. 행정허가법의 주요 내용

1. 행정허가의 대상으로 설정할 수 있는 범위

행정허가법 제12조에서는 행정허가를 설정할 수 있는 대상 범위를 다음과 같이 정하고 있는데, 행정허가를 설정할 수 있다고 하는 것은 행정허가를 설정할 수 있는 사항에 대하여는 중앙정부 또는 지방정부가 행정허가사항으로 규정하여 허가권을 행사할 수 있다는 것으로 해석할 수 있다. 행정허가법에서 규정한 행정허가를 설정할 수 있는 대상범위는, ① 국가안전, 공공안전,[19] 경제의 거시조정(예, 투자항목, 산업배치, 수출입관리 등), 생태환경보호[20] 및 신체의 건강, 생명이나 재산의 안전 등에 직접 관계되

---

19) 가연성, 폭발성, 방사성, 유독성, 부패성이 있는 위험물의 생산, 보관, 운반, 사용, 판매 등

는 활동(예, 약품관리법규에 관련의 활동 등)으로 법정조건에 따라 허가가 요구되는 사항. ② 자연자원의 개발이용, 공공자원의 배치 및 공공이익에 직접 관계되는 특정 업종의 시장진입 등, 특정한 권리의 부여가 요구되는 사항. ③ 공공서비스의 제공 및 공공이익에 직접 관계되는 직업, 업종으로 특별한 신용이나 명예, 특수조건 또는 특수기능 등 자격이나 자질이 요구되는 사항(교사, 변호사의 자격 등). ④ 공공안전, 신체의 건강, 생명 재산의 안전에 직접 관계되는 중요 설비, 시설, 생산품, 물품으로서 기술기준이나 기술규범에 따라 검험, 검측, 검역 등의 방식을 통하여 심사결정을 요하는 사항(항공기, 선박, 자동차의 설계 생산이나 축산물도축에 관한 것 등). ⑤ 기업 또는 기타 조직의 설립 등 주체자격의 확정(기업법인의 등기 및 사회단체, 사업단위, 민영비기업단위의 등기 등)을 필요로 하는 사항. ⑥ 법률, 행정법규가 행정허가를 설정할 수 있다고 규정한 기타 사항이다.

특히 위 ⑥의 규정과 관련하여 다음과 같은 점을 염두에 둘 필요가 있다. 첫째, 현행 법률이나 법규가 규정한 기타의 행정허가사항에 대하여 규정한 것은 여전히 유효하다는 점이다. 둘째, 이후에 제정되는 법률, 행정법규 현실적 상황에 따라 행정허가법이 정한 상술 5개 사항을 제외한 사항에 대하여 행정허가를 설정할 수 있다는 점이다. 셋째, 지방성 법규, 성급 인민정부의 규장, 국무원 결정으로는 상술의 다섯 가지 행정허가사항 이외의 허가사항에 대하여 정할 수 없다는 점이다.

또한 동법 제13조에서는 다음의 네 가지 사항에 대하여는 행정허가의 대상으로 정하지 않을 수 있다고 규정한다. 즉, ① 공민 법인 또는 기타 조직이 자주적으로 결정할 수 있는 경우. ② 시장경쟁시스템이 유효하게 조절할 수 있는 경우(상품가격의 결정, 모종의 업종에 대한 투자). ③ 업계조직이나 중개기구[21]가 자율적으로 관리할 수 있는 경우. ④ 행정기관이 사

---

20) 생태환경보호에 관한 법규로는 환경보호법, 물오염방지법, 대기오염방지법, 고체폐기물방지법, 소음방지법, 해양환경보호법, 건설공사항목환경보호조례 등이 있다.

21) 여기서 말하는 중개기구는 주로 비정부성, 공익성, 공공권력성 및 중개성의 특

후감독 등 기타 행정관리방식을 통해 충분히 해결할 수 있는 경우이다.
이 외에도, 필요한 경우 국무원은 '결정'의 형식으로 행정허가의 대상
을 정할 수 있다.[22) 결정의 형식으로 허가 사항을 정한 후, 임시적인 행정
허가사항을 제외하고 국무원은 즉시 전국인민대표대회 및 그 상무위원회
에 법률의 제정을 제청하거나 스스로 행정법규를 제정하여야 한다. 또한
법률이나 행정법규가 제정되지 아니한 경우, 지방성법규로 행정허가를
설정할 수 있다. 법률, 행정법규, 지방성법규가 제정되지 아니하고 행정
관리의 필요에 따라 행정허가의 신속한 실시가 요구되는 경우에는 성, 자
치구, 직할시 인민정부의 규장으로써 임시적인 행정허가를 설정할 수 있
다. 임시적인 행정허가의 실시가 만 1년을 경과하고 계속적인 실시가 필
요한 경우에는 본급 인민대표대회 및 그 상무위원회에 지방성법규의 제
정을 제청하여야 한다. 다만 지방성법규와 성, 자치구, 직할시 인민정부
가 제정한 규장은 국가가 통일적으로 확정하는 공민, 법인 또는 기타 조
직의 자격, 자질에 관한 행정허가를 정할 수 없다.

2. 행정허가의 실시절차

1) 허가의 신청과 수리

공민 법인 또는 기타 조직이 특정한 활동에 종사함에 있어서 행정허가
의 취득이 필요한 경우에는 행정기관에 신청을 하여야 한다. 신청서가 규
정된 격식을 필요로 하는 경우 행정기관은 신청인에게 행정허가신청서

징을 가지는 조직을 말하며, 예컨대 체육애호가협회, 노인협회, 변호사사무소,
회계사사무소 등을 예로 들 수 있다. 자세히는 黎軍, 「行業組織的行政法問題研
究」, 北京大學出版社 2002年版을 참고하시기 바람.
22) 행정허가의 설정행위를 일종의 입법행위로 보면, 국무원의 '결정'행위는 헌법이
나 입법법이 정한 법규에 해당하지 않는다. 따라서 국무원이 행정허가를 설정하
려는 경우에는 행정법규의 형식을 취하여야 마땅하다는 점에서 행정허가법 제
14조의 이 규정은 문제가 있다고 본다.

서식을 제공하여야 한다. 행정허가의 신청은 우편, 전보, 전신, 모사전송, 전자디지털 및 전자메일 등의 방식을 통하여 제출할 수 있다.

행정기관은 법률, 법규, 규장이 규정한 관련 행정허가의 사항, 근거, 조건, 수량, 절차, 기한 및 제출을 요하는 모든 자료의 목록과 신청서의 견본을 사무장소에 공시하여야 한다. 신청인이 행정기관에 공시의 내용에 대하여 설명이나 해석을 요구하는 경우 행정기관은 설명이나 해석을 하여야 하고, 정확하고 믿을 수 있는 정보를 제공하여야 한다.

신청인은 그 신청자료의 진실성에 대한 책임을 지며, 행정기관은 신청인에 대하여 그 신청하는 허가사항과 관계없는 자료의 제출을 요구할 수 없다. 행정기관은 신청인이 제출한 허가신청에 대하여 다음의 상황에 근거하여 각기 처리하여야 한다.

즉, ① 신청사항이 법에 의하여 행정허가의 취득을 필요로 하지 않는 경우에는 즉시 신청인에게 불수리함을 고지하여야 한다. ② 신청사항이 법에 의하여 본 행정기관의 직권범위에 속하지 않는 경우에는 즉시 불수리의 결정을 하여야 하고, 신청인이 권한 있는 행정기관에 신청하도록 고지하여야 한다. ③ 신청서류상 현장에서 시정할 수 있는 착오가 존재하는 경우에는, 신청인이 현장에서 시정할 수 있도록 하여야 한다. ④ 신청서류가 불완전하거나 법정형식에 부합하지 않는 경우에는 즉시 또는 5일 이내에 당사자에게 보충이 필요한 내용 전부를 한꺼번에 고지하고, 행정기관이 기간을 넘겨 고지하지 않는 경우에는 신청서류를 접수한 날에 허가신청을 수리한 것으로 본다. ⑤ 신청사항이 본 행정기관의 직권범위에 속하고, 신청서류가 완비되고 법정형식에 부합하는 경우, 또는 신청인이 본 행정기관의 요구에 따라 신청서류를 모두 보정한 경우에는 행정허가의 신청을 수리하여야 한다.

처분의 신청과 수리에 있어 서면신청을 원칙으로 한다는 점, 허가에 관한 사항의 고지의무, 필요한 경우 보완의 통지를 하여야 하는 점, 행정기관이 요건을 구비한 신청에 대하여 수리의무를 지는 점에서 우리나라 행정절차법의 처분절차와 크게 다를 바 없다. 다만 중국의 경우 신청에 하자가 있는 경우 즉시 또는 5일 이내에 그 하자의 보완을 한꺼번에 요구하도록 규정하고 있고 기간을 넘기는 경우에는 신청은 수리된 것으로 본다. 이점에서 중국의 행정허가법은 더욱 엄격한 규정을 하고 있고 그에 따른 행정기관의 부담이 예상되지만 공민의 권리보호 측면에서는 높이 평가할 수 있다.

2) 허가의 심사와 결정

신청인이 제출한 신청서류가 법정형식에 부합하여 행정기관이 즉석에서 결정을 할 수 있는 경우에는 즉석에서 서면의 행정허가결정을 하여야 하며, 법정조건과 절차에 근거하여 신청 서류의 실질적인 내용에 대한 현장심사가 요구되는 경우에는, 행정기관은 2인 이상의 인원을 파견하여 심사하여야 한다.

하급행정기관의 심사를 거친 후 상급행정기관의 결정을 요하는 행정허가의 경우에, 하급행정기관은 법정기한 내에 심사의견과 모든 신청서류를 직접 상급행정기관에 송부하여야 하고, 상급행정기관은 신청인에게 신청서류를 중복하여 제출하도록 요구할 수 없다.

행정기관이 행정허가의 신청에 대하여 심사를 하면서 행정허가사항이 타인의 중대이익에 직접 관계됨을 알게 된 경우에는 당해 이해관계인에게 고지하여야 한다. 신청인, 이해관계인은 진술과 변명의 권리를 가진다. 행정기관은 신청인, 이해관계인의 의견을 청취하여야 한다.

행정기관은 행정허가의 신청에 대하여 심사를 행한 후, 즉석에서 행정허가결정을 하는 경우를 제외하고는, 법정기간 내에 규정된 절차에 따라 행정허가결정을 하여야 한다. 행정기관이 행정허가를 하지 않는 서면결정을 하는 경우에는 이유를 설명하고, 신청인이 법에 따라 행정심판의 신청 또는 행정소송을 제기할 권리가 있음을 고지하여야 한다. 행정기관이 행한 행정허가결정은 공개하여야 하고, 일반인은 열람할 권리가 있다.

허가의 결정과 관련하여 한 가지 주의할 필요가 있는 것은, 허가의 신청시기와 행정기관이 결정을 하는 시기는 차이가 있고, 예컨대 신청인이

행정허가의 신청을 한 후 법률의 변경이나 새로운 법률이 제정된 경우에
신청인의 신청 시기를 기준으로 허가할 것인지 아니면 허가결정을 하는
시점의 사실과 법률을 근거로 할 것인지 하는 점이다. 이 문제에 대하여
간단히 요약하면, 우선 행정허가는 행정상대인이 장래 특정한 활동에 종
사할 자격과 능력을 갖추고 있는지 여부를 판단하는 것이고, 행정허가를
한 후에 허가의 내용이 실현될 수 있으며 행정상대인은 비로소 특정한
행위를 할 수 있다. 따라서 원칙상 행정상대인의 허가 신청이 신청당시의
법률규정에 부합한다 하더라도 허가의 장래성에 비추어볼 때 마땅히 허
가결정을 내리는 시점의 법령을 기준으로 하여야 한다.

　다만 이러한 원칙하에서 특정한 경우에는 그 예외가 인정될 수 있다는
점이다. 예컨대 ① 행정기관의 부작위 또는 정당한 이유 없이 행정허가가
지연된 경우, ② 행정허가와 기타 행정행위가 하나의 통일적인 행정과정
을 구성하고 있는 경우에 행정상대인이 이미 전치절차를 완성한 후 기타
행정행위의 내용에 관련되는 법률이 변경된 경우 등이다.[23]

3. 허가기간

　즉석에서 행정허가를 결정하는 경우 외에, 행정기관은 행정허가신청을
수리한 날로부터 20일 이내에 행정허가결정을 하여야 한다. 20일 이내에
결정을 할 수 없는 경우에는 본 행정기관 책임자(기관장)의 비준을 거쳐
10일간 연장할 수 있고, 기간을 연장하는 이유를 신청인에게 고지하여야
한다. 단, 법률, 법규가 별도로 규정한 경우에는 그 규정에 의한다.[24]

---

23) 鄭春燕, "行政許可申請與行政許可決定," 「法制日報」 2004年6月24日 9面.
24) 현재 중국의 많은 개별 법률, 법규에서는 각기 행정허가 기간을 달리 정하고 있
　　다는 점을 주의할 필요가 있다. 예컨대 문물보호법실시조례에서는 문화재의 출
　　입국 허가에 대하여 15일 이내에 허가 여부를 결정하도록 규정하고 있고, 약품
　　관리법실시조례에서는 약품생산허가증의 처리에 있어서 30일 이내에 허가의 심

행정허가가 각 부문 간 통일적으로 처리될 필요가 있거나, 연합처리 또는 집중처리의 형식을 취하는 경우에 그 처리기간은 45일을 초과할 수 없다. 45일 이내에 완결할 수 없는 경우에는 본급 인민정부 책임자의 비준을 거쳐 15일간 연장할 수 있고, 기간을 연장하는 이유를 신청인에게 고지하여야 한다.

하급행정기관의 심사를 거친 후 상급행정기간의 결정을 요하는 행정허가의 경우, 하급행정기관은 행정허가신청을 수리한 날로부터 20일 이내에 심사를 완료하여야 한다. 다만 법률이나 행정법규가 별도로 규정한 경우에는 그 규정에 의한다.

행정기관이 행정허가를 하기로 결정한 경우에는 결정을 한 날로부터 10일 이내에 신청인에게 행정허가증서를 발급하여 송달하거나, 또는 검사표지의 부착, 검험, 검측, 검역의 인장을 날인하여야 한다. 행정기관이 행하는 행정허가결정이 청문, 입찰, 경매, 검험, 검측, 검역, 감정 및 전문가의 평가가 요구되는 경우, 이에 소요되는 기간은 산입하지 않는다.

위에서 서술한 바와 같이 행정허가법은 법률의 형식으로 처리기간을 규정하고 있기 때문에 처리기간이 한층 명확하다. 다만 법률이 직접 규정함으로써 복잡한 허가과정을 거치는 경우 융통성이 제한되기 때문에 행정기관으로서는 시간적인 부담을 갖게 된다고 할 수 있다.

4. 청문절차

법률, 법규, 규장이 행정허가에 있어서 청문을 실시하도록 규정한 경우,25) 또는 행정기관이 공공이익에 관련된 중대한 행정허가사항으로서 청문이 필요하다고 인정하는 경우에는, 행정기관은 일반인에게 공고하고

사와 결정을 하도록 규정하고 있다.
25) 행정허가법 제정 이전 청문을 규정한 입법으로는 행정처벌법, 가격법 및 입법법 등이 있었다.

청문을 실시하여야 한다. 행정허가가 신청인과 타인 간의 중대이익에 직접 관계되는 경우 행정기관은 행정허가를 결정하기 전에 신청인과 이해관계인에게 청문을 요구할 권리가 있음을 고지하여야 한다. 신청인이나 이해관계인이 청문의 권리를 고지 받은 날로부터 5일 이내에 청문의 신청을 하는 경우 행정기관은 그 신청일로부터 20일 이내에 청문을 실시하여야 한다.

행정허가법이 정한 청문절차는 다음과 같다.

즉, ① 행정기관은 청문을 실시하기 7일전에 청문을 행하는 시간, 장소를 신청인과 이해관계인에게 고지하여야 하고, 필요한 경우 이를 공고한다. ② 청문은 공개적으로 실시하여야 한다. ③ 행정기관은 당해 행정허가 신청을 심사하는 인원 이외의 자를 청문주재자로 지정하여야 하고, 신청인이나 이해관계인은 주재자가 당해 행정허가사항과 직접 이해관계가 있다고 인정되는 경우에 회피를 신청할 권리가 있다. ④ 청문을 진행하는 경우 당해 행정허가의 신청을 심사하는 인원은 심사의견의 증거나 이유를 제공하여야 하고, 신청인이나 이해관계인은 증거를 제출할 수 있으며 변명과 증거에 대해 질의할 수 있다. ⑤ 청문은 필록(청문조서)을 작정하여야 하며, 청문조서는 청문참가인이 사실과 다름이 없음을 확인한 후 서명 또는 날인하여야 한다. ⑥ 행정기관은 청문조서에 근거하여 행정허가의 결정[26]을 하여야 한다.

청문에 있어서 중요한 문제는 어떻게 공정성을 확보하느냐 하는 것이다. 그런데 현실적으로는 세력 있는 개인이나 단체의 의견은 비교적 수월하게 받아들여지고 또한 그 단체에 유리하게 청문이 진행될 개연성이 있다. 반면에 세력이 약한 개인이나 단체의 의견은 받아들여지기 어려운 점

---

26) 행정허가법 제48조의 이 내용은 청문조서의 배타적 효력을 명확히 규정한 것으로서 의의가 있다. 즉 행정기관의 결정은 반드시 청문조서에 근거하여 이루어져야 하고 청문조서 이외의 어떠한 자료도 고려할 수 없다는 것을 규정하고 있는 것이다. 이러한 점에서 미국의 제도에 가깝다고 할 수 있으며 한국, 독일, 일본의 제도와는 차이가 있다고 본다.

이 있다. 따라서 청문의 실시에 있어서 공정성의 확보를 위한 구체적인 장치가 필수적이라고 할 수 있고 이에 대한 좀더 구체적인 규정이 마련되어야 한다는 점을 지적할 수 있다.[27]

5. 허가에 관한 특별 규정

국무원이 실시하는 행정허가절차는 관련법률, 행정법규의 규정을 적용한다. 행정기관이 입찰, 경매 등 방식을 통하여 행하는 행정허가결정의 구체적인 절차는 관련 법률, 행정법규의 규정에 의한다. 행정허가법 제12조 제3항에서 열거한 사항의 행정허가, 공민에게 특정한 자격을 부여하는 경우, 국가고시를 실시하여야 하는 경우에는 고시성적과 기타 법정조건에 근거하여 행정허가의 결정을 한다.

법인 또는 기타 조직에 특정의 자격, 자질을 부여하는 경우에 행정기관은 신청인의 전문 인력의 구성, 기술조건, 경영업적과 관리수준 등을 고려한 후 행정허가의 결정을 한다. 단 법률, 행정법규가 별도로 규정하는 경우에는 그 규정에 의한다. 공민의 특정자격에 대한 고시는 법에 따라 행정기관 또는 업계조직이 실시하고 공개적으로 한다.

행정기관이 검험, 검측, 검역의 결과에 따라 행정허가결정을 하는 경우,[28] 행정기관이 실시하는 검험, 검측, 검역은 신청의 수리일로부터 5일 이내에 2명 이상의 인원을 파견하여 기술표준이나 기술규범에 따라 검험, 검측, 검역을 실시하여야 한다. 검험, 검측, 검역의 결과에 대하여 더 이상의 기술적인 분석 없이 설비, 시설, 생산품, 물품의 기술표준이나 기술규범의 부합 여부를 즉시에 인정할 수 있는 경우에는 현장에서 허가결정을 하여야 한다.

---

27) 韓冰潔, "實施要邁進九道坑," 「憲法學 行政法學」 2004年 第8期, 中國人民大學書報資料中心, p.26.

28) 약품관리법, 수출입상품검험법 등에 의한 검험, 검측 및 검역 등

수량이 제한되는 행정허가는 둘 또는 둘 이상 신청인의 신청이 모두 법정조건이나 표준에 부합하는 경우 행정기관은 신청을 수리한 선 후 순서에 따라 허가의 결정을 한다. 단, 법률이나 행정법규가 별도로 규정하는 경우[29]에는 그에 따른다.

6. 행정허가의 취소

다음의 경우에 해당하면 행정기관은 행정허가를 취소할 수 있다. 즉 ① 행정기관 인원의 직권남용, 직무소홀로 행정허가의 결정을 한 경우, ② 법정직권을 초월하여 허가결정을 한 경우, ③ 법정절차를 위반하여 허가결정을 한 경우, ④ 신청자격을 갖추지 못하였거나 법정조건에 부합하지 않는 신청인에 대하여 허가를 한 경우, ⑤ 법에 따라 허가를 취소할 수 있는 기타 상황에 해당하면 허가를 취소할 수 있다. 또한 허가의 신청자가 기만, 증뢰 등 부정한 수단으로 허가를 취득한 경우 그 허가는 취소한다. 단, 허가의 취소가 공공이익에 중대한 손해를 초래할 가능성이 있는 경우에는 취소하지 아니한다.

행정허가의 취소로 인하여 피허가인의 합법권익에 손해를 입힌 경우, 행정기관은 법에 따른 배상을 하여야 한다. 행정허가법 제69조 제2항의 규정에 의한 허가 취소의 경우, 피허가인이 허가에 기하여 취득한 이익은 보호받지 못한다.

---

29) 가장 우수한 조건을 갖춘 경우에 대하여 허가를 하거나, 동등한 조건하에 소수 민족, 경제적 낙후지역의 신청자 또는 장애인 등 사회적 약자에 대하여 우선 허가하는 경우가 있다.

7. 행정허가와 관련한 법적 책임

1) 공무원의 법적 책임

행정기관 및 그 인원이 다음의 경우와 같이 행정허가법의 규정을 위반하면 그 상급기관 또는 감찰기관이 시정을 명한다. 사안이 심각한 경우 직접 책임 있는 주관인원과 기타 직접 책임자에 대하여 법에 따른 행정처분을 한다.

즉, ① 법정조건에 부합하는 행정허가신청을 수리하지 않는 경우, ② 법에 의거하여 당연히 공시하여야 하는 자료를 사무장소에 공시하지 않은 경우, ③ 행정허가의 수리, 심사, 결정과정에서 신청인이나 이해관계인에게 법정 고지의무를 이행하지 않은 경우, ④ 신청인이 제출한 신청서류가 불비하거나 법정형식에 부합하지 않는 경우 신청인에게 반드시 보정하여야 하는 모든 내용을 한꺼번에 고지하지 아니한 경우, ⑤ 법에 따른 행정허가를 수리하지 않는 이유 또는 행정허가를 하지 않는 이유를 설명하지 않은 경우, ⑥ 법에 따라 당연히 실시하여야 할 청문을 실시하지 않은 경우가 해당된다.

또한 행정기관 인원이 행정허가, 감독, 검사를 실시하면서 타인에게 재물을 독촉하거나 타인의 재물을 접수 또는 기타 이익을 도모한 경우, 범죄가 성립되면 법에 따라 형사책임을 추궁하고, 범죄가 성립되지 않는 경우에는 행정처분을 한다. 또 행정기관이 행정허가를 실시함에 있어서 다음의 경우에 해당하면, 상급 행정기관 또는 감찰기관이 시정을 명하고, 직접 책임 있는 주관인원과 기타 직접 책임자에 대하여 행정처분을 한다. 범죄가 성립되면 법에 따라 형사책임을 추궁한다.

즉, ① 법정조건에 부합하지 않는 신청인에 대하여 허가를 하였거나 법정직권을 초월하여 허가의 결정을 한 경우, ② 법정조건에 부합하는 신청인에 대하여 허가를 하지 않거나 법정기간 내에 허가의 결정을 하지 않는 경우, ③ 법에 따라 입찰, 경매의 결과 또는 고시성적에 근거하여 우수한 자를 선택하여 허가결정을 하여야 하는 경우에 입찰·경매 또는 고시를 거치지 아니하거나 입찰·경매의 결과 또는 고시성적에 근거하여 우수한 자를 선택하지 아니하고 허가결정을 한 경우가 해당된다. 행정기관이 허가를 위법하게 실시하여 당사인의 합법권익에 손해를 가한 경우에는 국가배상법의 규정에 따라 배상하여야 한다.

2) 신청인의 법적 책임

허가신청인이 관련 상황을 속이거나 허위의 자료를 제출하여 허가를 신청하는 경우 행정기관은 이를 수리하지 않거나 허가를 하지 아니하며 경고를 한다. 허가신청이 공공안전, 신체의 건강, 생명 또는 재산의 안전에 직접 관련된 경우, 신청인은 1년 이내에는 동일한 허가를 다시 신청할 수 없다. 기만, 증뢰 등 부정한 수단으로 허가를 취득한 경우 행정기관은 법에 따라 행정처벌을 하여야 한다. 취득한 허가가 공공안전, 신체건강, 생명 재산의 안전과 직접 관련된 경우에는, 신청인은 3년 이내에는 동일한 허가를 다시 신청할 수 없다. 범죄가 성립되면 법에 따라 형사책임을 추궁한다. 허가를 받은 자가 아래의 행위를 한 경우 행정기관은 행정처벌을 하여야 한다. 범죄가 성립되면 법에 따라 형사책임을 추궁한다.

즉, ① 허가증을 위조, 전매, 임대, 대출하거나 기타의 형식으로 허가를 불법 양도하는 경우, ② 허가범위를 초월하여 활동을 하는 경우, ③ 감독검사의 책임이 있는 행정기관에 대하여 관련사항을 기만하거나, 허위로 자료를 제공하거나 그 활동상황이 반영된 실제 자료의 제공을 거절하는 경우, ④ 법률, 법규, 규장이 규정한 기타 위법행위가 해당한다.

V. 행정허가와 사법심사의 범위

행정허가와 관련한 사법심사의 범위는 행정허가의 범위와 관련된다. 또한 행정허가의 범위를 설정하는 것은 입법 과정에서도 중요한 쟁점이 된다. 우선 행정허가에 있어서 사법심사가 배제되는 범위는 대략 다음과 같이 요약할 수 있다.

첫째, 행정소송법의 규정에 의하여 사법심사의 범위에 속하지 않는 사항을 고려할 수 있다. 행정소송법 제12조의 규정에 의하여 국가행위, 추상적 행정행위, 행정기관의 내부행위와 종국적 재결행위는 소송을 제기할 수 없고 사법심사의 범위에 속하지 않는다.

둘째, 행정허가에 속하지 않는 사항에 대한 사법심사의 배제이다. 행정허가법 제3조 제2항의 규정에 의하면, 관련 행정기관이 기타 행정기관 또는 그가 직접 관리하는 사업단위의 인사, 재무, 외사 등 사항에 대하여 하는 허가는 행정허가법을 적용하지 않는다. 따라서 여기에 해당하는 허가사항은 행정허가와 관련된 사법심사의 범위에 속하지 않는다.

셋째, 행정기관이 법률의 수권에 의하여 출자자의 신분으로 국유재산에 대하여 행하는 처리사항은 행정허가와 관련된 사법심사의 범위에 속하지 아니한다. 또한 행정기관이 행하는 민사재산권리의 확인(예컨대 부동산 등기, 압류등기 등)이나 민사관계의 확인(혼인등기, 신분등기 등) 행위는 행정허가와 관련된 사법심사의 범위에 해당하지 않는다. 지적재산권 부문의 지적재산권에 관한 수여와 공상부문의 상표등기 등의 행위 역시 행정허가와 관련된 사법심사의 범위에 해당하지 않는다.[30]

넷째, 행정허가법 제132조의 규정에 따라 ① 공민, 법인 또는 기타 조직이 자주적으로 결정할 수 있는 사항, ② 시장의 경쟁시스템이 유효하게 조절할 수 있는 경우, ③ 업계조직 또는 중개기구가 자율적으로 관리할 수 있는 경우, ④ 행정기관이 사후감독 등의 방식을 통하여 충분히 해결할 수 있는 사항은 행정허가에 관한 사법심사의 범위에 속하지 않는다. 다만 이 경우에는 상황의 변화에 따라 사법심사의 범위에 포함될 수도 있다.

---

30) 楊臨萍, "行政許可與司法審査十大焦點," 「憲法學 行政法學」 2004年 第8期 中國 人民大學書報資料中心, p.20.

행정허가와 관련된 사법심사의 범위와 관련하여, 행정허가법 제7조의 내용에 주의할 필요가 있다. 행정허가법 제7조에 의하면 공민, 법인 또는 기타 조직은 행정기관의 행정허가행위에 대하여 진술권과 변명권을 가지며, 법에 따라 행정심판의 청구 또는 행정소송을 제기할 수 있다. 또한 그 합법권익이 행정기관의 위법한 행정허가로 손해를 입은 경우에는 배상을 청구할 수 있다. 이 규정에 의하여 행정허가에 속하는 모든 행위는 사법심사의 범위에 속한다.

VI. 행정허가법의 문제점과 평가

1. 행정허가법의 문제점

중국의 행정허가법은 그 의의에도 불구하고 여러 가지 문제점을 안고 있는 것은 사실이다. 다만 본문에서는 제도적인 문제점과 실시과정에서 예상되는 문제점을 예를 들어 살펴본다. 우선 제도적인 문제는 다음과 같다.

첫째, 행정허가사항으로 정할 수 있는 범위가 광범위하고 그에 대한 통제장치가 미흡하다는 것이다. 행정허가법 제12조에서 행정허가를 설정할 수 있는 범위를 규정하고 있고, 제13조에서는 행정허가사항으로 하지 않는 사항을 규정하며, 동법 제14조에서는 법률, 행정법규, 국무원의 결정으로 허가사항을 설정할 수 있도록 규정하고 있다.

특히 행정허가법 제12조에서는 여섯 가지 경우에 해당하는 사항에 대하여 행정허가사항으로 설정할 수 있다고 규정하고 있지만, 예를 들어 공공이익, 국가안전, 공공안전 등은 역시 불확정 개념으로서 이러한 불확정 개념은 행정기관이 허가권의 범위를 설정과정에서 여전히 남용되어 확대해석될 소지가 있다고 할 것이다. 또한 중국에서 행정허가사항의 설정행위는 추상적 행정행위의 범주에 속하므로, 행정심판법 및 행정소송법에 의하면 행정허가를 설정하는 행정행위에 대하여는 행정심판이나 행정소송을 제기할 수 없다. 따라서 현실적인 행정허가의 설정에 대한 사법적 통제장치는 결여되어 있다고 할 수 있다.[31]

둘째, 허가의 처리기간에 있어서 단서 규정은 행정허가법에서 정한 처리기간의 엄격성을 무색하게 하고 있다. 행정허가법 제42조에서는 행정기관이 허가의 신청을 수리한 날로부터 20일 이내에 허가 여부를 결정하도록 규정하고 있다. 그러나 단서에서 법률, 법규가 별도로 규정하는 경우에는 그 규정에 의한다고 규정하고 있다. 동법 제43조에도 같은 단서 규정이 있다. 많은 행정허가의 경우에 있어서 그 기간은 해당 법규에 따라 적용되므로 그만큼 행정허가법이 규정한 허가의 처리기간은 그 존재가 무색하게 된다. 이러한 문제점과 상응하여 관련 법제에 관한 지속적인 개혁과 통일작업이 요망된다.

다음, 행정허가법을 실시하는 과정에서 예상되는 문제점을 간단히 예시하면 다음과 같이 요약될 수 있다. 중국의 현 상황으로 보면 각 행정기관은 능동적이고 적극적으로 각종 사회 사무에 간여하려는 경향이 있고, 행정기관의 자기통제 의식은 아직도 미흡하다고 할 수 있다. 이러한 상황에서는 행정허가가 행정기관이 공민을 위하여 권리를 부여하는 것으로만 이해될 수 있고, 따라서 이러한 행정기관의 인식은 공민들의 권리의식 결여와 결합하여 행정허가법의 원만한 시행을 지연시킬 가능성이 있다는 것이다. 또한 행정허가법의 실시와 관련하여 그동안 행정계통의 통제를 받아 온[32] 사법기관이 어느 정도 독립성을 가지면서 행정허가법이 정한 공민의 권리를 구제해 줄지 하는 것도 문제가 된다. 즉 행정허가법의 실시로 증폭될 행정허가와 관련된 소송에서 사법기관이 행정권력을 제한하고 통제하는 임무를 능히 수행해 내는 데는 여전히 시간이 필요할 것으

---

31) 唐璨·趙永偉, 앞의 논문, p.41.
32) 예컨대 법원의 예산을 동급 인민정부가 편성하는 등.

로 보인다.

2. 평가

중국의 행정허가법은 행정소송법, 국가배상법 및 행정심판법과 함께 중국의 행정법을 구성하는 중요한 법률이 되었다. 행정허가법의 제정은 결국 행정의 공정성과 투명성을 제고하고 행정허가권을 통제하겠다는 것으로 요약할 수 있다. 사실 행정허가법의 입법은 그동안 중국정부가 지속적으로 추진해 온 행정허가제도의 개혁과 사회주의 시장경제의 추진을 위한 조치라고도 생각된다. 사회주의 시장경제의 추진을 위한 중요한 개혁조치라 하지만 다른 한편으로는 세계무역기구가 중국정부에 대하여 공정하고 합리적으로 무역, 서비스, 지적재산권 등 관련 법규의 집행을 요구하고 또한 법규의 공포를 포함한 각 행정의 투명성을 제고할 수 있는 조치를 요구한데 따른 이행의 결과라고 할 수 있다.

내용상으로는 여러 가지 각도에서 평가할 수 있겠지만, 중국의 행정허가법이 상술한 바와 같은 일련의 문제점을 안고 있음에도 불구하고 다음과 같은 이유로써 긍정적으로 평가할 수 있다.

첫째, 중국의 행정허가법의 제정과 실시는 행정허가영역에서 어느 정도 민주화를 실현할 수 있게 되었다는 점이다. 민주주의는 국민의 행정절차에 대한 참여를 요구한다. 특히 복잡한 이해관계가 얽힌 행정허가를 하는 경우에 이해관계인의 참여를 보장하고 이해관계인의 이익을 반영할 기회를 가질 수 있다는 것은 행정의 민주화와도 직결된다 할 것이고, 이러한 점에서 긍정적으로 평가할 수 있다고 본다.

둘째, 행정허가법의 실시로 행정허가의 공정성과 합리성을 보장하는 수단을 확보하게 되었다. 행정기관은 행정허가의 신청을 심사하면서 그 허가사항이 타인의 중대한 이익에 직접 관계되는 경우에 당해 이해관계인에게 고지하여야 하고, 행정허가사항이 신청인과 타인 간의 중대이익에 직접 관계되는 경우 청문을 요구할 권리가 있음을 고지하여야 한다. 행정기관이 행정허가를 하기 전에 이해관계인에게 통지하여 진술과 변명을 할 기회를 주고 의견을 청취하며 청문의 기회를 부여한다는 것은 행정의 합리화와 타당성 및 공정성을 확보한다는데 의미가 있고, 행정허가법은 이를 보장하는 법적 수단이 된다.

셋째, 행정허가법의 실시로 행정공무원의 부패를 어느 정도 방지할 수 있게 되었다는 점이다. 그동안 흔히 말하는 '꽌시(關係)행정'을 완전히 일소할 수는 없겠지만, 행정허가의 항목과 기준을 설정 공포하고 행정허가법에서 정한 절차적 규정을 준수함으로써 그동안 만연되었던 인간관계에 기초한 정실행정은 그만큼 퇴색될 것이며, 따라서 행정공무원의 부패행위도 어느 정도 감소될 것이라는 점에서 긍정적으로 평가할 수 있다.

이 외에도 행정허가법는 허가 영역에서의 절차법으로서 사전 권리구제제도로 작용할 것이라는 점, 각종 행정허가제도의 표준화를 지속적으로 추진함으로써 정부 행정의 효율화뿐만 아니라, 민원인으로서도 과거에 비하여 많은 시간과 비용을 절약할 수 있게 되었다는 점을 소홀히 평가할 수 없다고 본다.

|참고문헌|

1. 韓大元·王貴松, "制定中國行政節次法的憲法基礎," 「憲政與行政法治評論」, 中國人民大學出版社 2004年.
2. 楊寅, 「中國行政程序法治化」, 中國政法大學出版社 2001年.
3. 張興祥, 「中國行政許可法的理論和實務」, 北京大學出版社 2003年.
4. 全國人大法工委國家法行政法室 編, 「中華人民共和國行政許可法釋義與實施指南」, 中國物價出版社 2003年.
5. 姜明安, "行政許可法促進法治政府," 「憲法學 行政法學」 2003年 第6期, 中國人民大學書報資料中心.
6. 唐璨·趙永偉, "論行政許可法的成就與缺陷," 「憲法學 行政法學」 2004年 第5期, 中國人民大學書報資料中心.
7. Lester Ross, "新行政許可制度降低交易成本," 「The Chinese Lawyer」 2004年 8月號.
8. 湛中樂, "中國加入WTO與行政審批制度改革," 「憲法學 行政法學」 2003年 第4期, 中國人民大學書報資料中心.
9. 楊臨萍, "行政許可與司法審查十大焦點," 「憲法學 行政法學」 2004年 第8期, 中國人民大學書報資料中心.
10. 袁曙宏, "行政許可法的立法理念和深刻影響," 「憲法學 行政法學」 2004年 第6期, 中國人民大學書報資料中心.
11. 鄭二根, "中韓行政程序法制比較研究," 中國人民大學法學博士學位論文 2003年.
12. 鄭春燕, "行政許可申請與行政許可決定," 法制日報 2004年6月24日.
13. 曹康泰, "行政許可是一部規範政府行爲的重要法律," 「憲法學 行政法學」 2004年 第8期, 中國人民大學書報資料中心.
14. 韓冰潔, "實施要邁進九道坑," 「憲法學 行政法學」 2004年 第8期, 中國人民大學書報資料中心.
15. 關于中華人民共和國行政許可法(草案)的說明, 國務院法制辦公室 2002年8月.
16. 務院批轉關于行政審批制度改革工作實施意見的通知(國發[2001] 33호)
17. 國務院關于取消第一批行政審批項目的決定(國發[2002] 24號)
18. 國務院關于取消第二批行政審批項目和改變一批行政審批項目管理方式的決定(國發[2003] 5號)

19. 國務院關于第三批取消和調整行政審批項目的決定(國發[2004] 16號)
20. 華人民共和國行政許可法(草案)的說明, 2002年8月23日 第9屆 全國人民代表
    大會 常務委員會 第29次 會議 文件

색인

정이근(鄭二根)

현 | 중국 중남대학 법학원 교수
(부산대학교 중국연구소 객원연구원)
부산대학교 대학원 법학과 박사과정 수료
중국인민대학 법학원 박사과정 수료(법학박사)
중국 상담대학 및 중남대학 법학원 부교수 역임

저서 | 현대중국법개론(공저, 박영사 2002)
중국사법구제제도(공저, 세종출판사 2005)

부산대학교 중국연구소 연구총서 ①

중국공법학연구
헌법학 및 행정법학 주제중심

초판 1쇄 발행: 2007년 3월 17일
초판 2쇄 발행: 2008년 4월 7일

지은이: 정이근
발행인: 부성옥
발행처: 도서출판 오름
등록번호: 제2-1548호 (1993. 5. 11)

서울특별시 서초구 서초동 1420-6 통일시대연구소빌딩 301호
전화: (02) 585-9122, 9123 / 팩스: (02) 584-7952
E-mail: oruem@oruem.co.kr
URL: http://www.oruem.co.kr

ISBN 978-89-7778-277-8   93340   정가 18,000원

* 잘못된 책은 교환해 드립니다.